CZECH/ENGLISH
ENGLISH/CZECH
CONCISE DICTIONARY

CZECH/ENGLISH
ENGLISH/CZECH
CONCISE DICTIONARY

by

Nina Trnka

HIPPOCRENE BOOKS
New York

For information, address: Hippocrene Books, Inc.,
171 Madison Avenue, New York, N.Y. 10016.

Printed in the United States of America.

Library of Congress Cataloging in Publication Data

Trnka, Nina.
  Czech/English, English/Czech concise dictionary.

  1. Czech language—Dictionaries—English.   2. English
language—Dictionaries—Czech.   I. Title.
PG4640.T76   1984   491.8'6321   84-9123

ISBN 0-87052-586-7

CONTENTS

Part I

Czech-English

a /a/ conj. and, as well as, plus

absence /ab-sen-tse/ f. absence

absolutní /ab-so-lut-nyee/ adj. absolute

absolvovat /ab-sol-vo-vat/ v. graduate

aby /a-bi/ conj. to, so that, in order to

ačkoli /ach-ko-li/ conj. though, although

adresa /ad-re-sa/ f. address

adresovat /ad-re-so-vat/ v. address

advokát /ad-vo-kát/ m. lawyer

aerolinie /é-ro-li-ni-ye/ pl. airlines

aféra /a-fé-ra/ f. incident, scandal

agent /a-gent/ m. agent

agentura /a-gen-tu-ra/ f. agency

agrese /a-gre-se/ f. aggression

agresivní /a-gre-siv-nyee/ adj. aggres‐
  sive

agronom /a-gro-nom/ m. agricultural ex‐
  pert

ahoj /a-hoy/ int. hallo, hello

akce /ak-tse/ f. action

akcie /ak-tsi-ye/ f. share, stock

akt /akt/ m. act

aktiv /ak-tif/ m. meeting, gathering

aktivita /ak-ti-vi-ta/ f. activity

aktivní /ak-tiv- nyee/ adj. active

aktovka /ak-tof-ka/ f. attaché case,
  brief-case

aktualita /ak-tu-a-li-ta/ f. topical news

aktuální /ak-tu-ál-nyee/ ad. topical

akvarel /ak-va-rel/ m. water-color

ale /a-le/ conj. but, though

alej /a-ley/ f. avenue

alespoň /a-les-pon^y/ conj. at least

alkohol /al-ko-hol/ m. alcohol

ambulance /am-bu-lan-tse/ f. ambulance, out-patients department

americký /a-me-rits-kee/ adj. American

Američan, -ka /A-me-ri-chan, -ka/ m.,f., American

Amerika /A-me-ri-ka/ f. America

amplión /am-pli-yón/ m. loudspeaker

ananas /a-na-nas/ m. pine-apple

anděl /an-dyel/ m. angel

anekdota /a-nek-do-ta/ f. joke, anecdote

anglický /an-glits-kee/ adj. English

Angličan, -ka /An-gli chan, -ka/ m. Englishman, f. Englishwoman

angličtina /an-glich-ti-na/ f. English

Anglie /An-gli-ye/ f. England

angrešt /an-gresht/ m. gooseberry

ani /a-nyi/ conj. not even, neither - nor

ano /a-no/ adv. yes, quite

antický /an-tits-kee/ adj. antique

antikvární / an-tik-vár-nee/ adj. second-hand

aparát /a-pa-rát/ m. camera, apparatus, device

aperitiv /a-pe-ri-tif/ m. appetizer

argument /ar-gu-ment/ m. argument, reason

arch /arkh/ m. sheet

archeologie /ar-khe-o-lo-gi-ye/ f. archaeology

architektura /ar-khi-tek-tu-ra/ f. architecture

armáda /ar-má-da/ f. army

asi /a-si/ adv. about, some, perhaps

asistent /a-sis-tent/ m. assistant

asistovat /a-sis-to-vat/ v. assist

aspirin /as-pi-rin/ m. aspirin

aspoň /as-pon^y/ conj. at least

astronautika /as-tro-nau-ti-ka/ f. astronautics

astronomie /as-tro-no-mi-ye/ f. astronomy

ať /at^y/ conj. let, however , no matter

atd. /a-t-d/ etc. , and so on

ateliér /a-te-li-yér/ m. studio

atentát /a-ten-tát/ m. attemt

atletika /at-le-ti-ka/ f. athletics

atmosféra /at-mos-fé-ra/ f. atmosphere

atom /a-tom/ m. atom

atomový /a-to-mo-vee/ adj. atomic

auto /aw-to/ n. car

autobus /aw-to-bus/ m. bus

autokar /aw-to-kar/ m. coach

automat /aw-to-mat/ m. automatic machine,
-snack-bar, slot machine, sub-machine-
gun

automatický /aw-to-ma-tits-kee/ adj. au-
tomatic

automobil /aw-to-mo-bil/ m. motor-car,
automobile

autoopravna /aw-to-op-rav-na/ f. car ser-
vice, repair shop

autor /aw-tor/ m. author, writer

autorita /aw-to-ri-ta/ f. authority

autostop /aw-to-stop/ m. hitch-hiking

avšak /af-shak/ conj. but, however

azalka /a-zal-ka/ f. azalea

azyl /a-zil/ m. asylum

až /azh/ adv. as far as, till, to, as
much as

- . -

bába /bá-ba/ f. old woman, hag

babička /ba-bich-ka/ f. grandmother, ni-
ce old woman

bábovka /bá-bof-ka/ f. sponge-cake

bačkora /bach-ko-ra/ f. slipper

bádat /bá-dat/ v. do research work

bahnitý /bah-nyi-tee/ adj. muddy, swampy

bahno /bah-no/ n. bog, swamp, mud, slime

báječný /bá-yech-nee/ adj. wonderful, magnificent, gorgeous

bajka /bay-ka/ f. fable

balení /ba-le-nyee/ n. packing, wrapping, packaging

balet /ba-let/ m. ballet

baletka /ba-let-ka/ f. ballet-dancer

balík /ba-leek/ m. parcel, package

balit /ba-lit/ v. wrap, pack, package

balkón /bal-kón/ m. balkony

balón /ba-lón/ m. balloon

banán /ba-nán/ m. banana

banda /ban-da/ f. gang

banka /ban-ka/ f. bank

bankovka /ban-kof-ka/ f. bank-bill, bank-note

bar /bar/ m. night-club

barevný /ba-rev-nee/ adj. colored, tinted, stained

barva /bar-va/ f. color, paint, dye

barvit /bar-vit/ v. color, paint, dye

báseň /bá-sen^y/ f. poem

básník /bás-nyeek/ m. poet

bát se /bát se/ v. fear, be afraid

baterie /ba-te-ri-ye/ f. battery

baterka /ba-ter-ka/ f. torch, flash-light

batoh /ba-tokh/ m. knapsack, back-pack

bavit /ba-vit/ v. amuse, entertain

bavit se /ba-vit se/ v. enjoy, have a
good time, have a talk

bavlna /ba-vl-na/ f. cotton

bazén /ba-zén/ m. reservoir, swimming
pool

bažant /ba-zhant/ m. pheasant

bažina /ba-zhi-na/ f. swamp, bog, marsh

bdělost /bdye-lost / f. vigilance

bdělý /bdye-lee/ adj. alert, vigilant

bdít /bdyeet/ v. be awake, watch, keep
an eye on

bedna /bed-na/ f. case, box, chest

běhat /bye-hat/ v. run

během /bye-hem/ prep. during, within

bělmo /byel-mo/ n. the white of the eye

běloch /bye-lokh/ m. white man

běloška /bye-losh-ka/ f. white woman

benzín /ben-zeen/ m. gas, petrol

benzínová pumpa /ben-zee-no-vá pum-pa/ f.
gas station

beran /be-ran/ m. ram

berla /ber-la/ f. crutch

beton /be-ton/ m. concrete

bez /bez/ prep. without, less, minus

bezbarvý /bez-bar-vee/ adj. colorless, dull

bezbolestný /bez-bo-lest-nee/ adj. painless

bezbranný /bez-bra-nee/ adj. defenceless

bezcenný /bez-tse-nee/ adj. worthless, of no value

bezcitný /bez-tsit-nee/ adj. callous

bezmocný /bez-mots-nee/ adj. helpless, powerless

bezmyšlenkovitý /bez-mish-len-ko-vi-tee/ adj. absent minded, careless

beznadějný /bez-na-dyey-nee/ adj. hopeless

bezohledný /be-zo-hled-nee/ adj. ruthless, inconsiderate

bezpečí /bez-pe-chee/ n. safety

bezpečnost /bez-pech-nost/ f. safety, security

bezpečný /bez-pech-nee/ adj. safe, secure

bezplatný /bez-plat-nee/ adj. free of charge

bezpráví /bez-prá-vee/ n. injustice

bezradný /bez-rad-nee/ adj. helpless

beztrestný /bez-trest-nee/ adj. unpunished

bezúročný /bez-oo-roch-nee/ adj. bearing no interest

bezvadný /bez-vad-nee/ adj. faultless, flawless

bezvědomí /bez-vye-do-mes/ n. unconsciousness, faint

bezvýznamný /bez-veez-nam-nee/ adj. insignificant, unimportant

běžet /bye-zhet/ v. run, hurry

běžný /byezh-nee/ adj. usual, common

béžový /bé-zho-vee/ adj. beige

bible /bib-le/ f. the Bible

bič /bich/ m. whip

bída /bee-da/ f. poverty, misery

bídný /beed-nee/ adj. poor, miserable

biftek /bif-tek/ m. beefsteak

bílek /bee-lek/ m. white of egg

bílý /bee-lee/ adj. white

biograf /bi-yo-graf/ m. the cinema

biologie /bi-yo-lo-gi-ye/ f. biology

bít /beet/ v. beat, strike, thrash

bití /bi-tyee/ n. thrashing

bitva /bit-va/ f. battle

bižutérie /bi-zhu-té-ri-ye/ f. jewellery

blaho /bla-ho/ n. bliss

blahobyt /bla-ho-bit/ m. wealth, prosperity

blahopřání /bla-ho-przhá-nyee/ n. good wishes, congratulation

blahopřát /bla-ho-przhát/ v. wish, con-
 gratulate

bláhový /blá-ho-vee/ adj. silly, foolish

blána /blá-na/ f. membrane

blanket /blan-ket /m. blank, form

blátivý /blá-tyi-vee/ adj. muddy

bláto /blá-to/ n. mud

blázen /blá-zen/ m. madman, fool

bláznivý /bláz-nyi-vee/ adj. mad, insane,
 crazy

blbost /bl-bost/ f. idiocy, nonsence,
 rubbish

blbý /bl-bee/ adj. idiotic, stupid, silly

blednout /bled-nowt/ v. turn pale, fade

bledý /ble-dee/ adj. pale

blecha /ble-kha/ f. flea

blesk /blesk/ m. lightning

blízko /blees-ko/ adv., prep. near, close
 by

blížit se /blee-zhit se/ v. approach,
 get near

blond /blond/ adj. blonde, fair

blondýn, -ka /blon-deen, -ka/ m. fair-hai-
 red man, f. blonde /girl/

bloudit /blow-dyit/ v. wander, lose one´s
 way, go astray

blůza /bloo-za/ f. blouse

blýskat se /blees-kat se/ v. glitter,
  glisten
bobr /bo-br/ m. beaver
bobule /bo-bu-le/ f. berry
bod /bot/ m. point, dot
bodat /bo-dat/ v. stab, prick
bodlák /bod-lák/ m. thistle
bohatství /bo-hat-stvee/ n. wealth, for-
  tune
bohatý /bo-ha-tee/ adj. rich, wealthy
bohudík /bo-hu-dyeek/ int. thank God,
  thank goodness
bohužel /bo-hu-zhel/ int. unfortunately,
  I am sorry
bohyně /bo-hi-nye/ f. goddess
bochník /bokh-nyeek/ m. loaf
boj /boy/ m. struggle, fight, battle
bojiště /bo-yish-tye/ n. battlefield
bojler /boy-ler/ m. water heater
bojovat /bo-yo-vat/ v. fight, struggle
bok /bok/ m. hip, side
bolavý /bo-la-vee/ adj. sore, aching
bolest /bo-lest/ f. pain, ache, pang
bolestivý /bo-les-tyi-vee/ adj. pain-
  ful
bolet /bo-let/ v. hurt, ache
bomba /bom-ba/ f. bomb

bombardovat /bom-bar-do-vat/ v. bomb, shell

bonbón /bon-bón/ m. sweet

bonboniéra /bon-bo-ni-yé-ra/ f. box of sweets or chocolate

borovice /bo-ro-vi-tse/ f. pine-tree

borůvka /bo-roof-ka/ f. blue-berry, bilberry

bořit /bo-rzhit/ v. pull down, destroy, ruin

bořit se /bo-rzhit se/ v. crumble down, sink

bos /bos/ adj. barefoot

bota /bo-ta/ f. boot, shoe

bouda /bow-da/ f. hut, booth, stall

bouchat /bow-khat/ v. bang, slam

boule /bow-le/ f. bump, lump, bulge

bourat /bow-rat/ v. pull down, demolish

bouřit se /bow-rzhit se/ v. rebel

bouřka /bow-rzhka/ f. storm, thunder storm

box /box/ m. boxing

brada /bra-da/ f. chin

brak /brak/ m. junk, trash

brambor /bram-bor/ m. potato

brána /brá-na/ f. gate

bránit /brá-nyit/ v. defend, protect

brankář /bran-kárzh/ m. goalkeeper

brašna /brash-na/ f. bag, school bag

brát /brát/ v. take

bratr /bra-tr/ m. brother

bratranec /bra-tra-nets/ m. cousin

brečet /bre-chet/ v. cry, whine

brigáda /bri-gá-da/ f. brigade, volunte-
ry work

bronz /bronz/ m. bronze

broskev /bros-kef/ f. peach

brouk /browk/ m. beatle

brousit /brow-sit/ v. sharpen, whet

broušené sklo /brow-she-né sklo/ n. cut
glass

brož /brozh/ f. brooch

brožura /bro-zhoo-ra/ f. brochure, booklet

bručet /bru-chet/ v. growl, grumble

brunet,-ka /bru-net,-ka/ m. dark-haired
man, f. brunette

brusinka /bru-sin-ka/ f. cranberry

bruslař,-ka /brus-larzh,-ka/ m.,f. skater

brusle /brus-le/ f.,pl. skate, a pair of
skates

bruslit /brus-lit/ v. skate

brýle /bree-le/ pl. glasses, spectacles

brzda /brz-da/ f. brake

brzdit /brz-dyit/ v. brake

brzo, brzy /br-zo, br-zi/ adv. soon, ear-
ly, shortly

břeh /brzhekh/ m. bank, shore

břemeno /brzhe-me-no/ n. burden, load

březen /brzhe-zen/ m. March

břicho /brzhi-kho/ n. belly, abdomen

břitva /brzhit-va/ f. razor

bříza /brzhee-za/ f. birch

buben /bu-ben/ m. drum

bublat /bub-lat/ v. bubble, gurgle

bublina /bub-li-na/ f. bubble

bubnovat /bub-no-vat/ v. drum

buď - anebo /buď - a-ne-bo/ conj. either-
   -or

budík /bu-dyeek/ m. alarm-clock

budit /bu-dyit/ v. wake, wake up, at-
   tract, arouse

budoucí /bu-dow-tsee/ adj. future

budoucnost /bu-dow-tsnost/ f. future

budova /bu-do-va/ f. building

budovat /bu-do-vat/ v. build /up/

bufet /bu-fé/ m. snack-bar, cafeteria

bůh /bookh/ m. God

buchta /bukh-ta/ f. cake

bujný /buy-nee/ adj. exuberant, unruly

bunda /bun-da/ f. sport´s jacket

buňka /buňka/ f. cell

burza /bur-za/ f. exchange, stock ex-
   change

by, bych /bi, bikh/ v. should, would, could, might

bydlet /bid-let/ v. live, stay, reside

bydliště /bid-lish-tye/ n. residence

býk /beek/ m. bull

bylina /bi-li-na/ f. herb

bystrý /bis-tree/ adj. bright, sharp

byt /bit/ m. apartment, flat

být /beet/ v. be, exist

bytná /bit-ná/ f. landlady

bytost /bi-tost/ f. being

bývalý /bee-va-lee/ adj. former

bzučet /bzu-chet/ v. buzz, hum

— . —

cákat /tsá-kat/ v. splash

cedit /tse-dyit/ v. strain

cedník /tsed-nyeek/ m. strainer

cedule /tse-du-le/ f. notice, address plate, tag

cela /tse-la/ f. cell

celek /tse-lek/ m. whole, total

celer /tse-ler/ m. celery

celkem /tsel-kem/ adv. altogether, on the whole

celkový /tsel-ko-vee/ adj. total, entire

celní /tsel-nyee/ adj. custom/s/

celnice /tsel-nyi-tse/ f. custom-house

celostátní /tse-lo-stát-nyee/ adj. national, nation-wide

celý /tse-lee/ adj. whole, complete, entire, all, full

cena /tse-na/ f. price, cost, value, prize, award

ceník /tse-nyeek/ m. price-list

cenný /tse-nee/ adj. valuable

cesta /tses-ta/ f. way, road, path, journey, trip

cestovat /tses-to-vat/ v. travel, tour

cestovní /tses-tov-nyee/ adj. travel/ing/

cestovní kancelář /tses-tov-nyee kan-tse-lárzh/ f. travel agency

cestující /tses-tu-yee-tsee/ m. traveler, passenger

céva /tsé-va/ f. vessel

cibule /tsi-bu-le/ f. onion

cigareta /tsi-ga-re-ta/ f. cigarette

cihla /tsih-la/ f. brick

cikán,-ka /tsi-kán,-ka/ m. gipsy, f. gipsy woman

cíl /tseel/ m. aim, goal, end

cín /tseen/ m. tin

cíp /tseep/ m. tip, edge, corner

církev /tseer-kef/ f. church

císař /tsee-sarzh/ m. emperor

cit /tsit/ m. feeling, sensibility, emotion

cítit /tsee-tyit/ v. feel, smell

citlivost /tsi-tli-vost/ f. sensibility, sensitiveness

citový /tsi-to-vee/ adj. emotional, sentimental

citrón /tsi-trón/ m. lemon

civilizace /tsi-vi-li-za-tse/ f. civilization

cizí /tsi-zee/ adj. strange, foreign, outside

cizina /tsi-zi-na/ f. foreign country, abroad

cizinec /tsi-zi-nets/ m. foreigner, stranger

clo /tslo/ n. customs, duty

co /tso/ pron. what, which

cokoli /tso-ko-li/ pron. whatever

couvat /tsow-vat/ v. step back, back, retreat

ctít /tstyeet/ v. respect, honor

ctižádost /tstyi-zhá-dost/ f. ambition

ctižádostivý /tstyi-zhá-dos-tyi-vee/ adj. ambitious

ctnost /tsnost/ f. virtue

cukr /tsukr/ m. sugar

cukrárna /tsuk-rár-na/ f. sweetshop

cukroví /tsuk-ro-vee/ n. sweets, confectionery, candy

cukřenka /tsuk-rzhen-ka/ f. sugar-bowl

cvičebnice /tsvi-cheb-nyi-tse/ f. text-book

cvičení /tsvi-che-nyee/ n. exercise, practise, training, lesson

cvičitel /tsvi-chi-tel/ m. instructor, trainer

cyklista /tsik-lis-ta/ m. cyclist

- . -

čaj /chay/ m. tea

čajová konvice /cha-yo-vá kon-vi-tse/ f. tea pot

čajová lžička /cha-yo-vá lzhich-ka/ f. teaspoon

čáp /cháp/ m. stork

čára /chá-ra/ f. line

čárka /chár-ka/ f. stroke, comma, dash, hyphen

čas /chas/ m. time

časně /chas-nye/ adv. early

časopis /cha-so-pis/ m. magazine, journal

část /chást/ f. part, share, section

často /chas-to/ adv. often, frequently

Čech /Chekh/ m. Czech

Čechoslovák /Che-kho-slo-vák/ m. Czecho-
  slovak

Čechy /Che-khi/ pl. Bohemia

čekárna /che-kár-na/ f. waiting-room

čekat /che-kat/ v. wait, expect

čelist /che-list/ f. jaw

čelo /che-lo/ n. forehead, front

čepice /che-pi-tse/ f. cap

černoch /cher-nokh/ m. Negro, colored man

černoška /cher-nosh-ka/ f. Negro, colored
  woman

černý /cher-nee/ adj. black

čerpat /cher-pat/ v. pump, draw

čerstvý /cher-stvee/ adj. fresh

čert /chert/ m. devil

červ /cherf/ m. worm

červen /cher-ven/ m. June

červenec /cher-ve-nets/ m. July

červený /cher-ve-nee/ adj. red

česat /che-sat/ v. comb, pick

Československo /Ches-ko-slo-ven-sko/ n.
  Czechoslovakia

československý /ches-ko-slo-ven-skee/ adj.
  Czechoslovak

český /ches-kee/ adj. Czech, Bohemian

česnek /ches-nek/ m. garlic

čest /chest/ f. honor, reputation

čestný /chest-nee/ adj. honest, fair

Češka /Chesh-ka/ f. Czech woman

čeština /chesh-tyi-na/ f. Czech

čí /chee/ pron. whose

čich /chikh/ m. smell

čichat /chi-khat/ v. smell, sniff

čili /chi-li/ conj. or

čilý /chi-lee/ adj. lively, active, busy

čím - tím /cheem - tyeem/ the - the

čin /chin/ m. act, action, achievement

činnost /chi-nost/ f. activity, operation

činný /chi-nee/ adj. active

činže /chin-zhe/ f. rent

číslo /chees-lo/ n. number

číst /cheest/ v. read

čisticí /chis-tyi-tsee/ adj. cleaning, cleansing

čistírna /chis-tyeer-na/ f. a dry-cleaner´s

čistit /chis-tyit/ v. clean, cleanse

čistý /chis-tee/ adj. clean, pure, clear

číšnice /cheesh-nyi-tse/ f. waitress

číšník /cheesh-nyeek/ m. waiter

článek /chlá-nek/ m. link, article

člen,-ka /chlen/ m., f. member

člověk /chlo-vyek/ m. man, person, human being, fellow

člun /chlun/ m. boat
čočka /choch-ka/ f. lens, lentils
čokoláda /cho-ko-lá-da/ f. chocolate
čtení /chte-nyee/ n. reading
čtrnáct /chtr-nátst/ num. fourteen
čtverec /chtve-rets/ m. square
čtvrt /chtvrt/ f. quarter, district
čtvrtek /chtvr-tek/ m. Thursday
čtvrtletí /chtvrt-le-tyee/ n. quarter of
   a year
čtyři /chti-rzhi/ num. four
čtyřicet /chti-rzhi-tset/ num. forty

- . -

dál, dále /dál, dá-le/ adv., prep. fur-
   ther, farther, on, go on, come in
daleko /da-le-ko/ adv. a long way, far,
   way off
dalekohled /da-le-ko-hled/ m. binoculars,
   telescope
dálka /dál-ka/ f. distance, far away
dálnice /dál-nyi-tse/ f. motorway, high-
   way
další /dal-shee/ adj. next, following,
   further, additional
dáma /dá-ma/ f. lady
daň /dan^y/ f. tax

dar /dar/ m. gift, present

dárek /dá-rek/ m. present

darovat /da-ro-vat/ v. present, donate

dařit se /da-rzhit se/ v. thrive, get on well, succeed, prosper

dáseň /dá-sen^y/ f. gum

dát /dát/ v. give, put, place, set

datle /dat-le/ f. date

datum /da-tum/ n. date

dav /daf/ m. crowd, mob

dávat /dá-vat/ v. give, put, arrange, organize

dávka /dáf-ka/ f. portion, dose, ration

dávno /dáv-no/ adv. long ago, a long time ago

dbát /dbát/ v. take care, keep up, be careful

dcera /tse-ra/ f. daughter

dědeček /dye-de-chek/ m. grandfather, old man

dědic /dye-dyits/ m. heir

dědictví /dye-dyits-tvee/ n. inheritance, heritage

dědit /dye-dyit/ v. inherit

definitivní /de-fi-ni-tiv-nyee/ adj. definitive, final

dech /dekh/ m. breath

děj /dyey/ m. action, story, plot

dějepis /dye-ye-pis/ m. history

dějiny /dye-yi-ni/ pl. history

dějství /dyey-stvee/ n. act

deka /de-ka/ f. cover

dekorace /de-ko-ra-tse/ f. decoration

děkovat /dye-ko-vat/ v. thank, thanks

dělat /dye-lat/ v. make, do, work

déle /dé-le/ adv. longer

delegace /de-le-ga-tse/ f. delegation

dělení /dye-le-nyee/ n. division

dělit /dye-lit/ v. divide, share

délka /dél-ka/ f. length, longitude

dělnice /dyel-nyi-tse/ f. working woman

dělník /dyel-nyeek/ m. workman, worker, laborer

dělo /dye-lo/ n. cannon, gun

demise /de-mi-se/ f. resignation

demokracie /de-mo-kra-tsi-ye/ f. democracy

den /den/ m. day

deník /de-nyeek/ m. journal, diary

denně /de-nye/ adv. daily, every day

dentista /den-tis-ta/ m. dentist

deprese /de-pre-se/ f. depression

děravý /dye-ra-vee/ adj. full of holes, leaky

deset /de-set/ num. ten

desetiletí /de-se-tyi-le-tyee/ n. decade

desetinný /de-se-tyi-nee/ adj. decimal

deska /des-ka/ f. board, plate, cover

déšť /désht^y/ m. rain

deštník /desht-nyeek/ m. umbrella

detail /de-tayl/ m. detail

detektiv /de-tek-tif/ m. detective

detektivka /de-tek-tif-ka/ f. detective
  story, thriller

dětský /dyet-skee/ adj. child´s, baby´s,
  childlike

dětství /dyet-stvee/ n. childhood, infan-
  cy

devadesát /de-va-de-sát/ num. ninety

devatenáct /de-va-te-nátst/ num. nineteen

děvče /dyef-che/ n. girl, girl-friend

devět /de-vyet/ num. nine

dezert /de-zert/ m. dessert

diamant /di-ya-mant/ m. diamond

diapozitiv /di-ya-po-zi-tif/ m. slide

dieta /di-ye-ta/ f. diet

dík, díky /dyeek, dyee-ki/ m., pl. thanks

diktovat /dik-to-vat/ v. dictate

díl /dyeel/ m. portion, share, part

dílna /dyeel-na/ f. workshop

dílo /dyee-lo/ n. work

diplomat /di-plo-mat/ m. diplomat

diplomatický /di-plo-ma-tits-kee/ adj.
  diplomatic

díra /dyee-ra/ f. hole, leak

dirigent /di-ri-gent/ m. conductor

dirigovat /di-ri-go-vat/ v. conduct

disciplina /dis-tsi-pli-na/ f. discipline

diskuse /dis-ku-ze/ f. discussion

diskutovat /dis-ku-to-vat/ v. discuss,
  debate

dispozice /dis-po-zi-tse/ f. disposition,
  disposal

dít se /dyeet se/ v. happen, occur, be
  done, take place

dítě /dyee-tye/ n. child, baby, kid, in-
  fant

divadlo /dyi-vad-lo/ n. theater

divák /dyi-vák/ m. spectator, onlooker

dívat se /dyee-vat se/ v. look, gaze,
  view, watch

divit se /dyi-vit se/ v. wonder, marvel

dívka /dyeef-ka/ f. girl

divný /dyiv-nee/ adj. strange, peculiar,
  odd, queer

divoký /dyi-vo-kee/ adj. wild, savage,
  fierce, unruly

dlaň /dlan^y/ f. palm

dlažba /dlazh-ba/ f. pavement

dlaždice /dlazh-dyi-tse/ f. tile, paving stone

dláždit /dlázh-dyit/ v. pave

dlouho /dlow-ho/ adv. long, a long time

dlouhý /dlow-hee/ adj. long

dluh /dlukh/ m. debt

dlužit /dlu-zhit/ v. owe

dnes, dneska /dnes, dnes-ka/ adv. today, nowadays

dno /dno/ n. bottom

do /do/ prep. to, into, in, up to, till, until, by, within

doba /do-ba/ f. time, period, age, season

doběhnout /do-byeh-nowt/ v. overtake, run down

dobro /dob-ro/ n. the good

dobrodružství /do-bro-druzh-stvee/ n. adventure

dobroty /do-bro-ti/ pl. goodies

dobrou noc /dob-row nots/ good night

dobrovolný /do-bro-vol-nee/ adj. voluntary

dobrý /dob-ree/ adj. good

dobrý den /dob-ree den/ good morning, good afternoon

dobře /dob-rzhe/ adv. well

dobýt /do-beet/ **v.** conquer, capture

dobytek /do-bi-tek/ **m.** cattle

docela /do-tse-la/ **adv.** quite, rather,
  completely

dočasný /do-chas-nee/ **adj.** temporary

dočkat se /doch-kat se/ **v.** wait

dodat /do-dat/ **v.** add, deliver, supply

dodatečný /do-da-tech-nee/ **adj.** additio-
  nal, extra, supplementary

dodatek /do-da-tek/ **m.** addition, supple-
  ment

dodávka /do-dáf-ka/ **f.** delivery, supply

dodnes /do-dnes/ **adv.** up to now, so far

dodržet /do-dr-zhet/ **v.** keep, hold on,
  observe, stick to

dohad /do-hat/ **m.** guess, conjekture

dohlížet /do-hlee-zhet/ **v.** supervise,
  watch

dohnat /do-hnat/ **v.** overtake, catch up,
  drive, make up

dohoda /do-ho-da/ **f.** agreement, arrange-
  ment, understanding

dohodnout se /do-hod-nowt se/ **v.** agree,
  come to an agreement

dohromady /do-hro-ma-di/ **adv.** together

docházet /do-khá-zet/ **v.** go, come, visit,
  attend

docházka /do-khás-ka/ f. attendance

dojem /do-yem/ m. impression

dojemný /do-yem-nee/ adj. moving, touching

dojímat /do-yee-mat/ v. touch, move

dojít /do-yeet/ v. go, get, fetch, happen, occur

dokázat /do-ká-zat/ v. prove, demonstrate, achieve, accomplish

doklad /do-klat/ m. document, paper

dokonalý /do-ko-na-lee/ adj. perfect

dokonce /do-kon-tse/ adv. even

dokončit /do-kon-chit/ v. finish, complete, bring to an end

doktor /dok-tor/ m. doctor

dokud /do-kut/ prep. as long as, while, till, until

dolar /do-lar/ m. dollar

dole /do-le/ adv., prep. down, below

dolejší /do-ley-shee/ adj. lower, bottom

doleva /do-le-va/ adv. to the left

dolů /do-loo/ adv. down, downstairs

doma /do-ma/ adv. at home

domácí /do-má-tsee/ adj. home, domestic, m. landlord, f. landlady

domácnost /do-máts-nost/ f. household

domek /do-mek/ m. little house, cottage

domluvit se /do-mlu-vit se/ v. agree, make oneself understood

domněnka /do-mnyen-ka/ f. assumption, supposition

domnívat se /do-mnyee-vat se/ v. suppose, assume, believe

domorodec /do-mo-ro-dets/ m. native

domov /do-mof/ m. home

domýšlivý /do-meesh-li-vee/ adj. conceited, arrogant

donést /do-nést/ v. bring, carry, take, fetch

dopadnout /do-pad-nowt/ v. fall down, catch, turn out, come off

dopis /do-pis/ m. letter, note

dopisní papír /do-pis-nyee pa-peer/ m. writing-paper

dopisovat si /do-pi-so-vat si/ v. correspond with, have a penfriend

dopisovatel /do-pi-so-va-tel/ m. correspondent

doplnit /do-pl-nyit/ v. complete

doplňky /do-plnᵞ-ki/ pl. accessories

dopoledne /do-po-led-ne/ n. morning, forenoon, adv. in the morning, a.m.

doporučený /do-po-ru-che-nee/ adj. recommended, registered

doporučit /do-po-ru-chit/ v. recommend,
suggest, advise

doposud /do-po-sut/ adv. up to now, by
now, so far

doprava /do-pra-va/ adv. to the right,
f. transport, transportation

dopravit /do-pra-vit/ v. transport, carry

dopravní ruch /do-prav-nyee rukh/ m.
traffic

dopravní světla /do-prav-nyee svyet-la/
pl. traffic lights

doprostřed /do-pro-strzhet/ adv. in/to/
the middle

doprovázet /do-pro-vá-zet/ v. accompany

dopředu /do-przhe-du/ adv. forward, ahead

dopustit se /do-pus-tyit se/ v. commit

dorozumět se /do-ro-zu-mnyet se/ v. come
to an understanding, make oneself un-
derstood

dort /dort/ m. cake, pastry

dosah /do-sakh/ m. reach, radius

dosáhnout /do-sáh-nowt/ v. reach, achieve

dospělý /dos-pye-lee/ adj., m. adult,
grown-up

dospět /do-spyet/ v. come to the conclu-
sion, arrive at a decision, grow up,
mature

dost /dost/ adv. enough, fairly, rather

dostat /dos-tat/ v. get, obtain

dostatečný /do-sta-tech-nee/ adj. suffi-
cient, adequate

dostatek /do-sta-tek/ m. plenty, abundan-
ce, sufficiency

dostavit se /do-sta-vit se/ v. appear,
turn up, come along

dostihy /dos-tyi-hi/ pl. horse-race, ra-
ces

dostupný /dos-tup-nee/ adj. accessible,
moderate /price/

dosud /do-sut/ adv. up to now, by now, so
far

dosvědčit /do-svyet-chit/ v. testify

dotaz /do-tas/ m. inquiry, question

dotek /do-tek/ m. touch, contact

dotknout se /dot-knowt se/ v. touch/on/,
hint/at/, offend, hurt

doufat /dow-fat/ v. hope

doutník /dow-tnyeek/ m. cigar

dovědět se /do-vye-dyet se/ v. get to
know, learn, hear

dovést /do-vést/ v. take, lead, bring, be
able to, know how to

dovézt /do-vést/ v. bring, import

dovnitř /dov-nyitrzh/ adv. in, inside

dovolená /do-vo-le-ná/ f. leave, vacation, holiday

dovolit /do-vo-lit/ v. allow, permit, let

dovoz /do-vos/ m. import

dozadu /do-za-du/ adv. back/ward/

dozor /do-zor/ m. supervision, control, inspection

dozorce /do-zor-tse/ m. inspector, supervisor, guard

dožít se /do-zheet se/ v. reach the age

dráha /drá-ha/ f. course, track, railway

draho /dra-ho/ adv. dear, expensive

drahokam /dra-ho-kam/ m. precious stone, gem, jewel

drahý /dra-hee/ adj. dear, expensive

drama /dra-ma/ n. tragedy, drama

dráp /dráp/ m. claw

drát /drát/ m. wire

drátěný /drá-tye-nee/ adj. wire

dražba /drazh-ba/ f. auction

dráždit /drázh-dyit/ v. irritate, provoke, upset, tease

drobit se /dro-bit se/ v. crumble

drobné /drob-né/ pl. small change

drobný /drob-nee/ adj. tiny

droga /dro-ga/ f. drug

drogerie /dro-ge-ri-ye/ f. drugstore, chemist's

droždí /drozh-dyee/ n. yeast

drsný /drs-nee/ adj. coarse, rough, rugged

drtit /dr-tyit/ v. crush

drúbež /droo-bezh/ f. poultry

druh /drukh/ m. companion, mate, fellow, sort, kind, brand, species

druhý /dru-hee/ adj. second, the other

družstvo /druzh-stvo/ n. team, co-operative

drzý /dr-zee/ adj. impertinent, arrogant

držadlo /dr-zhad-lo/ n. handle, holder

držet /dr-zhet/ v. keep, hold

dřevěný /drzhe-vye-nee/ adj. wooden

dřevo /drzhe-vo/ n. wood, timber

dřez /drzhes/ m. sink

dřina /drzhi-na/ f. drudgery, toil

dřít se /drzheet se/ v. rub, drudge, toil, swot, cram

dříve /drzhee-ve/ adv. before, previously, formerly

dříví /drzhee-vee/ n. wood, timber, sticks

dub /dup/ m. oak

duben /du-ben/ m. April

duha /du-ha/ f. rainbow

duch /dukh/ m. spirit, mind, ghost

duchaplný /du-kha-pl-nee/ adj. spirited, intelligent

důchod /doo-khot/ m. income, pension

důkaz /doo-kas/ m. proof, evidence

důkladný /doo-klad-nee/ adj. thorough

důl /dool/ m. mine, pit

dům /doom/ m. house

dunět /du-nyet/ v. thunder, rumble

dupat /du-pat/ v. stamp, trample

dupnout si /dup-nowt si/ v. put one's foot down

důraz /doo-ras/ m. emphasis, stress

dusit /du-sit/ v. stifle, choke, suffocate, stew

důsledek /doo-sle-dek/ m. consequence, implication

důsledný /doo-sled-nee/ adj. consistent

dusno /dus-no / adv. close, stuffy

důstojník /doos-toy-nyeek/ m. officer

důstojný /doos-toy-nee/ adj. dignified, stately

duše /du-she/ f. soul, tube

duševní /du-shev-nyee/ adj. mental

důvěra /doo-vye-ra/ f. confidence, trust

důvěrný /doo-vyer-nee/ adj. confidential, intimate

důvod /doo-vot/ m. reason, grounds

dva, dvě /dva, dvye/ num. two

dvacet /dva-tset/ num. twenty

dvakrát /dva-krát/ adv. twice

dvanáct /dva-nátst/ num. twelve

dveře /dve-rzhe/ pl. door

dvojčata /dvoy-cha-ta/ pl. twins

dvojice /dvo-yi-tse/ f. couple, pair

dvojitý /dvo-yi-tee/ adj. double

dvůr /dvoor/ m. yard, courtyard, court

dýchat /dee-khat/ v. breathe, exhale

dychtivý /dikh-ti-vee/ adj. eager, keen

dýka /dee-ka/ f. dagger

dým /deem/ m. smoke

dýmka /deem-ka/ f. pipe

džbán /dzhbán/ m. jug, pitcher, mug

džez /dzhez/ m. jazz

- . -

efekt /efekt/ m. effect

efektní /e-fekt-nyee/ adj. impressive,
  spectacular, striking

ekonomický /e-ko-no-mits-kee/ adj. econo-
  mic, economical

ekonomie /e-ko-no-mi-ye/ f. economy, eco-
  nomics

elegantní /e-le-gant-nyee/a dj. elegant,
  stylish, dressy

elektrárna /e-lek-trár-na/ f. power-station, power-house

elektrický /e-lek-trits-kee/ adj. electric, electrical

elektrika /e-lek-tri-ka/ f. tram

elektrotechnik /e-lek-tro-tekh-nik/ m. electrician

elektřina /e-lek-trzhi-na/ f. electricity

emigrace /e-mi-gra-tse/ f. emigration

emigrant /e-mi-grant/ m. emigrant, exile

emigrovat /e-mi-gro-vat/ v. emigrate, go to exile

energický /e-ner-gits-kee/ adj. energetic, vigorous

energie /e-ner-gi-ye/ f. energy, power, drive, vim

epocha /e-po-kha/ f. epoch

éra /é-ra/ f. era

erb /erp/ m. coat of arms

estráda /es-trá-da/ f. variety show, music-hall

evakuace /e-va-ku-a-tse/ f. evacuation

eventuálně /e-ven-tu-ál-nye/ adv. alternatively, possibly

Evropa /Ev-ro-pa/ f. Europe

evropský /ev-rop-skee/ adj. European

exhibice /ex-hi-bi-tse/ f. exhibition

exil /exil/ m. exile

existence /e-xis-ten-tse/ f. existence
existovat /e-xis-to-vat/ v. exist
exkurze /ex-kur-ze/ f. excursion
expanze /ex-pan-ze/ f. expansion
expert /ex-pert/ m. expert
exponát /ex-po-nát/ m. exhibit
export /ex-port/ m. export
expres /ex-pres/ adj. express
extrém /ex-trém/ m. extreme

- . -

facka /fats-ka/ f. slap in the face
fajfka /fayf-ka/ f. pipe
fakt /fakt/ m. fact
faktický /fak-tits-kee/ adj. actual, virtual, real
fakulta /fa-kul-ta/ f. faculty
falešný /fa-lesh-nee/ adj. false, artificial, pretended, out of tune, off pitch
falšovat /fal-sho-vat/ v. forge, falsify
fanatický /fa-na-tits-kee/ adj. fanatic, fanatical
fandit /fan-dyit/ v. be a fan
fantastický /fan-tas-tits-kee/ adj. fantastic
fantazie /fan-ta-zi-ye/ f. fancy, imagination

farář /fa-rárzh/ m. parson
farma /far-ma/ f. farm
farmář /far-márzh/ m. farmer
fazole /fa-zo-le/ f., pl. bean
fén /fén/ m. hairdryer
festival /fes-ti-val/ m. festival
fialka /fi-yal-ka/ f. violet
fialový /fi-ya-lo-vee/ adj. violet, purple
figura /fi-gu-ra/ f. figure, character
fík /feek/ m. fig
filatelie /fi-la⁺te-li-ye/ f. stamp-col-
    lecting
film /film/ m. film, movie
filosofie /fi-lo-zo-fi-ye/ f. philosophy
filtr /fil-tr/ m. filter
finance /fi-nan-tse/ pl. finance
firma /fir-ma/ f. firm, business, concern
flám /flám/ m. spree, a night out
flétna /flét-na/ f. flute
fond /font/ m. fund
fontána /fon-tá-na/ f. fountain
forma /for-ma/ f. form, shape
formalita /for-ma-li-ta/ f. formality
formální /for-mál-nyee/ adj. formal
formát /for-mát/ m. size
formulář /for-mu-lárzh/ m. form
fotbal /fot-bal/ m. soccer

fotoaparát /fo-to-a-pa-rát/ m. camera

fotografie /fo-to-gra-fi-ye/ f. photograph, snap, snapshot

fotografovat /fo-to-gra-fo-vat/ v. photograph, take snaps

foukat /fow-kat/ v. blow, wind

fronta /fron-ta/ f. front, line, queue

funkce /fun-ktse/ f. function, office, post

fyzický /fi-zits-kee/ adj. physical, material

fyzika /fi-zi-ka/ f. physics

- . -

galantní /ga-lant-nyee/ adj. courteous, gallant

galerie /ga-le-ri-ye/ f. gallery, art gallery

galoše /ga-lo-she/ pl. galoshes

garáž /ga-rázh/ f. garage

garsoniéra /gar-zo-ni-yé-ra/ f. one-roomed apartment, efficiency

gauč /gawch/ m. couch, sofa

gáza /gá-za/ f. gauze

generace /ge-ne-ra-tse/ f. generation

generální /ge-ne-rál-nyee/ adj. general

génius /ge-ni-yus/ m. genius

geologie /ge-o-lo-gi-ye/ f. geology
gesto /ges-to/ n. gesture
gól /gól/ m. goal
graf /graf/ m. graph
gram /gram/ m. gram/me/
gramofon /gra-mo-fon/ m. record-player
gramofonová deska /gra-mo-fo-no-vá des-ka/
  f. record
granát /gra-nát/ m. grenade, shell, gar-
  net
gratulovat /gra-tu-lo-vat/ v. congratula-
  te, wish
guláš /gu-lásh/ m. goulash
guma /gu-ma/ f. rubber, gum, elastic
gumový /gu-mo-vee/ adj. rubber
gymnasium /gi-mna-zi-yum/ n. high school
gymnastika /gi-mnas-ti-ka/ f. gymnastics
gynekologie /gi-ne-ko-lo-gi-ye/ f. gynea-
  cology

- . -

háček /há-chek/ m. hook
háčkovat /hách-ko-vat/ v. crochet
had /hat/ m. snake
hádanka /há-dan-ka/ f. riddle, puzzle
hádat /há-dat/ v. guess
hádat se /há-dat se/ v. quarrel, argue
hádka /hát-ka/ f. quarrel, squabble

hadr /hadr/ m. rag, piece of cloth

hájit /há-yit/ v. protect, defend

hák /hák/ m. hook

hala /ha-la/ f. hall, lounge

halenka /ha-len-ka/ f. blouse

haléř /ha-lérzh/ m. heller, cent, penny

hanba /han-ba/ f. shame, disgrace

harmonika /har-mo-ni-ka/ f. accordion, harmonica

hasit /ha-sit/ v. extinguish, put out, quench

havárie /ha-vá-ri-ye/ f. crash

havran /hav-ran/ m. raven

házet /há-zet/ v. throw, cast, toss

hedvábí /hed-vá-bee/ n. silk

hedvábný /hed-váb-nee/ adj. silk

helikoptéra /he-li-kop-té-ra/ f. helicopter

herec /he-rets/ m. actor

herečka /he-rech-ka/ f. actress

heslo /hes-lo/ n. slogan, motto, password, entry

hezký /hes-kee/ adj. pretty, handsome, nice, fine

hezky /hes-ki/ adv. pretty, fine

historický /his-to-rits-kee/ adj. historic, historical

historie /his-to-ri-ye/ f. history, story

hlad /hlat/ m. hunger, starvation

hladina /hla-dyi-na/ f. surface, level

hladit /hla-dyit/ v. stroke, smooth

hladký /hlat-kee/ adj. smooth

hladový /hla-do-vee/ adj. hungry, starving, greedy

hlas /hlas/ m. voice, vote

hlásit /hlá-sit/ v. report, announce, register with, claim

hlasitý /hla-si-tee/ adj. loud

hlasovat /hla-so-vat/ v. vote

hlava /hla-va/ f. head

hlavně /hlav-nye/ adv. mainly, chiefly

hlavní /hlav-nyee/ adj. main, chief, principal

hlavní město /hlav-nyee myes-to/ n. capital

hledat /hle-dat/ v. look for, seek

hledět /hle-dyet/ v. look at, see to it

hlediště /hle-dyish-tye/ n. auditorium

hlídat /hlee-dat/ v. watch, guard, take care, baby-sit

hlína /hlee-na/ f. earth, clay

hloubka/hlowp-ka/ f. depth

hloupost /hlow-post/ f. stupidity, foolishness, nonsence

hloupý /hlow-pee/ adj. stupid, silly

hluboký /hlu-bo-kee/ adj. deep

hlučný /hluch-nee/ adj. noisy, loud

hluchý /hlu-khee/ adj. deaf

hluk /hluk/ m. noise

hmat /hmat/ m. touch

hmatat /hma-tat/ v. touch, feel

hmota /hmo-ta/ f. matter, material, stuff

hmyz /hmis/ m. insect

hnát /hnát/ v. drive

hned /hnet/ adv. at once, immediately

hnědý /hnye-dee/ adj. brown

hněvat se /hnye-vat se/ v. be angry, be
    cross with

hnis /hnyis/ m. pus, matter

hnít /hnyeet/ v. rot, decay

hnízdo /hnyeez-do/ n. nest

hnusný /hnus-nee/ adj. disgusting, revol-
    ting

hoboj /ho-boy/ m. oboe

hodina /ho-dyi-na/ f. hour, lesson

hodinky /ho-dyin-ki/ pl. watch

hodiny /ho-dyi-ni/ pl. clock

hodit /ho-dyit/ v. throw, drop

hodit se /ho-dyit se/ v. go with, match,
    fit, be suited

hodně /hod-nye/ adv. very, much, a lot of,
    plenty

hodnota /hod-no-ta/ f. value

hodnotný /hod-not-nee/ adj. valuable

hodný /hod-nee/ adj. good

hoch /hokh/ m. boy, boy-friend

hojit se /ho-yit se/ v. heal /up/

hokej /ho-key/ m. /ice/-hockey

holicí /ho-li-tsee/ adj. shaving

holič /ho-lich/ m. barber, hair-dresser

holičství /ho-lich-stvee/ n. hairdresser's

holinky /ho-lin-ki/ pl. boots, high boots

holit /ho-lit/ v. shave

holka /hol-ka/ f. girl

holub /ho-lup/ m. pigeon

holubice /ho-lu-bi-tse/ f. dove

holý /ho-lee/ adj. bare

honem /ho-nem/ adv. quickly, hurry up

honit /ho-nyit/ v. chase, hunt

hora /ho-ra/ f. mountain

horečka /ho-rech-ka/ f. fever, tempera-
ture

horko /hor-ko/ adv. hot /weather/

horký /hor-kee/ adj. hot

horní /hor-nyee/ adj. upper, top

horník /hor-nyeek/ m. miner

horolezec /ho-ro-le-zets/ m. mountain
climber

hořčice /horzh-chi-tse/ f. mustard

hořet /ho-rzhet/ v. burn, be on fire, blaze

hořký /horzh-kee/ adj. bitter

hospoda /hos-po-da/ f. pub, inn

hospodařit /hos-po-da-rzhit/ v. manage, farm

hospodářství /hos-po-dárzh-stvee/ n. economy, farm

hospodyně /hos-po-di-nye/ f. housekeeper

host /host/ m. guest, visitor

hostit /hos-tyit/ v. entertain

hostitel, -ka /hos-tyi-tel, -ka/ m. host, f. hostess

hotel /ho-tel/ m. hotel

hotovost /ho-to-vost/ f. cash

hotový /ho-to-vee/ adj. ready, finished

houba /how-ba/ f. mushroom, sponge

houpat /how-pat/ v. rock, swing

houska /hows-ka/ f. roll

housle /hows-le/ pl. violin

hovězí /ho-vye-zee/ adj. beef

hovor /ho-vor/ m. talk, chat, conversation

hovořit /ho-vo-rzhit/ v. speak, talk

hra /hra/ f. play, game

hráč, -ka /hrách, -ka/ m., f. player

hračka /hrach-ka/ f. toy

hrad /hrat/ m. castle

hrách /hrákh/ m. peas

hrana /hra-na/ f. edge, corner

hranice /hra-nyi-tse/ f. frontier, boundary, border

hrát /hrát/ v. play

hrdina /hr-dyi-na/ m. hero

hrdost /hr-dost/ f. pride

hrdý /hr-dee/ adj. proud

hrnec /hr-nets/ m. pot

hrnek /hr-nek/ m. little pot, mug, cup

hrob /hrop/ m. grave

hrom /hrom/ m. thunder

hromada /hro-ma-da/ f. heap, pile, stack

hrozba /hros-ba/ f. threat, menace

hrozinka /hro-zin-ka/ f. raisin

hrozit /hro-zit/ v. threaten

hrozny vína /hroz-ni vee-na/ pl. grapes

hrozný /hroz-nee/ adj. terrible, horrible, awful

hrubý /hru-bee/ adj. coarse, rude, rough

hruď /hrud^y/ f. chest, breast

hruška /hrush-ka/ f. pear

hrůza /hroo-za/ f. horror, terror

hřát /hrzhát/ v. warm, warm up

hřbitov /´rzhbi-tof/ m. cemetery, graveyard

hřeben /hrzhe-ben/ m. comb, ridge
hřebík /hrzhe-beek/ m. nail
hřích /hrzheekh/ m. sin
hřiště /hrzhish-tye/ n. playground
hřmít /´rzhmeet/ v. thunder
huba /hu-ba/ f. mouth, muzzle
hubený /hu-be-nee/ adj. lean, thin
hubnout /hub-nowt/ v. lose weight
hubovat /hu-bo-vat/ v. grumble, scold
hudba /hud-ba/ f. music
hudební /hu-deb-nyee/ adj. music/al/
hůl /hool/ f. stick, cane
humor /hu-mor/ m. humour
husa /hu-sa/ f. goose
hustilka /hus-til-ka/ f. bicycle pump
hustota /hus-to-ta/ f. density, thickness
hustý /hus-tee/ adj. thick
hvězda /hvyez-da/ f. star
hýbat /hee-bat/ v. move, stir
hygiena /hi-gi-ye-na/ f. hygiene

- . -

chalupa /kha-lu-pa/ f. cottage
chápat /khá-pat/ v. understand, see
charakter /kha-rak-ter/ m. character
chata /kha-ta/ f. cabin, hut, chalet
chemie /khe-mi-ye/ f. chemistry

chirurg /khi-rurg/ m. surgeon

chládek /khlá-dek/ m. cold place, shade

chladič /khla-dyich/ m. radiator

chladit /khla-dyit/ v. cool /off/

chladno /khlad-no/ adv. cold

chlapec /khla-pets/ m. boy, boy-friend

chléb /khlép/ m. bread

chlebíček /khle-bee-chek/ m. open sandwich

chlubit se /khlu-bit se/ v. boast, brag,
  take pride

chlup /khlup/ m. hair

chlupatý /khlu-pa-tee/ adj. hairy

chod /khot/ m. course, gear, run

chodba /khod-ba/ f. corridor, passage

chodec /kho-dets/ m. walker, pedestrian

chodidlo /kho-dyid-lo/ n. sole, foot

chodit /kho-dyit/ go, walk

chodník /khod-nyeek/ m. side-walk, pave-
  ment

choulostivý /khow-los-tyi-vee/ adj. deli-
  cate, sensitive

chovat /kho-vat/ v. rear, breed, keep,
  nurse, cherish

chovat se /kho-vat se/ v. behave

chrám /khrám/ m. temple, cathedral

chránit /khrá-nyit/ v. protect

chrápat /khrá-pat/ v. snore

chraptět /khrap-tyet/ v. speak in a husky, hoarse voice

chřest /khrzhest/ m. asparagus

chřipka /khrzhip-ka/ f. influenza, flu

chtít /khtyeet/ v. want, will

chudák /khu-dák/ m. poor fellow

chudoba /khu-do-ba/ f. poverty

chudý /khu-dee/ adj. poor

chuť /khut^y/ f. taste, flavor

chutnat /khut-nat/ v. taste

chůze /khoo-ze/ f. walk, pace

chvála /khvá-la/ f. praise

chválit /khvá-lit/ v. praise, speak highly of

chvět se /khvyet se/ v. vibrate, tremble, shiver

chvíle /khvee-le/ f. while, moment

chvilka /khvil-ka/ f. short while

chyba /khi-ba/ f. mistake, blunder, error, fault

chybět /khi-byet/ v. be missing, be absent, be wanting

chystat /khis-tat/ v. prepare, make ready

chytat /khi-tat/ v. catch, take

chytrý /khit-ree/ adj. clever, bright, smart, intelligent

- . -

i /i/ conj. and, as well as, both - and

ideál, -ní /i-de-ál,-nyee/ m., adj. ideal

igelit /i-ge-lit/ m. plastic

ignorovat /ig-no-ro-vat/ v. ignore, cut

ihned /i-hnet/ adv. at once, immediately

ilegální /i-le-gál-nyee/ adj. illegal

iluze /i-lu-ze/ f. illusion

imitace /i-mi-ta-tse/ f. imitation

import /im-port/ m. import

improvizace /im-pro-vi-za-tse/ f. impro-
    visation

indiskrétní /in-dis-krét-nyee/ adj. in-
    discreet, tactless

individuální /in-di-vi-du-ál-nyee/ adj.
    individual

infarkt /in-farkt/ m. stroke, blood-clot

infekce /in-fek-tse/ f. infection

inflace /in-fla-tse/ f. inflation

informace /in-for-ma-tse/ f. information

informační středisko /in-for-mach-nyee
    strzhe-dyis-ko/ n. information center

informovat /in-for-mo-vat/ v. inform

informovat se /in-for-mo-vat se / v. in-
    quire, find out

injekce /in-yek-tse/ f. injection

inkoust /in-kowst/ m. ink

inspektor /in-spek-tor/ m. inspector

inspirace /in-spi-ra-tse/ f. inspiration

instalace /in-sta-la-tse/ f. fitting, instalation, plumbing

instalatér /in-sta-la-tér/ m. plumber

instinkt /in-stinkt/ m. instinct

instrukce /in-struk-tse/ f. instruction, direction

instruktor /in-struk-tor/ m. instructor, coach

inteligent /in-te-li-gent/ m. intellectual

inteligentní /in-te-li-gen-tnyee/ adj. intelligent, bright

internát /in-ter-nát/ m. boarding-house, boarding-school

interval /in-ter-val/ m. interval

intimní /in-tim-nyee/ adj. intimate

intuice /in-tu-i-tse/ f. intuition

invalida /in-va-li-da/ m. invalid, disabled person

invaze /in-va-ze/ f. invasion

investice /in-ves-ti-tse/ f. investment

inzerát /in-ze-rát/ m. advertisement

inzerovat /in-ze-ro-vat/ v. advertise

inženýr /in-zhe-neer/ m. engineer

ironický /i-ro-nits-kee/ adj. ironic/al/

ironie /i-ro-ni-ye/ f. irony

izolace /i-zo-la-tse/ f. isolation, insulation

izolovat /i-zo-lo-vat/ v. isolate, insulate

- . -

já /yá/ pron. I, I myself

jablko /ya-bl-ko/ n. apple

jádro /yád-ro/ n. kernel, pip, substance

jahoda /ya-ho-da/ f. strawberry

jak /yak/ adv. how, as, what - like

jakmile /yak-mi-le/ adv. as soon as

jako /ya-ko/ adv. as, like

jakoby /ya-ko-bi/ adv. as if, as though

jakost /ya-kost/ f. quality

jaksi /yak-si/ adv. rather, in a way

jaký /ya-kee/ pron. what, what kind of

jakýkoli /ya-kee-ko-li/ pron. any

jáma /yá-ma/ f. pit

jarní /yar-nyee/ adj. spring

jaro /ya-ro/ n. spring

jásat /yá-sat/ v. cheer, rejoice

jasno /yas-no/ adv. bright weather, clear

jasný /yas-nee/ adj. clear, bright, obvious

játra /yát-ra/ pl. liver

javor /ya-vor/ m. maple

jazyk /ya-zik/ m. tongue, language

je /ye/ v. /he, she, it/ is

ječmen /yech-men/ m. barley

jed /yet/ m. poison

jeden /ye-den/ num. one, some

jedenáct /ye-de-nátst/ num. eleven

jedině /ye-dyi-nye/ adv. only, alone

jedinečný /ye-dyi-nech-nee/ adj. unique

jediný /ye-dyi-nee/ adj. only, sole

jednání /yed-ná-nyee/ n. behavior, nego-
  tiation, proceeding, act

jednat,/yed-nat/ v. act, negotiate, deal

jednoduchý /yed-no-du-khee/ adj. simple

jednota /yed-no-ta/ f. unity

jednotka /yed-not-ka/ f. unit

jednotlivý /yed-not-li-vee/ adj. single,
  individual

jednou /yed-now/ adv. once, some day

jedovatý /ye-do-va-tee/ adj. poisonous

jehla /yeh-la/ f. needle

jehlice /yeh-li-tse/ f. pin, knitting-
  -needle

jehličnatý /yeh-lich-na-tee/ adj. coni-
  ferous

jehně /yeh-nye/ n. lamb

jeho /ye-ho/ pron. his

její /ye-yee/ pron. her, hers

jejich /ye-yikh/ pron. their

jemný /yem-nee/ adj. fine, delicate, gentle, tender

jen, jenom /yen, ye-nom/ adv. only, just

jenž /yenzh/ pron. who, which, that

jeskyně /yes-ki-nye/ f. cave

jesle /yes-le/ pl. crib, manger, nursery

jestli, -že /yest-li, -zhe/ conj. if

jestřáb /yes-trzháp/ m. hawk

ještě /yesh-tye/ adv. still, even, some more, another, yet

ještěrka /yesh-tyer-ka/ f. lizard

jet /yet/ v. go, travel, ride, drive

jeviště /ye-vish-tye/ n. stage

jezdec /yez-dets/ m. rider, horseman

jezdit /yez-dyit/ v. drive, ride, travel

jezero /ye-ze-ro/ n. lake

ježek /ye-zhek/ m. hedgehog

jídelna /yee-del-na/ f. dining-room, tea-room

jídelní lístek /yee-del-nyee lees-tek/ m. menu

jídlo /yeed-lo/ n. food, meal

jih /yikh/ m. south

jíl /yeel/ m. clay

jinak /yi-nak/ adv. otherwise, differently

jinde /yin-de/ adv. somewhere else, some other place

jindy /yin-di/ adv. some other time

jinudy /yi-nu-di/ adv. by a different way

jiný /yi-nee/ adj. other, another, different

jiskra /yis-kra/ f. spark

jíst /yeest/ v. eat, have one's meals

jistě /yis-tye/ adv. certainly, surely

jistota /yis-to-ta/ f. certainty, security, safety

jistý /yis-tee/ adj. sure, certain

jít /yeet/ v. go, come, walk

jitrnice /yi-tr-nyi-tse/ f. sausage

jitro /yit-ro/ n. morning

jízda /yeez-da/ f. ride, journey

jízdenka /yeez-den-ka/ f. ticket

jízdné /yeezd-né/ n. fare

jizva /yiz-va/ f. scar

již /yizh/ adv. already, yet

jižní /yizh-nyee/ adj. south, southern

jmění /'mnye-nyee/ n. fortune, wealth

jméno /'mé-no/ n. name

jmenovat /'me-no-vat/ v. name, call, appoint, nominate

jsem /'sem/ v. I am

- . -

k, ke, ku /k, ke, ku/ prep. to, towards, for

kabát /ka-bát/ m. coat, jacket

kabel /ka-bel/ m. cable

kabelka /ka-bel-ka/ f. handbag

kabina /ka-bi-na/ f. cabin, cubicle, cage

kadeřnictví/ka-derzh-nyits-tvee/n. hair-
  dresser´s

kadeřník /ka-derzh-nyeek/ m. hairdresser

kachna /kakh-na/ f. duck

kakao /ka-ka-o/ n. cocoa

kaktus /kak-tus/ m. cactus

kalendář /ka-len-dárzh/ m. calendar, dia-
  ry

kalhotky /kal-hot-ki/ pl. panties, knic-
  kers

kalhoty /kal-ho-ti/ pl. trousers, pants,
  slacks

kalich /ka-likh/ m. goblet, chalice

kalorie /ka-lo-ri-ye/ f. calorie

kaluž /ka-luzh/ f. puddle

kam /kam/ adv., conj. where

kamarád, -ka /ka-ma-rát, -ka/ m., f.
  friend, mate

kámen /ká-men/ m. stone, rock

kamenný /ka-me-nee/ adj. stone, stony

kamera /ka-me-ra/ f. camera

kamkoli /kam-ko-li/ adv. anywhere, where-
  ver

kamna /kam-na/ pl. stove, cooker

kanál /ka-nál/ m. sewer, drain, canal, gutter, channel

kancelář /kan-tse-lárzh/ f. office

kapacita /ka-pa-tsi-ta/ f. capacity

kapalina /ka-pa-li-na/ f. liquid, fluid

kapat /ka-pat/ v. drip

kapela /ka-pe-la/ f. band

kapesné /ka-pes-né/ n. pocket-money

kapesní /ka-pes-nyee/ adj. pocket

kapesník /ka-pes-nyeek/ m. handkerchief

kapitál /ka-pi-tál/ m. capital, funds

kapitalismus /ka-pi-ta-liz-mus/ m. capitalism

kapitán /ka-pi-tán/ m. captain

kapitola /ka-pi-to-la/ f. chapter

kapka /kap-ka/ f. drop

kaple /kap-le/ f. chapel

kapr /ka-pr/ m. carp

kapsa /kap-sa/ f. pocket

kapusta /ka-pus-ta/ f. cabbage

karafiát /ka-ra-fi-yát/ m. carnation

kárat /ká-rat/ v. rebuke, reprimand

karbanátek /kar-ba-ná-tek/ m. hamburger

karfiól /kar-fi-yól/ m. cauliflower

kariéra /ka-ri-yé-ra/ f. career

karta /kar-ta/ f. card

kartáč /kar-tách/ m. brush

kartáček na zuby /kar-tá-chek na zu-bi/
  m. tooth-brush

kastrol /kas-tról/ m. saucepan

kaše /ka-she/ f. mash, paste, mess

kašel /ka-shel/ m. cough

kaštan /kash-tan/ m. chesnut

katalog /ka-ta-log/ m. catalog

katastrofa /ka-ta-stro-fa/ f. catastrophe,
  disaster

katolík /ka-to-leek/ m. Catholic

káva /ká-va/ f. coffee

kavárna /ka-vár-na/ f. café, coffee-house

kázeň /ká-zen^y/ f. discipline, control

kazit, kazit se /ka-zit se/ v. spoil, go
  bad, decay

kazový /ka-zo-vee/ adj. imperfect, faulty

každý /kazh-dee/ adj., pron. every, each,
  everybody, everyone, anyone

kbelík /kbe-leek/ m. pail, bucket

Kčs /Ká-ché-es/ Czechoslovak crown/s/

kde /kde/ adv. where

kdekoli /kde-ko-li/ adv. anywhere, where-
  ver

kdepak /kde-pak/ adv. where, not at all

kdesi /kde-si/ adv. somewhere

kdežto /kdezh-to/ conj. while, whereas

kdo /kdo/ pron. who, which

kdokoli /kdo-ko-li/ pron. anyone, any-
body

kdosi /kdo-si/ pron. someone, somebody

kdy /kdi/ adv. when, ever

kdyby /kdi-bi/ conj. if

kdykoli /kdi-ko-li/ adv. any time, when-
ever

kdysi /kdi-si/ adv. once

když /kdizh/ conj. when, as, if

keramika /ke-ra-mi-ka/ f. ceramics

keř /kerzh/ m. shrub, bush

kilo, -gram /ki-lo, -gram/ m. kilogram/me/

kilometr /ki-lo-me-tr/ m. kilometer

kino /ki-no/ n. cinema, movies

klacek /kla-tsek/ m. stick, club, lout

kláda /klá-da/ f. log, beam

kladivo /kla-dyi-vo/ n. hammer

kladný /klad-nee/ adj. positive, affirma-
tive

klam /klam/ m. deception, deceit

klamat /kla-mat/ v. deceive

klanět se /kla-nyet se/ v. bow

klarinet /kla-ri-net/ m. clarinet

klášter /klásh-ter/ m. cloister, convent,
monastery

klávesa /klá-ve-sa/ f. key

klavír /kla-veer/ m. piano

klec /klets/ f. cage

klečet /kle-chet/ v. kneel

klenot /kle-not/ m. gem, jewel

klenotnictví /kle-not-nyits-tvee/ n. jeweller´s

klepat /kle-pat/ v. knock, tap, talk scandal

klesat /kle-sat/ v. fall, sink, go down, drop, decline

kleště /klesh-tye/ pl. pincers, pliers

klíč /kleech/ m. key

klid /klit/ m. quiet, peace, rest

klidný /klid-nee/ adj. quiet, calm

klika /kli-ka/ f. door handle, crank, clique

klín /kleen/ m. lap, /knees/

klít /kleet/ v. swear, curse

klobása /klo-bá-sa/ f. sausage

klobouk /klo-bowk/ m. hat

kloktadlo /klok-tad-lo/ n. gargle

klopýtat /klo-pee-tat/ v. stumble

kloub /klowp/ m. joint, knuckle

klouzat /klow-zat/ v. slide, skid, glide

klozet /klo-zet/ m. rest-room, toilet

klub /klup/ m. club

kluziště /klu-zish-tye/ n. skating-rink

kmen /kmen/ m. trunk, tribe

kmín /kmeen/ m. caraway-seeds

kmotr, -a /kmo-tr, kmo-tra/ m. godfather, f. godmother

knedlík /kned-leek/ m. dumpling

kněz /knyes/ m. priest

kniha /knyi-ha/ f. book

knihkupectví /knyihk-ku-pets-tvee/ n. bookshop, book-store

knihovna /knyi-hov-na/ f. library

knír /knyeer/ m. moustache

knoflík /knof-leek/ m. button, knob

koberec /ko-be-rets/ m. carpet

kobliha /ko-bli-ha/ f. doughnut

kočár /ko-chár/ m. carriage

kočka /koch-ka/ f. cat

kohout /ko-howt/ m. cock, rooster, faucet, tap

kojenec /ko-ye-nets/ m. baby

kojit /ko-yit/ v. breast-feed

kokos /ko-kos/ m. coconut

koktat /kok-tat/ v. stutter, stammer

koláč /ko-lách/ m. cake, tart, pie

kolébat /ko-lé-bat/ v. rock, wobble, roll

kolébka /ko-lép-ka/ f. cradle

kolej /ko-ley/ f. rail, line, track, hostel, college

kolektiv /ko-lek-tif/ m. group, team

kolem /ko-lem/ prep. round, around, about

koleno /ko-le-no/ n. knee

kolik /ko-lik/ adv. how, how many, how much

kolmý /kol-mee/ adj. vertical

kolo /ko-lo/ n. wheel, /circle/, bicycle, round

kolotoč /ko-lo-toch/ m. roundabout

komár /ko-már/ m. mosquito, gnat

kombiné /kom-bi-né/ n. slip

kombinéza /kom-bi-né-za/ f. overalls

kombinovat /kom-bi-no-vat/ v. combine

komedie /ko-me-di-ye/ f. comedy

komický /ko-mits-kee/ adj. comical, funny

komín /ko-meen/ m. chimney

komora /ko-mo-ra/ f. chamber, closet

komplikace /kom-pli-ka-tse/ f. complication

kompot /kom-pot/ m. stewed fruit, fruit salad

kompromis /kom-pro-mis/ m. compromise

komunista /ko-mu-nis-ta/ m. communist

koňak /ko-nyak/ m. brandy, cognac

konat /ko-nat/ v. do, perform

koncert /kon-tsert/ m. concert, recital

končit /kon-chit/ v. end, close, be over, come to an end

konec /ko-nets/ m. end, conclusion, close, tip

konečně /ko-nech-nye/ adv. at last, finally, eventually

konev /ko-nef/ f. can, pitcher

konfekce /kon-fek-tse/ f. ready-made clothes

konference /kon-fe-ren-tse/ f. conference, convention

koníček /ko-nyee-chek/ m. little horse, hobby

konkrétní /kon-krét-nyee/ adj. concrete, definite, particular

konkurence /kon-ku-ren-tse/ f. competition, rivalry

konstrukce /kon-struk-tse/ f. construction

konstruktér /kon-struk-tér/ m. designer

kontakt /kon-takt/ m. contact, touch

konto /kon-to/ n. account

kontrola /kon-tro-la/ f. control, check, examination, inspection

konverzace /kon-ver-za-tse/ f. conversation, talk

konvice /kon-vi-tse/ f. pot, kettle

konzerva /kon-zer-va/ f. can, preserves, tin

konzervativní /kon-zer-va-tiv-nyee/ adj. conservative

konzulát /kon-zu-lát/ m. consulate

kopaná /ko-pa-ná/ f. soccer, football

kopat /ko-pat/ v. dig, kick

kopec /ko-pets/ m. hill

kopie /ko-pi-ye/ f. copy, print

kopr /kopr/ m. dill

kopřiva /ko-przhi-va/ f. nettle

kopyto /ko-pi-to/ n. hoof, last

korále /ko-rá-le/ pl. bead necklace

koroptev /ko-rop-tef/ f. partridge

koruna /ko-ru-na/ f. crown, top

kořalka /ko-rzhal-ka/ f. liquor

kořen /ko-rzhen/ m. root

koření /ko-rzhe-nyee/ n. spice/s/, sea-
    soning

kos /kos/ m. blackbird

kosmetický /kos-me-tits-kee/ adj. cosme-
    tic

kosmonaut /kos-mo-nawt/ m. astronaut

kost /kost/ f. bone

kostel /kos-tel/ m. church

kostka /kost-ka/ f. cube, dice

kostkovaný /kost-ko-va-nee/ adj. check/ed/

kostra /kos-tra/ f. skeleton, frame

kostým /kos-teem/ m. costume, suit

koš /kosh/ m. basket

košile /ko-shi-le/ f. shirt

koště /kosh-tye/ n. broom

kotě /ko-tye/ n. kitten, puss/y/

kotel /ko-tel/ m. boiler, kettle

kotleta /kot-le-ta/ f. chop, cutlet

kotník /kot-nyeek/ m. knuckle, ankle

kotva /kot-va/ f. anchor

koukat se /kow-kat se/ v. see, stare,
  peek

koule /kow-le/ f. ball, sphere

koupaliště /kow-pa-lish-tye/ n. swimming-
  -pool, baths

koupat /kow-pat/ v. bath, bathe, have or
  take a bath

koupelna /kow-pel-na/ f. bathroom

koupit /kow-pit/ v. buy

kouř /kowrzh/ m. smoke

kouření /kow-rzhe-nyee/ n. smoking

kouřit /kow-rzhit/ v. smoke

kousat /kow-sat/ v. bite

kousek /kow-sek/ m. small piece, bit

kouzelný /kow-zel-nee/ adj. magic, char-
  ming, bewitching

kouzlo /kow-zlo/ n. magic, charm

kov /kof/ m. metal

kovář /ko-várzh/ m. /black/smith

koza /ko-za/ f. goat

kožený /ko-zhe-nee/ adj. leather

kožešina /ko-zhe-shi-na/ f. fur

kožich /ko-zhikh/ m. fur coat

kožní /kozh-nyee/ adj. skin

krab /krab/ m. crab, lobster

krabice /kra-bi-tse/ f. box, case

krádež /krá-dezh/ f. theft, shoplifting

krach /krakh/ m. bankruptcy

kraj /kray/ m. country, region, edge, margin

krájet /krá-yet/ v. cut, carve, slice

krajíc /kra-yeets/ m. slice of bread

krajina /kra-yi-na/ f. landscape, scenery

krajka /kray-ka/ f. lace

král /král/ m. king

králík /krá-leek/ m. rabbit

královna /krá-lov-na/ f. queen

královský /krá-lov-skee/ adj. royal

království /krá-lov-stvee/ n. kingdom

krám /krám/ m. shop, store, junk

krása /krá-sa/ f. beauty

krásný /krás-nee/ adj. beautiful, lovely

krasobruslař, -ka /kra-so-brus-larzh,-ka/ m., f. figure skater

krást /krást/ v. steal, pilfer

krátce /krát-tse/ adv. shortly, briefly

krátkozraký /krát-ko-zra-kee/ adj. nearsighted, short-sighted

krátký /krát-kee/ adj. short, brief
kráva /krá-va/ f. cow
kravata /kra-va-ta/ f. /neck/tie
krb /krp/ m. fireplace
krejčí /krey-chee/ m. tailor, dressmaker
krém /krém/ m. cream, polish
kresba /kres-ba/ f. drawing, design
kreslit /kres-lit/ v. draw
krev /kref/ f. blood
krevní /krev-nyee/ adj. blood
kritický /kri-tits-kee/ adj. critical
kritizovat /kri-ti-zo-vat/ v. criticize
krize /kri-ze/ f. crisis
krk /krk/ m. neck
krmit /kr-mit/ v. feed
krocan /kro-tsan/ m. turkey
krok /krok/ m. step
kromě /kro-mnye/ prep. except, besides
kroupy /krow-pi/ pl. barley, hail
kroutit /krow-tyit/ v. turn, twist
krtek /kr-tek/ m. mole
kruh /krukh/ m. circle, ring
krutý /kru-tee/ adj. cruel, severe
krvácet /kr-vá-tset/ v. bleed
krysa /kri-sa/ f. rat
kryt /krit/ m. cover, shelter
krýt /kreet/ v. cover, shield, shelter

křeč /krzhech/ f. spasm, cramp

křehký /krzheh-kee/ adj. fragile, brittle, frail, crisp, delicate

křen /krzhen/ m. horse-radish

křeslo /krzhes-lo/ n. /arm/chair

křestan /krzhes-tyan/ m. Christian

křestní jméno /krzhes-tnyee ´mé-no/ n. Christian or first name

křestní list /krzhes-tnyee list/ m. birth certificate

křičet /krzhi-chet/ v. shout, scream, shriek, yell

křída /krzhee-da/ f. chalk

křídlo /krzhee-dlo/ n. wing, grand piano

křísit /krzhee-sit/ v. revive, bring round

křišťál /krzhish-tyál/ m. crystal

křivda /krzhiv-da/ f. wrong/doing/, harm

křivý /krzhi-vee/ adj. crooked, distorted

kříž /krzheezh/ m. cross

křižovatka /krzhi-zho-vat-ka/ f. junction, crossroads

křoví /krzho-vee/ n. bushes, shrubs

křtít/ krzhteet/ v. baptize

který /kte-ree/ pron. which, what, who

kudy /ku-di/ adv. which way, how to get there?

kufr /kufr/ m. suit-case, trunk

kuchař, -ka /ku-kharzh, -ka/ m. cook, f.
  cook, cookbook

kuchyně /ku-khi-nye/ f. kitchen, cooking

kukuřice /ku-ku-rzhi-tse/ f. corn, maize

kůl /kool/ m. post, stake, pole

kulatý /ku-la-tee/ adj. round

kulhat /kul-hat/ v. limp

kulka /kul-ka/ f. bullet

kůlna /kool-na/ f. shed

kultura /kul-too-ra/ f. culture, civiliza-
  tion

kůň /koon^y/ m. horse

kupec /ku-pets/ m. buyer, storekeeper

kupředu /ku-przhe-du/ adv. forward, ahead

kúra, kůrka /koo-ra, koor-ka/ f. crust,
  bark, rind, skin, peel

kuřák /ku-rzhák/ m. smoker

kuře /ku-rzhe/ n. chicken

kus /kus/ m. piece, bit, chunk, lump

kůže /koo-zhe/ f. skin, hide, leather

kvalifikace /kva-li-fi-ka-tse/ f. quali-
  fications

kvalita /kva-li-ta/ f. quality

kvést /kvést/ v. bloom, blossom, flower,
  flourish

květ /kvyet/ m. flower, blossom

květák /kvye-ták/ m. cauliflower

květen /kvye-ten/ m. May

květina /kvye-tyi-na/ f. flower

květinářství /kvye-tyi-nárzh-stvee/ n.
  florist's, flower shop

kvůli /kvoo-li/ prep. because of, for the
  sake of

kýchat /kee-khat/ v. sneeze

kynout /ki-nowt/ v. beckon, motion, rise

kyselý /ki-se-lee/ adj. sour, acid

kyslík /kis-leek/ m. oxygen

kytara /ki-ta-ra/ f. guitar

kytice /ki-tyi-tse/ f. bunch of flowers

- . -

labuť /la-but^y/ f. swan

laciný /la-tsi-nee/ adj. cheap, inexpen-
  sive

láhev /lá-hef/ f. bottle

lahúdka /la-hood-ka/ f. delicasy, dainty

lak /lak/ m. paint, varnish, nail-varnish

lakomý /la-ko-mee/ adj. stingy

lakovat /la-ko-vat/ v. paint, varnish

lámat /lá-mat/ v. break

lampa /lam-pa/ f. lamp

láska /lás-ka/ f. love

laskavost /las-ka-vost/ f. kindness, favor

laskavý /las-ka-vee/ adj. kind, good

látka /lát-ka/ f. material, cloth, matter

lavice /la-vi-tse/ f. bench

lavina /la-vi-na/ f. avalanche

lázně /láz-nye/ pl. public swimming bath;
 spa, health resort

léčení /lé-che-nyee/ n. cure, treatment

léčit /lé-chit/ v. treat, cure, heal

led /let/ m. ice

ledabylý /le-da-bi-lee/ adj. careless, ne-
 gligent, sloppy

ledacos /le-da-tsos/ pron. anything, what-
 ever

ledaže /le-da-zhe/ conj. unless

leden /le-den/ m. January

lednička /led-nyich-ka/ f. refrigerator,
 /fridge/

ledvina /led-vi-na/ f. kidney

legitimace /le-gi-ti-ma-tse/ f. card,
 identity card

legrace /le-gra-tse/ f. fun

lehkomyslný /leh-ko-mi-sl-nee/ adj. fri-
 volous, thoughtless

lehký /leh-kee/ adj. light, easy

lehnout si /leh-nowt si/ v. lie down

lék /lék/ m. medicine, drug

lékárna /lé-kár-na/ f. drugstore, pharma-
 cy, chemist´s

lékař /lé-karzh/ m. physician, doctor

leknout se /lek-nowt se/ v. be frighte-
ned, get scared, get a shock

lenoch /le-nokh/ m. lazy-bones

lepidlo /le-pid-lo/ n. glue, adhesive,
paste

lepit /le-pit/ v. stick

lepší /lep-shee/ adj. better

les /les/ m. wood, forest

lesklý /les-klee/ adj. shiny, glossy

lesknout se /lesk-nowt se / v. shine,
glisten, glitter

leštit /lesh-tyit/ v. polish, glaze

let /let/ m. flight

letadlo /le-tad-lo/ n./aero/plane, air-
craft

létat /lé-tat/ v. fly

letenka /le-ten-ka/ f. air ticket

letiště /le-tyish-tye/ n. airport

léto /lé-to/ n. summer

letos /le-tos/ adv. this year

lev /lef/ m. lion

levný /lev-nee/ adj. cheap

levý /le-vee/ adj. left

lézt /lést/ v. creep, crawl, climb

lež /lezh/ f. lie

ležet /le-zhet/ v. lie

lhář /lhárzh/ m. liar

lhát /lhát/ v. tell lies, lie
lhostejný /lhos-tey-nee/ adj. indifferent
lhůta /lhoo-ta/ f. term, time, time-limit
líbat /lee-bat/ v. kiss
líbit se /lee-bit se/ v. please, appeal, /like/
libový /li-bo-vee/ adj. lean
líc /leets/ m. front, f. face
líčit /lee-chit/ v. describe, depict, make up
lidé /li-dé/ pl. people
lidový /li-do-vee/ adj. people/'s/, folk
lidský /lid-skee/ adj. human
líh /leekh/ m. spirit
lichotit /li-kho-tyit/ v. flatter
lichý /li-khee/ adj. odd /number/
límec, límeček /lee-mets, lee-me-chek/ m. collar
limonáda /li-mo-ná-da/ f. lemonade
linka /lin-ka/ f. line
líný /lee-nee/ adj. lazy
list /list/ m. leaf, sheet
lístek /lees-tek/ m. ticket, slip
listonoš /lis-to-nosh/ m. postman
listopad /lis-to-pad/ m. November
liška /lish-ka/ f. fox
lít /leet/ v. pour /down/

literatura /li-te-ra-tu-ra/ f. literature

lítost /lee-tost/ f. regret, pity

litovat /li-to-vat/ v. be or feel sorry, regret

litr /litr/ m. liter

lívanec /lee-va-nets/ m. pancake

lízat /lee-zat/ v. lick

loď /lotʸ/ f. boat, ship

lodník /lod-nyeek/ m. sailor, seaman

loket /lo-ket/ m. elbow

loni /lo-nyi/ adv. last year

lopata /lo-pa-ta/ f. shovel

lopatka /lo-pat-ka/ f. blade, dustpan

loučit se /low-chit se/ v. part /with/, say good-bye, take leave

louka /low-ka/ f. meadow

loupat /low-pat/ v. peel, pare, strip

loupež /low-pezh/ f. robbery

loutka /lowt-ka/ f. doll, puppet, marionette

louže /low-zhe/ f. puddle, pool

lov /lof/ m. hunt/ing/, chase

lovit /lo-vit/ v. hunt

ložnice /lozh-nyi-tse/ f. bedroom

luk /luk/ m. bow

lump /lump/ m. scoundrel, rascal

lupič /lu-pich/ m. robber, burglar
lupy /lu-pi/ pl. dandruff
lůžko /loozh-ko/ n. bed, bunk
lysý /li-see/ adj. bald
lýtko /leet-ko/ n. calf
lyžař, -ka /li-zharzh, -ka/ m., f. skier
lyže /li-zhe/ f. ski
lyžovat /li-zho-vat/ v. ski
lžíce /lzhee-tse/ f. spoon
lžička /lzhich-ka/ f. teaspoon

- . -

macecha /ma-tse-kha/ f. step-mother
mačkat /mach-kat/ v. press, squeeze, crea-
  se, crumple
magnetofon /ma-gne-to-fon/ m. tape-re-
  corder
máchat /má-khat/ v. rinse
máj /máy/ m. May
majetek /ma-ye-tek/ m. property, estate,
  fortune, possession, belongings
mák /mák/ m. poppy, poppy-seed
málem /má-lem/ adv. nearly, almost
maličkost /ma-lich-kost/ f. trifle, mere
  detail
malina /ma-li-na/ f. raspberry
malíř /ma-leerzh/ m. painter

málo /má-lo/adv. little, few

malovat /ma-lo-vat/ v. paint, color, decorate, make up

malý /ma-lee/ adj. small, little, short

máma, maminka /má-ma, ma-min-ka/ f. mum, mummy, ma

mandarinka /man-da-rin-ka/ f. tangerine

mandle /man-dle/ f. almond, tonsils

manžel /man-zhel/ m. husband

manželé /man-zhe-lé/ pl. husband and wife, a married couple

manželka /man-zhel-ka/ f. wife

manželství /man-zhel-stvee/ n. marriage

manžeta /man-zhe-ta/ f. cuff

mapa /ma-pa/ f. map

marmeláda /mar-me-lá-da/ f. jam, marmalade

marně /mar-nye/ adv. in vain

marný /mar-nee/ adj. vain, useless

masivní /ma-siv-nyee/ adj. massive, solid

maska /mas-ka/ f. mask

máslo /más-lo/ n. butter

maso /ma-so/ n. flesh, meat

mast /mast/ f. ointment

mastit /mas-tyit/ v. grease

mastný /mast-nee/ adj. greasy, fat

matematika /ma-te-ma-ti-ka/ f. mathematics

materiál /ma-te-ri-yál/ m. material, stuff

mateřština /ma-terzh-shtyi-na/ f. mother tongue

matka /mat-ka/ f. mother

mávat /má-vat/ v. wave, swing

mazat /ma-zat/ v. spread, oil, grease

mazlit se /maz-lit se/ v. caress, fondle

meč /mech/ m. sword

med /med/ m. honey

měď /mnyeď/ f. copper

medicina /me-di-tsi-na/ f. medicine

medvěd /med-vyed/ m. bear

mechanik /me-kha-nik/ m. mechanic

měkký /mnye-kee/ adj. soft, tender

meloun /me-lown/ m. water melon

méně /mé-nye/ adv. less

měnit /mnye-nyit/ v. change, alter, turn, transform

meruňka /me-run^y-ka/ f. apricot

měřit /mnye-rzhit/ v. measure

měřítko /mnye-rzheet-ko/ n. scale, standard

měsíc /mnye-seets/ m. moon, month

město /mnyes-to/ n. town, city

metr /me-tr/ m. meter

metro /met-ro/ n. subway, underground

mez /mez/ f. boundary, limit

mezera /me-ze-ra/ f. gap, space, interval, blank

mezi /me-zi/ prep., adv. between, among

mezinárodní /me-zi-ná-rod-nyee/ adj. international

míč /meech/ m. ball

míchat /mee-khat/ v. stir, mix, shuffle, meddle

milá /mi-lá/ f. sweetheart, girl-friend

miláček /mi-lá-chek/ m. darling, love, honey

míle /mee-le/ f. mile

milenec /mi-le-nets/ m. lover

milenka /mi-len-ka/ f. lover, mistress

milimetr /mi-li-me-tr/ m. millimeter

milión /mi-li-yón/ m. million

milost /mi-lost/ f. grace, favor, pardon, mercy

milovat /mi-lo-vat/ v. love

milý /mi-lee/ adj. dear, nice, sweet, m. boy-friend

mimo /mi-mo/ prep., adv. besides, apart from, except, past, outside

mimochodem /mi-mo-kho-dem/ adv. by the way, incidentally

mimořádný /mi-mo-rzhád-nee/ adj. extraordinary, remarkable

mince /min-tse/ f. coin

mínění /mee-nye-nyee/ n. opinion

minerálka /mi-ne-rál-ka/ f. mineral water

ministerstvo /mi-nis-ter-stvo/ n. ministry, department

ministr /mi-nis-tr/ m. minister, cabinet member

mínit /mee-nyit/ v. mean, think

minout /mi-nowt/ v. pass, miss, pass by

minule /mi-nu-le/ adv. last time

minulost /mi-nu-lost/ f. the past

minulý /mi-nu-lee/ adj. last, previous

minuta /mi-nu-ta/ f. minute

mír /meer/ m. peace

míra /mee-ra/ f. measure, measurement, size

mírný /meer-nee/ adj. mild, gentle

mířit /mee-rzhit/ v. aim, hint

mísa /mee-sa/ f. dish, bowl

místní /meest-nyee/ adj. local

místnost /meest-nost/ f. room

místo /mees-to/ n. place, room, position, job, spot, site

mistr /mis-tr/ m. master, expert, maestro, champion

mít /meet/ v. have, possess

mizerný /mi-zer-nee/ adj. miserable, wretched

mládež /mlá-dezh/ f. youth, young people,
  younger genaration

mládí /mlá-dyee/ n. youth

mladík /mla-dyeek/ m. young man, youth,
  teenager

mladý /mla-dee/ adj. young

mlaskat /mlas-kat/ v. click one's tongue,
  smack one's lips

mlátit /mlá-tyit/ v. beat, thresh, strike

mlčet /ml-chet/ v. be silent, say nothing

mlékárna /mlé-kár-na/ f. dairy

mléko /mlé-ko/ n. milk

mlha /ml-ha/ f. fog, mist, haze

mlít /mleet/ v. grind, mill, gibber, chat-
  ter away

mlsat /ml-sat/ v. nibble, have a sweet
  tooth

mluvit /mlu-vit/ v. speak, talk

mlýn, -ek /mleen, -ek/ m. mill, grinder

mnoho /mno-ho/ adv. much, lot/s/, a lot of,
  many, a great deal, plenty

mnohokrát /mno-ho-krát/ adv. many times

množit se /mno-zhit se/ v. increase in
  number, multiply

množství /mnozh-stvee/ n. quantity, plen-
  ty, amount

moc /mots/ f. power, authority, force,
  adv. very, much

moci /mo-tsi/ v. be able to, can, may,
  might

mocný /mots-nee/ adj. powerful

moč /moch/ f. urine

močál /mo-chál/ m. marsh, swamp

móda /mó-da/ f. fashion, style

moderní /mo-der-nyee/ adj. modern, fashio-
  nable, up-to-date

modlit se /mod-lit se/ v. pray

modrý /mod-ree/ adj. blue

modřina /mod-rzhi-na/ f. bruise

mokrý /mok-ree/ adj. wet

mol /mol/ m. moth

montovat /mon-to-vat/ v. fit, assemble,
  mount

morálka /mo-rál-ka/ f. morality, morals,
  morale

moře /mo-rzhe/ n. sea

mořský /morzh-skee/ adj. sea, marine, na-
  val

mosaz /mo-saz/ f. brass

most /most/ m. bridge

motat /mo-tat/ v. wind up, reel

motocykl /mo-to-tsi-kl/ m. motorcycle

motor /mo-tor/ m. motor

motýl /mo-teel/ m. butterfly

moučník /mowch-nyeek/ m. sweet, dessert

moudrý /mow-dree/ adj. wise

moucha /mow-kha/ f. fly

mouka /mow-ka/ f. flour

mozek /mo-zek/ m. brain

možná /mozh-ná/ adv. perhaps, maybe, possibly

možnost /mozh-nost/ f. possibility, chance, opportunity

možný /mozh-nee/ adj. possible

mrak /mrak/ m. cloud

mrakodrap /mra-ko-drap/ m. skyscraper

mramor /mra-mor/ m. marble

mravenec /mra-ve-nets/ m. ant

mravní /mrav-nyee/ adj. moral

mravy /mra-vi/ pl. morals, customs

mráz /mrás/ m. frost

mražený /mra-zhe-nee/ adj. frozen

mrkev /mr-kef/ f. carrot

mrtvice /mrt-vi-tse/ f. stroke

mrtvola /mrt-vo-la/ f. corpse, dead body

mrtvý /mrt-vee/ adj. dead

mrzet /mr-zet/ v. to be sorry

mrznout /mrz-nowt/ v. freeze

mrzutý /mr-zu-tee/ adj. annoying, sulky

mříž /mrzheeš/ f. bars, grill

msta /msta/ f. vengeance, revenge

mučit /mu-chit/ v. toture, torment

můj /mooy/ pron. my, mine

muset /mu-set/ v. have to, be obliged to, must

muzeum /mu-ze-um/ n. museum

muž /muzh/ m. man, male, husband

mužský /muzh-skee/ adj. male, masculine

my /mi/ pron. we, us

mycí /mi-tsee/ adj. washing

mýdlo /meed-lo/ n. soap

mýlit se /mee-lit se/ v. be mistaken, be wrong

mysl /misl/ f. mind, spirit

myslet /mis-let/ v. think, suppose

myš /mish/ f. mouse

myšlenka /mish-len-ka/ f. thought, idea

mýt /meet/ v. wash, wash up

mzda /mzda/ f. wage

- . -

na /na/ prep. on, upon, to, at, in, for

nabídka /na-beed-ka/ f. offer, proposal

nabídnout /na-beed-nowt/ v. offer, propose

nabírat /na-bee-rat/ v. take, take in, gather

nabít /na-beet/ v. load, charge, beat, thrash

náboj /ná-boy/ m. cartridge, charge

náboženský /ná-bo-zhen-skee/ adj. religious

náboženství /ná-bo-zhen-stvee/ n. religion

nábřeží /ná-brzhe-zhee/ n. water front, embankment

nabýt /na-beet/ v. acquire, gain, obtain

nábytek /ná-bi-tek/ m. furniture

náčelník /ná-chel-nyeek/ m. chief, leader, head

načerno /na-cher-no/ adv. under the counter, on the black market

načisto /na-chis-to/ adv. completely, thoroughly

nad /nad/ prep. above, over, beyond

nadále /na-dá-le/ adv. from now on, in the future

nadaný /na-da-nee/ adj. talented, gifted

nadarmo /na-dar-mo/ adv. in vain, to no purpose

nadávat /na-dá-vat/ v. call bad names, insult, swear, abuse

nadbytek /nad-bi-tek/ m. abundance, surplus

naděje /na-dye-ye/ f. hope

nádherný /nád-her-nee/ adj. wonderful, splendid, magnificent, fabulous nádivka /ná-dif-ka/ f. stuffing, filling

nádoba /ná-do-ba/ f. container

nádobí /ná-do-bee/ n. dishes

nadobro /na-dob-ro/ adv. for good, for
ever

nádor /ná-dor/ m. tumor

nadprůměrný /nad-proo-mnyer-nee/ adj. abo-
ve the average

nadpřirozený /nad-przhi-ro-ze-nee/ adj.
supernatural

ňadra /nyad-ra/ pl. bosom, breasts

nádraží /ná-dra-zhee/ n. railroad or rail-
way station

nádrž /ná-drzh/ f. basin, tank

nadšený /nad-she-nee/ adj. enthusiastic

nádvoří /nád-vo-rzhee/ n. court/yard/

nafta /naf-ta/ f. oil

nahlas /na-hlas/ adv. /a/loud, loudly

náhle /ná-hle/ adv. suddenly, all of a
sudden

nahnout se /na-hnowt se/ v. tilt, tip,
bend, lean out

náhoda /ná-ho-da/ f. chance, coincidence,
accident

nahoru /na-ho-ru/ adv. up, upwards, high
up, upstairs

nahoře /na-ho-rzhe/ adv. up there, above

nahradit /na-hra-dyit/ v. compensate, make up, reimburse, replace

náhradní /ná-hrad-nyee/ adj. spare, reserve

náhražka /ná-hrazh-ka/ f. substitute

náhrdelník /ná-hr-del-nyeek/ m. necklace

nahromadit /na-hro-ma-dyit/ v. heap, pile up, accumulate

nahustit /na-hus-tyit/ v. pump up, inflate

nahý /na-hee/ adj. naked, nude

nachladit se /na-khla-dyit se/ v. catch a cold, have a cold

naivní /na-yiv-nyee/ adj. naive

najednou /na-yed-now/ adv. suddenly, all of a sudden, at the same time

nájem /ná-yem/ m. rent, lease, hire

nájemník /ná-yem-nyeek/ m. tenant

najíst se /na-yeest se/ v. have something to eat, have a meal

najít /na-yeet/ v. find

najmout /nay-mowt/ v. hire, lease

nákaza /ná-ka-za/ f. infection

nakažlivý /na-kazh-li-vee/ adj. infectious

náklad /ná-klat/ m. load, cargo, freight, expense, cost

nakládat /na-klá-dat/ v. load

nakladatel /na-kla-da-tel/ m. publisher

nákladní auto /ná-klad-nyee aw-to/ n. truck, van, lorry

nákladný /ná-klad-nee/ adj. expensive, costly

naklánět se /na-klá-nyet se/ v. lean, slant, slope, incline

náklonnost /ná-klo-nost/ f. inclination, affection

nakonec /na-ko-nets/ adv. in the end, finally, eventually

nakoupit /na-kow-pit/ v. buy, purchase, go shopping

nálada /ná-la-da/ f. mood, temper

náladový /ná-la-do-vee/ adj. moody

naléhat /na-lé-hat/ v. insist, press, urge

naléhavý /na-lé-ha-vee/ adj. pressing, urgent

nálepka /ná-lep-ka/ f. label

nalevo /na-le-vo/ adv. left, on the left

nález /ná-les/ m. discovery, find

nalít /na-leet/ v. pour /out/, fill

námaha /ná-ma-ha/ f. effort, pains

namáhat /na-má-hat/ v. strain, take pains

namáhavý /na-má-ha-vee/ adj. difficult, troublesome

náměstí /ná-mnyes-tyee/ n. square, place

námět /ná-mnyet/ m. subject, suggestion

namítat /na-mee-tat/ v. object

námitka /ná-mit-ka/ f. objection

námořník /ná-morzh-nyeek/ m. sailor

nanejvýš /na-ney-veesh/ adv. at most

naobědvat se /na-o-byed-vat se/ v. have
  /one's/ lunch or dinner

naopak /na-o-pak/ adv. on the contrary,
  the other way round

nápad /ná-pat/ m. idea

napadat /na-pa-dat/ v. attack, occur to,
  limp

nápadný /ná-pad-nee/ adj. striking, con-
  spicuous

napětí /na-pye-tyee/ n. tension, strain

napínat /na-pee-nat/ v. stretch, thrill

nápis /ná-pis/ m. inscription, sign

napít se /na-peet se/ v. have a drink

napjatý /na-pya-tee/ adj. tense, tight

náplast /ná-plast/ f. plaster

naplnit /na-pl-nyit/ v. fill

napodobit /na-po-do-bit/ v. imitate

nápodobně /ná-po-dob-nye/ adv. /the/ sa-
  me to you

nápoj /ná-poy/ m. drink, beverage

napomenout /na-po-me-nowt/ v. warn, admo-
  nish

naposled /na-pos-let/ adv. finally, for
  the last time

napravit /na-pra-vit/ v. put right, do
  justice, repair, remedy, make amends

napravo /na-pra-vo/ adv. /to the/ right,
  on the right

naprosto /na-pros-to/ adv. absolutely,
  entirely, thoroughly

naproti /na-pro-tyi/ prep. opposite.,/go
  to meet somebody/

napřed /na-przhet/ adv. forwards, ahead,
  in front, first of all

například /na-przhee-klat/ adv. for exam-
  ple, for instance

napůl /na-pool/ adv. half

náramek /ná-ra-mek/ m. bracelet

náraz /ná-ras/ m. blow, blast

narazit /na-ra-zit/ v. hit, bump

národ /ná-rot/ m. nation, people

narodit se /na-ro-dyit se/ v. be born

národní /ná-rod-nyee/ adj. national, folk

národnost /ná-rod-nost/ f. nationality

nárok /ná-rok/ m. claim, right

narození /na-ro-ze-nyee/ n. birth

narozeniny /na-ro-ze-nyi-ni/ pl. birthday

naruby /na-ru-bi/ adv. wrong side out,
inside out

náruč /ná-ruch/ f. arms

nářadí /ná-rzha-dyee/ n. tools, kit

nářečí /ná-rzhe-chee/ n. dialect

nařídit /na-rzhee-dyit/ v. order, put,
 set

naříkat /na-rzhee-kat/ v. complain, la-
 ment

nařízení /na-rzhee-ze-nyee/ n. order, re-
 gulation

nasadit /na-sa-dyit/ v. set, put, put on

naschvál /na-skhvál/ adv. on purpose, de-
 liberately

násilí /ná-si-lee/ n. violence, force

následek /ná-sle-dek/ m. consequence, re-
 sult

následovat /ná-sle-do-vat/ v. follow, suc-
 ceed

nasnídat se /na-snyee-dat se/ v. have
 breakfast

násobit /ná-so-bit/ v. multiply

nastěhovat se /na-stye-ho-vat se/ v. move
 in

nastoupit /na-stow-pit/ v. line up, suc-
 ceed, get into /a train/

nástroj /ná-stroy/ m. implement, instru-
 ment, tool

nástupiště /ná-stu-pish-tye/ n. platform

nastydlý /na-stid-lee/ adj. having a cold

náš /násh/ pron. our, ours

naštěstí /na-shtyes-tyee/ adv. fortunately, luckily

natáhnout /na-táh-nowt/ v. strech, extend, hold out, wind up

natírat /na-tyee-rat/ v. paint, coat

natočit /na-to-chit/ v. turn on, wind up, shoot /movie/

náušnice /ná-ush-nyi-tse/ f. earring

nával /ná-val/ m. rush

navléci /na-vlé-tsi/ v. put on, slip on, string

návod /ná-vot/ m. instruction, directions

návrat /ná-vrat/ m. return, coming back

návrh /ná-vrkh/ m. proposal, suggestion, design

navrhnout /na-vr-hnowt/ v. propose, suggest, design

návštěva /náv-shtye-va/ f. visit, call, attendance

navštívit /nav-shtyee-vit/ v. call, visit,

navždy /na-vzhdi/ adv. for ever

nazdar /na-zdar/ int. hello

název /ná-zef/ m. name, title

naznačit /na-zna-chit/ v. indicate. imply, trace, mark

názor /ná-zor/ m. opinion, view

nazpaměť /naz-pa-mnyet^y/ adv. by heart

ne /ne/ adv. no, not

nebe /ne-be/ n. heaven, sky

nebezpečí /ne-bes-pe-chee/ n. danger

nebezpečný /ne-bes-pech-nee/ adj. dange-
  rous

nebo /ne-bo/ conj. or, otherwise

necelý /ne-tse-lee/ adj. incomplete

něco /nye-tso/ pron. something, anything
  some, a little

nečas /ne-chas/ m. bad weather

nečekaný /ne-che-ka-nee/ adj. unexpected

nečestný /ne-chest-nee/ adj. dishonest

nečistota /ne-chis-to-ta/ f. impurity,
  dirt, filth

nedaleko /ne-da-le-ko/ adv. not far, near-
  -by

nedávno /ne-dáv-no/ adv. not long ago,
  recently

nedbalost /ne-dba-lost/ f. carelessness,
  negligence

nedbalý /ne-dba-lee/ adj. careless, ne-
  gligent

nedbat /ne-dbat/ v. neglect, disregard

neděle /ne-dye-le/ f. Sunday

nedočkavý /ne-doch-ka-vee/ adj. impatient

nedokonalý /ne-do-ko-na-lee/ adj. imperfect

nedorozumění /ne-do-ro-zu-mnye-nyee/ n. misunderstanding

nedostatečný /ne-dos-ta-tech-nee/ adj. insufficient, inadequate

nedostatek /ne-dos-ta-tek/ m. lack, absence, shortage, defect

nedůsledný /ne-doos-led-nee/ adj. inconsistent

nedůtklivý /ne-doot-kli-vee/ adj. touchy

nedůvěra /ne-doo-vye-ra/ f. mistrust, distrust, misgiving

negramotný /ne-gra-mot-nee/ adj. illiterate

nehet /ne-het/ m. nail

nehezký /ne-hes-kee/ adj. plain, unattractive

nehoda /ne-ho-da/ f. accident

nehybný /ne-hib-nee/ adj. immobile, motionless

nechat /ne-khat/ v. let, leave, give up

nechuť /ne-khut^y/ f. dislike, aversion

nechutný /ne-khut-nee/ adj. tasteless, insipid, nasty, disgusting

nějak /nye-yak/ adv. somehow, one way or another

nějaký /nye-ya-kee/ pron. some

nejdříve /ney-drzhee-ve/ adv. first /of all/, in the first place

nejen, nejen že /ne-yen, ne-yen zhe/ adv., conj. not only, but also

nejistota /ne-yis-to-ta/ f. uncertainty, insecurity

nejistý /ne-yis-tee/ adj. uncertain, unsure, insecure

nejméně /ney-mé-nye/ adv. at least

nejprve /ney-pr-ve/ adv. first of all, in the first place

někam /nye-kam/ adv. somewhere, anywhere, some place

někde /nye-kde/ adv. somewhere, anywhere, some place

někdo /nye-kdo/ pron. somebody, someone, anybody, anyone

někdy /nye-kdi/ adv. sometimes, now and then, one of these days

neklidný /ne-klid-nee/ adj. restless, uneasy, fidgety

několik /nye-ko-lik/ adv. a few, some, several

nekonečný /ne-ko-nech-nee/ adj. endless, infinite

některý /nye-kte-ree/ pron. some

někudy /nye-ku-di/ adv. some way, any way

nekuřák /ne-ku-rzhák/ m. non-smoker

nelidský /ne-lid-skee/ adj. inhuman

nemilosrdný /ne-mi-lo-srd-nee/ adj. merciless, ruthless

nemilý /ne-mi-lee/ adj. unpleasant

nemluvně /ne-mluv-nye/ n. baby

nemoc /ne-mots/ f. illness, sickness

nemocnice /ne-mots-nyi-tse/ f. hospital

nemocný /ne-mots-nee/ adj. sick, ill

nemoderní /ne-mo-der-nyee/ adj. out-of-
-date, old-fashioned

nemovitost /ne-mo-vi-tost/ f. real esta-
te, realty

nemožný /ne-mozh-nee/ adj. impossible,
absurd

nemravný /ne-mrav-nee/ adj. immoral, in-
decent

němý /nye-mee/ adj. dumb, mute, speech-
less

nenápadný /ne-ná-pad-nee/ adj. inconspi-
cuous

nenáročný /ne-ná-roch-nee/ adj. modest

nenávidět /ne-ná-vi-dyet/ v. hate, have
a grudge

nenávist /ne-ná-vist/ f. hate, hatred

neobyčejný /ne-o-bi-chey-nee/ adj. un-
usual

neochotný /ne-o-khot-nee/ adj. unwilling, reluctant

neomezený /ne-o-me-ze-nee/ adj. unlimited

neopatrný /ne-o-pa-tr-nee/ adj. careless

neosobní /ne-o-sob-nyee/ adj. impersonal

neplatný /ne-plat-nee/ adj. invalid

neplodný /ne-plod-nee/ adj. sterile, barren

nepoctivý /ne-pots-tyi-vee/ adj. dishonest

nepohodlný /ne-po-ho-dl-nee/ adj. uncomfortable

nepochybně /ne-po-khib-nye/ adv. doubtless

nepokoj /ne-po-koy/ m. disturbance

nepoměr /ne-po-mnyer/ m. disproportion

neporušený /ne-po-ru-she-nee/ adj. intact

nepořádek /ne-po-rzhá-dek/ m. disorder, mess

neposlušný /ne-po-slush-nee/ adj. disobedient

nepraktický /ne-prak-tits-kee/ adj. impractical, unpractical

neprávem /ne-prá-vem/ adv. wrongfully, unjustly

nepravidelný /ne-pra-vi-del-nee/ adj. irregular

nepromokavý /ne-pro-mo-ka-vee/ adj. waterproof

neprůhledný /ne-proo-hled-nee/ adj. opaque

nepřátelský /ne-przhá-tel-skee/ adj. unfriendly, hostile

nepřátelství /ne-przhá-tel-stvee/ n. enmity, hostility

nepřehledný /ne-przhe-hled-nee/ adj. badly arranged

nepřenosný /ne-przhe-nos-nee/ adj. stationary, non-transferable

nepřesný /ne-przhes-nee/ adj. inaccurate, inexact

nepřetržitý /ne-przhe-tr-zhi-tee/ adj. continuous

nepříjemnost /ne-przhee-yem-nost/ f. inconvenience, nuisance, trouble

nepříjemný /ne-przhee- yem-nee/ adj. unpleasant, disagreeable

nepřiměřený /ne-przhi-mnye-rzhe-nee/ adj. inadequate

nepřímo /ne-przhee-mo/ adv. indirectly

nepřirozený /ne-przhi-ro-ze-nee/ adj. unnatural

nepřítel, -kyně /ne-przhee-tel, -ki-nye/ m., f. enemy

nepřítomnost /ne-przhee-tom-nost/ f. absence

nepřítomný /ne-przhee-tom-nee/ adj. absent, missing

nerad /ne-rat/ adj. unwillingly, dislike

nerozhodný /ne-roz-hod-nee/ adj. indecisive, draw

nerozumný /ne-ro-zum-nee/ adj. unreasonable, unwise, silly, foolish

nerv /nerf/ m. nerve

nervózní /ner-vóz-nyee/ adj. nervous, restless

neschopnost /ne-skhop-nost/ f. inability, impotence

neschopný /ne-skhop-nee/ adj. incapable, incompetent, disabled

neskutečný /ne-sku-tech-nee/ adj. unreal

neslaný /ne-sla-nee/ adj. unsalted

neslušný /ne-slush-nee/ adj. impolite, indecent

neslýchaný /ne-slee-kha-nee/ adj. unheard--of

nesmělý /ne-smnye-lee/ adj. shy

nesmírný /ne-smeer-nee/ adj. immense, enormous

nesmrtelný /ne-smr-tel-nee/ adj. immortal

nesmysl /ne-smi-sl/ m. nonsense

nesmyslný /ne-smi-sl-nee/ adj. absurd, meaningless

nesnáz /ne-snás/ f. difficulty, trouble

nesnesitelný /ne-sne-si-tel-nee/ adj. unbearable, beyond endurance

nesouhlas /ne-sow-hlas/ m. disagreement, disapproval

nespokojený /ne-spo-ko-ye-nee/ adj. dissatisfied, discontented

nespolehlivý /ne-spo-leh-li-vee/ adj. unreliable

nespravedlivost /ne-spra-ved-li-vost/ f. injustice, unfairness

nespravedlivý /ne-spra-ved-li-vee/ adj. unjust, unfair

nesprávný /ne-správ-nee/ adj. wrong, incorrect

nesrovnalost /ne-srov-na-lost/ f. discrepancy

nést /nést/ v. carry, bring, bear

nestálý /ne-stá-lee/ adj. unstable, unsteady, changeable

nestejný /ne-stey-nee/ adj. unequal

nestydatý /ne-sti-da-tee/ adj. shameless, impudent

nesvědomitý /ne-svye-do-mi-tee/ adj. irresponsible

nešikovný /ne-shi-kov-nee/ adj. awkward, clumsy

neštastný /ne-shtyast-nee/ adj. unhappy,
  unlucky, miserable

neštěstí /ne-shtyes-tyee/ n. unhappiness,
  misfortune, bad luck, disaster, acci-
  dent

neteř /ne-terzh/ f. niece

netrpělivý /ne-tr-pye-li-vee/ adj. impa-
  tient

neúplný /ne-oo-pl-nee/ adj. incomplete

neupravený /ne-u-pra-ve-nee/ adj. untidy,
  messy

neupřímný /ne-u-przheem-nee/ adj. insin-
  cere, false

neurčitý /ne-ur-chi-tee/ adj. indefinite,
  vague

neúspěch /ne-oos-pyekh/ m. failure

neúspěšný /ne-oos-pyesh-nee/ adj. unsuc-
  cessful

neuvěřitelný /ne-u-vye-rzhi-tel-nee/ adj.
  incredible, unbelievable

nevděčný /ne-vdyech-nee/ adj. ungrateful

nevděk /ne-vdyek/ m. ingratitude

nevědomky /ne-vye-dom-ki/ adv. unconsciou-
  sly, unawares

nevěrný /ne-vyer-nee/ adj. unfaithful

nevěsta /ne-vyes-ta/ f. bride

nevhod /ne-vhot/ adv. inconvenient time,
  embarrassing moment

neviditelný /ne-vi-dyi-tel-nee/ adj. in-
visible

nevinný /ne-vi-nee/ adj. innocent

nevkus /ne-fkus/ m. bad taste

nevkusný /ne-fkus-nee/ adj. tasteless,
in bad taste

nevlastní /ne-vlast-nyee/ adj. step-/fa-
ther, mother, .../

nevolno /ne-vol-no/ adv. to feel sick,
uncomfortable

nevyhnutelný /ne-vih-nu-tel-nee/ adj.
inevitable, unavoidable

nevýhoda /ne-vee-ho-da/ f. disadvantage

nevychovaný /ne-vi-kho-va-nee/ adj. ill-
-mannered, badly behaved, naughty

nevyspalý /ne-vi-spa-lee/ adj. sleepy

nevzdělaný /ne-vzdye-la-nee/ adj. unedu-
cated, ignorant

nezájem /ne-zá-yem/ m. lack of interest

nezákonný /ne-zá-ko-nee/ adj. illegal

nezaměstnanost /ne-za-mnyest-na-nost/ f.
unemployment, out of work

nezávislost /ne-zá-vis-lost/ f. indepen-
dence

nezávislý /ne-zá-vis-lee/ adj. indepen-
dent

nezdravý /ne-zdra-vee/ adj. unhealthy

nezkušený /ne-sku-she-nee/ adj. inexperienced

neznámý /ne-zná-mee/ adj. unknown, strange

nezvěstný /ne-zvyest-nee/ adj. missing

než /nezh/ conj. than, before

něžný /nyezh-nee/ adj. tender, delicate

nic /nyits/ pron. nothing

ničit /nyi-chit/ v. destroy, ruin

nijak /nyi-yak/ adv. in no way

nikam /nyi-kam/ adv. nowhere

nikde /nyi-kde/ adv. nowhere

nikdo /nyi-kdo/ pron. nobody, no one

nikdy /nyi-kdi/ adv. never

nit /nyit/ f. thread

nitro /nyi-tro/ n. inward, inside, heart

nízko /nyees-ko/ adv. low

nízký /nyees-kee/ adj. low

noc /nots/ f. night

nocleh /nots-lekh/ m. room overnight

noclehárna /nots-le-hár-na/ f. hostel

noha /no-ha/ f. leg, foot /below the ankle/

normální /nor-mál-nyee/ adj. normal, standard

nos /nos/ m. nose

nosič /no-sich/ m. porter, carrier

nosit /no-sit/ v. carry, wear

nota /no-ta/ f. note

nouze /now-ze/ f. poverty, distress, want, need

nouzový východ /now-zo-vee vee-khot/ m. emergency exit

novinář, -ka /no-vi-nárzh, -ka/ m.,f. journalist

novinka /no-vin-ka/ f. novelty

noviny /no-vi-ni/ pl. /news/paper

nový /no-vee/ adj. new, fresh

nuda /nu-da/ f. boredom

nudit se /nu-dyit se/ v. be bored, feel bored

nudle /nu-dle/ f. noodle

nula /nu-la/ f. zero, nil, nought

nutit /nu-tyit/ v. force into, urge

nutný /nut-nee/ adj. necessary, essential, urgent

nůž /noozh/ m. knife

nůžky /noozh-ki/ pl. scissors

nynější /ni-nyey-shee/ adj. present

nyní /ni-nyee/ adv. now, at present, these days

- . -

o /o/ prep. about, of, at, on, against

oba /o-ba/ num. both

obal /o-bal/ m. cover, packing

obálka /o-bál-ka/ f. envelope

obava /o-ba-va/ f. fear, anxiety, concern

občan, -ka /ob-chan, -ka/ m., f. citizen

občanství /ob-chan-stvee/ n. citizenship

občas /ob-chas/ adv. from time to time,
   every now and then

občerstvení /ob-cher-stve-nyee/ n. re-
   freshment

obdiv /ob-dyif/ m. admiration

obdivovat se /ob-dyi-vo-vat se/ v. admire

období /ob-do-bee/ n. period, season, term

obec /o-bets/ f. community

obecenstvo /o-be-tsen-stvo/ n. audience,
   the public

obecný /o-bets-nee/ adj. common

oběd /o-byet/ m. lunch/eon/, dinner

obědvat /o-byed-vat/ v. have /one´s/ lunch,
   dinner

obejít /o-be-yeet/ v. go round, evade

obejmout /o-bey-mowt/ v. embrace, hug

oběsit /o-bye-sit/ v. hang

oběť /o-byet^y/ f. sacrifice, victim, ca-
   sualty

obětovat /o-bye-to-vat/ v. sacrifice

obhajovat /ob-ha-yo-vat/ v. defend

obchod /ob-khot/ m. business, commerce,
   trade, shop

obchodník /ob-khod-nyeek/ m. businessman, shopkeeper

obchodovat /ob-kho-do-vat/ v. trade, deal

obilí /o-bi-lee/ n. grain, /corn/

objasnit /ob-yas-nyit/ v. make clear, explain

objednat /ob-yed-nat/ v. order, book, make an appointment

objednávka /ob-yed-náf-ka/ f. order, booking

objem /ob-yem/ m. volume, size

objev /ob-yef/ m. discovery, revelation

objevit /ob-ye-vit/ v. discover, find out

objížďka /ob-yeezh-dyka/ f. diversion, by-pass, detour

obklad /ob-klat/ m. application, compress, plaster

oblačno /ob-lach-no/ adv. cloudy

oblak /ob-lak/ m. cloud

oblast /ob-last/ f. region, area, field

obléci /ob-lé-tsi/ v. put on, dress, clothe

oblek /ob-lek/ m. suit, costume

obliba /ob-li-ba/ f. liking, pleasure, favor

oblíbený /ob-lee-be-nee/ adj. popular, favorite

obličej /ob-li-chey/ m. face

obloha /ob-lo-ha/ f. sky

obnos /ob-nos/ m. amount, sum

obnošený /ob-no-she-nee/ adj. worn-out,
  shabby

obnovit /ob-no-vit/ v. restore, renew,
  renovate, resume

obočí /o-bo-chee/ n. /eye/brow

obojí /o-bo-yee/ num. both

obout se, si /o-bowt se, si/ v. put on
  /one´s/ shoes

obr /o-br/ m. giant

obrácený /o-brá-tse-nee/ adj. turned-up,
  upside down, reverse

obrana /ob-ra-na/ f. defence

obrátit /ob-rá-tyit/ v. turn, turn over,
  turn round

obraz /ob-ras/ m. picture, image

obrazotvornost /ob-ra-zo-tvor-nost/ f.
  imagination

obrazovka /ob-ra-zof-ka/ f. screen

obrovský /ob-rof-skee/ adj. gigantic

obřad /ob-rzhat/ m. ceremony

obsadit /ob-sa-dyit/ v. occupy, reserve,
  fill, engage

obsah /ob-sakh/ m. contents, /area/

obsahovat /ob-sa-ho-vat/ v. contain, in-
  clude, hold

obsluha /ob-slu-ha/ f. service, attendance

obsluhovat /ob-slu-ho-vat/ v. serve, attend, operate /machine/

obstarat /ob-sta-rat/ v. get, provide, obtain, look after

obtěžovat /ob-tye-zho-vat/ v. trouble, annoy, bother

obuv /o-buf/ f. footwear, shoes and boots

obvaz /ob-vas/ m. dressing, bandage

obvinit /ob-vi-nyit/ v. accuse

obyčejně /o-bi-chey-nye/ adv. usually

obyčejný /o-bi-chey-nee/ adj. common, ordinary, usual

obyvatel /o-bi-va-tel/ m. inhabitant

obyvatelstvo /o-bi-va-tel-stvo/ n. inhabitants, population

obzor /ob-zor/ m. horizon

obžaloba /ob-zha-lo-ba/ f. accusation, charge, indictment

obžalovaný /ob-zha-lo-va-nee/ adj. the accused, defendant

ocas /o-tsas/ m. tail

oceán /o-tse-án/ m. ocean

ocel /o-tsel/ f. steel

ocenit /o-tse-nyit/ v. appreciate, value, estimate

ocet /o-tset/ m. vinegar

očekávat /o-che-ká-vat/ v. expect, await

očkování /och-ko-vá-nyee/ n. inoculation

oční /och-nyee/ adj. eye

od /od/ prep. from, since, of, by

odbarvit /od-bar-vit/ v. bleach

odbočka /od-boch-ka/ f. diversion

odboj /od-boy/ m. resistance

odborník /od-bor-nyeek/ m. specialist,
  expert

odbory /od-bo-ri/ pl. trade unions

odčítat /od-chee-tat/ v. subtract, deduct

oddech /od-dekh/ m. rest, breathing

oddělení /od-dye-le-nyee/ n. department,
  section, compartment, separation

oddělit /od-dye-lit/ v. separate, detach

odedávna /o-de-dáv-na/ adv. for a long
  time, since long ago

odehnat /o-de-hnat/ v. drive away

odejít /o-de-yeet/ v. go away, leave, de-
  part, quit

odemknout /o-dem-knowt/ v. unlock

odepsat /o-de-psat/ v. write back, reply,
  write off

odeslat /o-de-slat/ v. send away, dispatch

oděv /o-dyef/ m. clothes, clothing, dress

odevzdat /o-de-vzdat/ v. give in, return

odhad /od-hat/ m. estimate, judgement

odhadnout /od-had-nowt/ v. assess, estimate

odhalit /od-ha-lit/ v. disclose, reveal, discover

odhodit /od-ho-dyit/ v. throw away

odhodlat se /od-hod-lat se/ v. decide, make up one's mind

odchod /od-khot/ m. departure

odjakživa /od-yak-zhi-va/ adv. ever

odjet /od-yet/ v. leave, depart

odjezd /od-yezd/ m. departure

odkdy /od-kdi/ adv. since when

odklad /od-klat/ m. delay

odkládat /od-klá-dat/ v. delay, postpone, lay aside, put off, leave off, discard

odklidit /od-kli-dyit/ v. remove, take away, put away, clear

odkud /od-kut/ adv. where...from

odlakovač /od-la-ko-vach/ m. varnish remover

odlet /od-let/ m. departure /by plane/, take off

odliv /od-lif/ m. low tide

odměna /od-mnye-na/ f. reward, award, bonus, premium

odměřený /od-mnye-rzhe-nee/ adj. measured, restrained, stiff

odmítat /od-mee-tat/ v. refuse, reject,
  deny, turn down

odmlouvat /od-mlow-vat/ v. contradict,
  talk back

odněkud /od-nye-kut/ adv. from some place

odnést /od-nést/ v. take away, carry away

odolat /o-do-lat/ v. resist

odolný /o-dol-nee/ adj. tough, sturdy

odpad /od-pat/ m. waste, scrap, drain

odpadky /od-pat-ki/ pl. trash, refuse,
  waste, litter, garbage

odplatit /od-pla-tyit/ v. pay back, re-
  pay, retaliate

odpočinek /od-po-chi-nek/ m. rest

odpočinout si /od-po-chi-nowt si/ v. have
  a rest, relax

odpoledne /od-po-led-ne/ n. afternoon,
  adv. in the afternoon, p. m.

odpor /od-por/ m. resistance, opposition,
  disgust, antipathy

odporný /od-por-nee/ adj. abominable, dis-
  gusting, repulsive

odporovat /od-po-ro-vat/ v. resist, contra-
  dict, oppose, protest

odpověď /od-po-vyeť/ f. answer, reply

odpovědět /od-po-vye-dyet/ v. answer,
  reply

odpovědnost /od-po-vyed-nost/ f. respon-
  sibility

odpovědný /od-po-vyed-nee/ adj. respon-
  sible

odpustit /od-pus-tyit/ v. forgive

odrazit /od-ra-zit/ v. knock off, cast
  off, bounce, reflect

odřený /o-drzhe-nee/ adj. scratched,
  grazed

odřít /o-drzheet/ v. rub, scrape, scratch
  off

odsoudit /od-sow-dyit/ v. condemn, sen-
  tence

odstranit /od-stra-nyit/ v. remove, put
  away

odsunout /od-su-nowt/ v. shift aside,
  displace, postpone, put off

odšroubovat /od-shrow-bo-vat/ v. unscrew,
  screw off

odtamtud /od-tam-tut/ adv. from there

odtok /od-tok/ m. outlet, drain

odtud /od-tut/ adv. from here

odůvodnit /o-doo-vod-nyit/ v. justify,
  give reasons

odvaha /od-va-ha/ f. courage

odvážit se /od-vá-zhit se/ v. dare, risk,
  venture

odvést /od-vést/ v. give back, return, take away, enlist

odvézt /od-vést/ v. take away, carry away

odvléci /od-vlé-tsi/ v. drag off, carry away

odvolat /od-vo-lat/ v. call off, withdraw, cancel, recall, appeal

odvoz /od-vos/ m. pick-up, transport

odzbrojení /od-zbro-ye-nyee/ n. disarmament

odznak /od-znak/ m. badge

ohavný /o-hav-nee/ adj. abominable, hideous

ohebný /o-heb-nee/ adj. flexible

oheň /o-hen^y/ m. fire

ohled /o-hlet/ m. respect, regard, consideration

ohniště /oh-nyish-tye/ n. fireplace

ohňostroj /oh-nyo-stroy/ m. fireworks

ohnout se /o-hnowt se/ v. bend

oholit /o-ho-lit/ v. shave

ohrada /o-hra-da/ f. fence, enclosure

ohrozit /o-hro-zit/ v. endanger, jeopardize, threaten

ohřát /o-hrzhát/ v. warm up, heat up

ochota /o-kho-ta/ f. willingness, readiness

ochotný /o-khot-nee/ adj. willing, obli-
  ging, ready

ochrana /o-khra-na/ f. protection, pre-
  servation, safeguard

ochranný /o-khra-nee/ adj. protective,
  preventive

ojedinělý /o-ye-dyi-nye-lee/ adj. isola-
  ted, unique

okamžik /o-kam-zhik/ m. moment, instant,
  minute

okamžitě /o-kam-zhi-tye/ adv. immediate-
  ly, at once

okno /ok-no/ n. window

oko /o-ko/ n. eye

okolí /o-ko-lee/ n. surroundings

okolnost /o-kol-nost/ f. circumstance,
  conditions

okolo /o-ko-lo/ prep., adv. around, about

okořenit /o-ko-rzhe-nyit/ v. season, fla-
  vor

okraj /o-kray/ m. margin, edge

okres /o-kres/ m. district, county

okruh /o-krukh/ m. circle, circuit, ra-
  dius, round

okupace /o-ku-pa-tse/ f. occupation

okurka /o-kur-ka/ f. cucumber, /pickled/
  gherkin

olej /o-ley/ m. oil

olejovka /o-le-yof-ka/ f. sardine

olovo /o-lo-vo/ n. lead

oltář /ol-tárzh/ m. altar

omáčka /o-mách-ka/ f. gravy, sauce

omastek /o-mas-tek/ m. fat, grease

omdlít /om-dleet/ v. faint

omeleta /o-me-le-ta/ f. omelet/te/

omezit /o-me-zit/ v. limit, restrict, confine, reduce

omluvit /o-mlu-vit/ v. excuse, apologize

omyl /o-mil/ m. error, mistake

on, ona, ono /on, o-na, o-no/ pron. he, she, it

onen /o-nen/ pron. that

oni, ony /o-nyi, o-ni/ pron. pl., m., f. they

opak /o-pak/ m. contrary, opposite

opakovat /o-pa-ko-vat/ v. repeat, say again, revise

opálit se /o-pá-lit se/ v. get a sun-tan

opar /o-par/ m. mist, haze, herpes

opatrný /o-pa-tr-nee/ adj. carefull, cautious

opatrovat /o-pa-tro-vat/ v. take care of, look after, tend

opatření /o-pa-trzhe-nyee/ n. measure, arrangement, provision, precaution opatřit /o-pat-rzhit/ v. get, provide

opera /o-pe-ra/ f. opera, opera-house

operace /o-pe-ra-tse/ f. operation

opět /o-pyet/ adv. again

opice /o-pi-tse/ f. monkey, ape

opilý /o-pi-lee/ adj. drunk, intoxicated

opis /o-pis/ m. copy, duplicate

opít se /o-peet se/ v. get drunk

oplatit /o-pla-tyit/ v. repay, pay back

oplatka /o-plat-ka/ f. wafer

opona /o-po-na/ f. curtain

opora /o-po-ra/ f. support

opovrhovat /o-po-vr-ho-vat/ v. despise

opovržení /o-po-vr-zhe-nyee/ n. contempt

opozdit se /o-poz-dyit se/ v. be late

oprava /o-pra-va/ f. correction, repair

opravdový /o-prav-do-vee/ adj. real, true

opravdu /o-prav-du/ adv. indeed, really,
   actually

opravit /o-pra-vit/ v. correct, repair,
   mend

oprávněný /o-práv-nye-nee/ adj. autho-
   rized, entitled

opřít se /o-przheet se/ v. lean, lean a-
   gainst, oppose

opsat /o-psat/ v. copy, re-write, crib

optimista /op-ti-mis-ta/ m. optimist

opustit /o-pus-tyit/ v. leave, abandon,
desert, quit

opuštěný /o-push-tye-nee/ adj. abandoned,
desolate

oranžový /o-ran-zho-vee/ adj. orange

orat /o-rat/ v. plough

ordinace /or-di-na-tse/ f. /medical/ of-
fice, surgery

orel /o-rel/ m. eagle

organismus /or-ga-niz-mus/ m. organism

organizace /or-ga-ni-za-tse/ f. organi-
zation

organizovat /or-ga-ni-zo-vat/ v. organize

orchestr /or-khes-tr/ m. orchestra

orientace /o-ri-yen-ta-tse/ f. orienta-
tion

originál /o-ri-gi-nál/ m. original

ořech /o-rzhekh/ m. nut, walnut

ořezávátko /o-rzhe-zá-vát-ko/ n. pencil-
-sharpener

osa /o-sa/ f. axis, axle

osamělý /o-sa-mnye-lee/ adj. lonely, sec-
luded

osel /o-sel/ m. donkey, ass

osídlení /o-see-dle-nyee/ n. settlement

oslava /o-sla-va/ f. celebration

oslavit /o-sla-vit/ v. celebrate

oslepnout /o-slep-nowt/ v. become blind

oslnit /o-sl-nyit/ v. dazzle

oslovit /o-slo-vit/ v. address, speak to

osm /o-sum/ num. eight

osmdesát /o-sum-de-sát/ num. eighty

osmnáct /o-sum-nátst/ num. eighteen

osoba /o-so-ba/ f. person

osobitý /o-so-bi-tee/ adj. individual

osobní /o-sob-nyee/ adj. personal

osobnost /o-sob-nost/ f. personality

ospalý /o-spa-lee/ adj. sleepy, drowsy

ospravedlnit /o-spra-ve-dl-nyit/ v. jus-
tify

ostatně /o-stat-nye/ adv. after all, be-
sides, by the way

ostatní /o-stat-nyee/ adj. pl. the others,
the rest

ostrov /os-trof/ m. island

ostružina /os-tru-zhi-na/ f. blackberry

ostrý /os-tree/ adj. sharp, acute

ostuda /o-stu-da/ f. shame, discredit,
disgrace

osud /o-sut/ m. fate, destiny, fortune

osudný /o-sud-nee/ adj. fatal

osvědčit se /o-svyed-chit se/ v. prove
to be competent

osvětlení /o-svyet-le-nyee/ n. lighting,
illumination

osvětlit /o-svyet-lit/ v. light /up/

osvětlený /o-svyet-le-nee/ adj. lit up,
  floodlit

osvobodit /o-svo-bo-dyit/ v. set free,
  liberate, release

ošetření /o-shet-rzhe-nyee/ n. treatment

ošetřit /o-shet-rzhit/ v. treat, attend

ošetřovatelka /o-shet-rzho-va-tel-ka/ f.
  nurse

ošklivý /osh-kli-vee/ adj. ugly, nasty

otáčet se /o-tá-chet se/ v. turn /round/,
  revolve

otázka /o-tás-ka/ f. question, issue,
  problem

otec /o-tets/ m. father

otéci /o-té-tsi/ v. swell

oteklý /o-tek-lee/ adj. swolen

otevřený /o-te-vrzhe-nee/ adj. open, frank

otevřít /o-te-vrzheet/ v. open

otisk /o-tyisk/ m. print

otop /o-top/ m. heating, fuel

otrava /o-tra-va/ f. poisoning, bore, nui-
  sance

otrávit /o-trá-vit/ v. poison, bore

otravovat se /o-tra-vo-vat se/ v. be bo-
  red, be annoyed

otroctví /o-trots-tvee/ n. slavery

otrok /o-trok/ m. slave

otřes /o-trzhes/ m. shock, shake

otužilý /o-tu-zhi-lee/ adj. hardy

otvor /o-tvor/ m. opening, hole, slot

otylý /o-ti-lee/ adj. obese

ovce /of-tse/ f. sheep

ověřit /o-vye-rzhit/ v. verify, check

ovládat /o-vlá-dat/ v. control, have
a command, direct

ovlivnit /o-vliv-nyit/ v. influence, af-
fect

ovoce /o-vo-tse/ n. fruit, fruits

ovšem /of-shem/ conj. of course, indeed

ovzduší /o-vzdu-shee/ n. atmosphere

ozbrojený /o-zbro-ye-nee/ adj. armed

ozdoba /o-zdo-ba/ f. decoration, ornament

oznámení /o-zná-me-nyee/ n. announcement,
notice

oznámit /o-zná-mit/ v. announce, inform

ozvat se /o-zvat se/ v. sound, be heard

ozvěna /o-zvye-na/ f. echo

oženit se /o-zhe-nyit se/ v. marry /a girl/,
get married

- . -

pa,pa /pa, pa/ int. bye-bye

pacient, -ka /pa-tsi-yent, -ka/ m., f. pa-
tient

pád /pát/ m. fall, drop, downfall, case

padat /pa-dat/ v. fall, drop

padělat /pa-dye-lat/ v. forge

padělek /pa-dye-lek/ m. forgery

padesát /pa-de-sát/ num. fifty

páchnout /pákh-nowt/ v. smell /bad/, reek

pak /pak/ adv. then, after that, later on

palác /pa-láts/ m. palace

palačinka /pa-la-chin-ka/ f. pancake

palec /pa-lets/ m. thumb, big toe, inch

paličatý /pa-li-cha-tee/ adj. stubborn,
  pig-headed

palička /pa-lich-ka/ f. mallet, hammer

pálit /pá-lit/ v. scorch, burn, fire

palivo /pa-li-vo/ n. fuel

paluba /pa-lu-ba/ f. deck

památka /pa-mát-ka/ f. memory, souvenir,
  monument

pamatovat si /pa-ma-to-vat si/ v. remem-
  ber, recall

paměť /pa-mnyet^y/ f. memory

pampeliška /pam-pe-lish-ka/ f. dandelion

pan /pan/ m. Mr./Smith/

pán /pán/ m. man, gentleman, master

panenka /pa-nen-ka/ f. doll, little girl,
  /eye/ pupil

pánev /pá-nef/ f. pan, frying-pan, pelvis

paní /pa-nyee/ f. woman, lady, madam,
  Mrs./Smith/, wife, mistress

panna /pa-na/ f. virgin, maiden

panovat /pa-no-vat/ v. rule /a country/,
  reign, prevail

pánský /pán-skee/ adj. /gentle/man´s,

papež /pa-pezh/ m. pope

papír /pa-peer/ m. paper

papírnictví /pa-peer-nyits-tvee/ n. sta-
  tioner´s, stationery

papírový /pa-pee-ro-vee/ adj. paper

papoušek /pa-pow-shek/ m. parrot

paprika /pa-pri-ka/ f. pepper, paprika

paprsek /pa-pr-sek/ m. ray, beam

pár /pár/ m. pair, couple

pára /pá-ra/ f. steam

párátko /pá-rát-ko/ n. toothpick

parcela /par-tse-la/ f. site, lot, allot-
  ment

pardon /par-don/ m. sorry, /beg your/ par-
  don, excuse me

párek /pá-rek/ m. frankfurter, sausage,
  pair, couple

park /park/ m. park, gardens

parkování /par-ko-vá-nyee/ n. parking

parkovat /par-ko-vat/ v. park

parkoviště /par-ko-vish-tye/ n. parking-
  lot, car-park

parlament /par-la-ment/ m. parliament,
  the House

parník /par-nyeek/ m. steamboat, steam-
  ship

parno /par-no/ adv. sultry, close

parta /par-ta/ f. team, gang, company

partner /part-ner/ m. partner

partyzán /par-ti-zán/ m. guerilla, parti-
  san

paruka /pa-ru-ka/ f. wig

pas /pas/ m. waist, passport

pás, pásek /pás, pá-sek/ m. belt, tape

páska /pás-ka/ f. tape, ribbon

pásmo /pás-mo/ n. belt, zone

past /past/ f. trap

pasta /pas-ta/ f. paste

pastýř /pas-teerzh/ m. shepherd

pašovat /pa-sho-vat/ v. smuggle

paštika /pash-tyi-ka/ f. pâté

pata /pa-ta/ f. heel, /foot/

pátek /pá-tek/ m. Friday

páteř /pá-terzh/ f. spine, backbone

patnáct /pat-nátst/ num. fifteen

pátrání /pá-trá-nyee/ n. investigation

pátrat /pá-trat/ v. search, investigate

patro /pa-tro/ n. storey, floor

patřit /pat-rzhit/ v. belong, rank

páv /páf/ m. peacock

pavouk /pa-vowk/ m. spider

paže /pa-zhe/ f. arm

pec /pets/ f. stove, furnace, oven

péci /pé-tsi/ v. bake, roast

péče /pé-che/ f. care, attendance

pečeně /pe-che-nye/ f. roast/ed/ meat

pečivo /pe-chi-vo/ n. pastry

pečlivý /pech-li-vee/ adj. careful, par-
ticular

pečovat /pe-cho-vat/ v. take care of,
tend

pekárna /pe-kár-na/ f. bakery

peklo /pek-lo/ n. hell

pěkně /pyek-nye/ adv. fine

pěkný /pyek-nee/ adj. nice, fine, fair,
pretty

pěna /pye-na/ f. foam, lather

peněženka /pe-nye-zhen-ka/ f. purse

peníz /pe-nyees/ m. coin

peníze /pe-nyee-ze/ pl. money

penze /pen-ze/ f. pension, retirement

penzión /pen-zi-yón/ m. guest-house, boar-
ding-house

pepř /peprzh/ m. pepper

perla /per-la/ f. pearl

perník /per-nyeek/ m. gingerbread

péro /pé-ro/ n. pen, feather, spring

personál /per-so-nál/ m. personnel, staff

peří /pe-rzhee/ n. feathers

peřina /pe-rzhi-na/ f. eiderdown

pes /pes/ m. dog, hound

pesimista /pe-si-mis-ta/ m. pessimist

pěst /pyest/ f. fist

pěstovat /pyes-to-vat/ v. grow, raise,
   breed, cultivate, go in for, indulge

pestrý /pest-ree/ adj. colorful, bright

pěšina /pye-shi-na/ f. foothpath

pěšky /pyesh-ki/ adv. on foot,/walk/

pět /pyet/ num. five

pětiletka /pye-tyi-let-ka/ f. Five-Year
   Plan

petrklíč /pe-tr-kleech/ m. primrose

petrolej /pe-tro-ley/ m. petroleum, kero-
   sene

petržel /pe-tr-zhel/ f. parsley

pevnina /pev-nyi-na/ f. land, mainland,
   continent

pevnost /pev-nost/ f. fortress, firmness,
   robustness, stability

pevný /pev-nee/ adj. firm, robust, solid,
   stable, set, sturdy

piano /pi-yá-no/ n. piano

piha /pi-ha/ f. freckle

píchnout /peekh-nowt/ v. prick, sting

pila /pi-la/ f. saw

piliny /pi-li-ni/ pl. sawdust

pilný /pil-nee/ adj. diligent, hard-working

pilot /pi-lot/ m. pilot /of an aeroplane/

pilulka /pi-lul-ka/ f. pill

pionýr /pi-yo-neer/ m. pioneer

písařka /pee-sarzh-ka/ f. typist

písek /pee-sek/ m. sand, gravel

píseň /pee-sen^y/ f. song

pískat /pees-kat/ v. whistle

písmeno /pees-me-no/ n. letter

písmo /pees-mo/ n. writing, type, hand

pít /peet/ v. drink

pitomý /pi-to-mee/ adj. silly

pivo /pi-vo/ n. beer, lager

plácat /plá-tsat/ v. slap, smack, clap

pláč /plách/ m. cry, weeping, crying

plachetnice /pla-khet-nyi-tse/ f. sail-/ing/ boat, yacht

plachta /plakh-ta/ f. canvas, sail

plakat /pla-kat/ v. cry, weep

plakát /pla-kát/ m. poster, bill

plamen /pla-men/ m. flame, blaze

plán /plán/ m. plan, schedule, design

planeta /pla-ne-ta/ f. planet

plánovat /plá-no-vat/ v. plan, design, arrange

planý /pla-nee/ adj. barren, idle, unfruitful, fruitless

plášť /plásht/ m. coat, raincoat, tire, case

plat /plat/ m. pay, income, salary, wage

plátek /plá-tek/ m. slice

platit /pla-tyit/ v. pay, hold, apply to

plátno /plát-no/ n. linen, cloth, canvas, screen

platnost /plat-nost/ f. validity, force

platný /plat-nee/ adj. valid

plavat /pla-vat/ v. swim

plavčík /plaf-cheek/ m. life-guard

plavec /pla-vets/ m. swimmer

plavky /plaf-ki/ pl. /lady´s/ swimsuit, /man´s/ trunks

pláž /plázh/ f. beach

plech /plekh/ m. sheet of metal, baking sheet

plechovka /ple-khof-ka/ f. can, tin

plena /ple-na/ f. diaper, napkin

ples /ples/ m. ball

plést /plést/ v. knit, puzzle, make mistakes

plešatý /ple-sha-tee/ adj. baldheaded

pleť /pleť^y/ f. complexion

plevel /ple-vel/ m. weed

plíce /plee-tse/ f.,pl. lungs

plíseň /plee-seň^y/ f. mould

plivat /pli-vat/ v. spit

plnit /pl-nyit/ v. fill, accomplish

plno /pl-no/ n., adv. a lot, plenty

plný /pl-nee/ adj. full

plod /plot/ m. fruit

plodný /plod-nee/ adj. fertile, fruitful

plocha /plo-kha/ f. surface, area

plochý /plo-khee/ adj. flat

plomba /plom-ba/ f. filling, seal

plot /plot/ m. fence

plout /plowt/ v. float, sail

plovárna /plo-vár-na/ f. swimming-pool

plyn /plin/ m. gas

plynně /pli-nye/ adv. fluently

plýtvat /pleet-vat/ v. waste

pneumatika /pnew-ma-ti-ka/ f. tire

po /po/ prep. after, past, for, in, up
  to, until, over, about, along

pobavit /po-ba-vit/ v. amuse, entertain

pobídnout /po-beed-nowt/ v. invite, urge

pobřeží /po-brzhe-zhee/ n. coast

pobyt /po-bit/ m. stay

pocit /po-tsit/ m. feeling, sensation

pocta /pots-ta/ f. tribute, honor

poctivost /pots-tyi-vost/ f. honesty, fairness

poctivý /pots-tyi-vee/ adj. honest, fair

počasí /po-cha-see/ n. weather

počet /po-chet/ m. number

počítač /po-chee-tach/ m. computer

počítat /po-chee-tat/ v. count, reckon, calculate, compute, charge

počkat /poch-kat/ v. wait

počty /poch-ti/ pl. arithmetic

pod /pot/ prep. under, below, beneath

podat /po-dat/ v. give, hand, pass

podcenit /pod-tse-nyit/ v. underestimate

poděkovat /po-dye-ko-vat/ v. thank

podél /po-dél/ prep. along

podepsat /po-de-psat/ v. sign

podezírat /po-de-zee-rat/ v. suspect

podezřelý /po-dez-rzhe-lee/ adj. suspicious

podezření /po-dez-rzhe-nyee/ n. suspicion

podíl /po-dyeel/ m. share, part, portion

podívat se /po-dyee-vat se/ v. look, have a look, pay a visit

podivný /po-dyiv-nee/ adj. peculiar, odd, queer, strange

podklad /pot-klat/ m. basis

podkolenka /pot-ko-len-ka/ f. knee sock

podkova /pot-ko-va/ f. horseshoe

podkroví /pot-kro-vee/ n. garret, attic

podlaha /po-dla-ha/ f. floor

podle /po-dle/ prep. along, according to

podléhat /pod-lé-hat/ v. be subject, be inferior, succumb, give in

podložka /pod-lozh-ka/ f. /writing/ pad

podmáslí /pod-más-lee/ n. buttermilk

podmínka /pod-meen-ka/ f. condition, term

podnájem /pod-ná-yem/ m. a rented room, lodgings

podnebí /pod-ne-bee/ n. climate

podnět /pod-nyet/ m. stimulation, suggestion, initiation, impulse

podnik /pod-nyik/ m. enterprise, undertaking, business

podnikatel /pod-nyi-ka-tel/ m. contractor, businessman

podniknout /pod-nyik-nowt/ v. undertake, set out

podnos /pod-nos/ m. tray

podoba /po-do-ba/ f. form, shape, resemblance, appearance

podobat se /po-do-bat se/ v. resemble, look like, be similar

podobně /po-dob-nye/ adv. in a similar way, likewise

podobný /po-dob-nee/ adj. similar, /a/li-
  ke, resembling
podpatek /pod-pa-tek/ m. heel /of the
  shoe/
podpaží /pod-pa-zhee/ n. armpit
podpírat /pod-pee-rat/ v. prop up, sup-
  port
podpis /pod-pis/ m. signature
podplácet /pod-plá-tset/ v. bribe, corrupt
podpora /pod-po-ra/ f. support, backing,
  aid, subsidy, grant, dole
podporovat /pod-po-ro-vat/ v. support,
  aid, mantain, back, encourage
podprsenka /pod-pr-sen-ka/ f. bras/siere/,
  bra
podprůměrný /pod-proo-mryer-nee/ adj. be-
  low the average
podrážděný /po-drázh-dye-nee/ adj. irri-
  tated, irritable, edgy, cross
podrážka /po-drázh-ka/ f. sole
podrobit /po-dro-bit/ v. subject
podrobnost /po-drob-nost/ f. detail
podruhé /po-dru-hé/ adv. a second time,
  next time
podřídit se /pod-rzhee-dyit se/ v. submit
podřadný /pod-rzhad-nee/ adj. inferior
podstata /pod-sta-ta/ f. substance, essence

podšívka /pod-sheef-ka/ f. lining

podvědomí /pod-vye-do-mee/ n. subconsciousness

podvědomý /pod-vye-do-mee/ adj. subconscious

podvést /pod-vést/ v. deceive, cheat, trick, double-cross

podvlékačky /pod-vlé-kach-ki/ pl. underwear

podvod /pod-vot/ m. deception, deceipt, cheat, fraud, fake

podvodník /pod-vod-nyeek/ m. cheat, crook, swindler, impostor

podzemí /pod-ze-mee/ n. underground, basement

podzim /pod-zim/ m. fall, autumn

poezie /po-e-zi-ye/ f. poetry

pohádka /po-hát-ka/ f. fairy-tale, story

pohan /po-han/ m. heathen

pohlaví /po-hla-vee/ n. sex

pohlavní /po-hlav-nyee/ adj. sexual

pohled /po-hlet/ m. look, glance, gaze, sight, view

pohlednice /po-hled-nyi-tse/ f. postcard

pohnout /po-hnowt/ v. move

pohnutí /po-hnu-tyee/ n. emotion

pohodlí /po-hod-lee/ n. comfort

pohodlný /po-ho-dl-nee/ adj. comfortable

pohoří /po-ho-rzhee/ n. range of mountains

pohostinnost /po-ho-styi-nost/ f. hospitality

pohotovost /po-ho-to-vost/ f. readiness, promptness, alert, emergency service

pohovka /po-hof-ka/ f. sofa, settee, couch

pohovor /po-ho-vor/ m. talk, chat, interview

pohrdání /po-hr-dá-nyee/ n. contempt

pohrdat /po-hr-dat/ v. despise

pohroma /po-hro-ma/ f. calamity, disaster

pohromadě /po-hro-ma-dye/ adv. gathered, together

pohřbít /po-´rzhbeet/ v. bury

pohřeb /po-´rzhep/ m. funeral, burial

pohyb /po-hip/ m. motion, movement

pochod, -ovat /po-khot, po-kho-do-vat/ m., v. march

pochopení /po-kho-pe-nyee/ n. understanding

pochopit /po-kho-pit/ v. understand, take in

pochybnost /po-khib-nost/ f. doubt

pochybovat /po-khi-bo-vat/ v. doubt

pojem /po-yem/ m. concept, notion, idea

pojistit /po-yis-tyit/ v. insure, secure

pojistka /po-yist-ka/ f. insurence, fuse

pokaždé /po-kazh-dé/ adv. every time,
  each time

poklad /po-klat/ m. treasure

pokládat /po-klá-dat/ v. lay /down/, take
  for, consider

pokladna /po-klad-na/ f. box-office, cash-
  -register, safe

pokles /po-kles/ m. fall, drop, decline

poklice /po-kli-tse/ f. lid, cover

pokoj /po-koy/ m. room, peace

pokojská /po-koy-ská/ f. maid

pokolení /po-ko-le-nyee/ n. generation

pokožka /po-kozh-ka/ f. skin

pokračovat /po-kra-cho-vat/ v. go on, go
  ahead, continue

pokročilý /po-kro-chi-lee/ adj. advanced

pokrok /po-krok/ m. progress, advance

pokrokový /po-kro-ko-vee/ adj. progres-
  sive

pokrývka /po-kreef-ka/ f. cover, blanket,
  spread, quilt

pokus /po-kus/ m. attempt, experiment

pokusit se /po-ku-sit se/ v. attempt, try

pokušení /po-ku-she-nyee/ n. temptation

pokuta /po-ku-ta/ f. penalty, fine

pól /pól/ m. pole /north, south/

pole /po-le/ n. field

poledne /po-led-ne/ n. noon, midday

poledník /po-led-nyeek/ m. meridian

polepšit /po-lep-shit/ v. improve

polévka /po-léf-ka/ f. soup

polibek /po-li-bek/ m. kiss

policie /po-li-tsi-ye/ f. police

polička /po-lich-ka/ f. shelf

politický /po-li-tits-kee/ adj. political

politika /po-li-ti-ka/ f. politics, policy

polobotka /po-lo-bot-ka/ f. shoe

poloha /po-lo-ha/ f. position, situation

pololetí /po-lo-le-tyee/ n. half-year, term

poloostrov /po-lo-os-trof/ m. peninsula

polovina /po-lo-vi-na/ f. half

polštář /pol-shtárzh/ m. cushion, pillow

polykat /po-li-kat/ v. swallow

pomalu /po-ma-lu/ adv. slowly, easy

pomalý /po-ma-lee/ adj. slow

poměr /po-mnyer/ m. ratio, proportion, relation, relationship, attitude

pomeranč /po-me-ranch/ m. orange

poměrný /po-mnyer-nee/ adj. relative, comparative, proportional

pomlouvat /po-mlow-vat/ v. slander, libel

pomněnka /po-mnyen-ka/ f. forget-me-not

pomoc /po-mots/ f. help, aid, assistance

pomoci /po-mo-tsi/ v. help, give a hand, assist

pomstít /po-mstyeet/ v. avenge, revenge

pondělí /pon-dye-lee/ n. Monday

poněvadž /po-nye-vach/ conj. because, as, since

ponížený /po-nyee-zhe-nee/ adj. humble

ponížit /po-nyee-zhit/ v. humiliate

ponorka /po-nor-ka/ f. submarine

ponořit /po-no-rzhit/ v. plunge, dip, immerse, dive

ponožka /po-nozh-ka/ f. sock

popel /po-pel/ m. ash, ashes, cinders

popelnice /po-pel-nyi-tse/ f. trash can, dustbin, urn

popelník /po-pel-nyeek/ m. ashtray

popírat /po-pee-rat/ v. deny, dispute

popis /po-pis/ m. description, account

popisovat /po-pi-so-vat/ v. describe, give an account of

poplach /po-plakh/ m. alarm

poplatek /po-pla-tek/ m. charge, fee, tax, toll, duty

poprava /po-pra-va/ f. execution

poprosit /po-pro-sit/ v. ask

poprvé /po-pr-vé/ adv. /for/ the first
  time

poptávka /po-ptáf-ka/ f. demand, call,
  inquiry, request

poradit /po-ra-dyit/ v. advise

poranit /po-ra-nyit/ v. hurt, injure

porazit /po-ra-zit/ v. knock down, over-
  throw, beat, defeat

porážka /po-rázh-ka/ f. defeat, /cattle/
  slaughter

porcelán /por-tse-lán/ m. china, porcelain

porod /po-rod/ m. childbirth, delivery

porodit /po-ro-dyit/ v. give birth to

porota /po-ro-ta/ f. jury

poroučet /po-row-chet/ v. order, command

poručník /po-ruch-nyeek/ m. guardian

porucha /po-ru-kha/ f. disorder, failure,
  defect, breakdown

porušit /po-ru-shit/ v. break, violate,
  disturb

pořad /po-rzhat/ m. program/me/, agenda

pořádat /po-rzhá-dat/ v. put in order,
  arrange, sort, organize

pořádek /po-rzhá-dek/ m. order

pořádný /po-rzhád-nee/ adj. orderly, tidy,
  proper, sound, substantial

pořezat se /po-rzhe-zat se/ v. cut oneself

pořídit si /po-rzhee-dyit si/ v. get, buy

posadit se /po-sa-dyit se/ v. sit down,
  take a seat

posádka /po-sát-ka/ f. crew, garrison

posel /po-sel/ m. messenger

poschodí /po-skho-dyee/ n. floor

posila /po-si-la/ f. help, encouragement,
  reinforcement

poskytnout /po-skit-nowt/ v. offer, pro-
  vide, give

poslanec /po-sla-nets/ m. deputy, repre-
  sentative, member

poslat /po-slat/ v. send

posledně /po-sled-nye/ adv. last time

poslední /po-sled-nyee/ adj. last, latest

poslouchat /po-slow-khat/ v. listen, obey

posluhovačka /po-slu-ho-vach-ka/ f. clea-
  ning woman, domestic help

poslušný /po-slush-nee/ adj. obedient

posmívat se /po-smee-vat se/ v. mock, ri-
  dicule

posoudit /po-sow-dyit/ v. pass judgment,
  judge, review

pospíchat /po-spee-khat/ v. hurry /up/
  be in a hurry, haste

postarat se /po-sta-rat se/ v. look after,
  see about, take care of, provide, see
  to it

postava /po-sta-va/ f. figure, form, character

postavení /po-sta-ve-nyee/ n. position, post, rank

postavit /po-sta-vit/ v. place, stand, set up, build

postel /po-stel/ f. bed

postoj /po-stoy/ m. posture, attitude

postřeh /po-strzhekh/ m. perception

postřik /po-strzhik/ m. spray

postříkat /po-strzhee-kat/ v. sprinkle, spray, splash

postup /po-stup/ m. advance, method, procedure

postupně /po-stup-nye/ adv. gradually, step by step

postupovat /po-stu-po-vat/ v. advance, act, proceed

posudek /po-su-dek/ m. review, report

posunout /po-su-nowt/ v. shift, move

poškodit /po-shko-dyit/ v. damage, harm

pošta /posh-ta/ f. post, mail, post office

pošťák /posh-tyák/ m. postman, mailman

poštovné /posh-tov-né/ n. postage

pot /pot/ m. perspiration, sweat

potápěč /po-tá-pyech/ m. diver

potěšení /po-tye-she-nyee/ n. pleasure, delight

potěšit /po-tye-shit/ v. please, give pleasure

potichu /po-tyi-khu/ adv. quietly, noiselessly

potíž /po-tyeezh/ f. difficulty, trouble, snag

potkat /pot-kat/ v. meet

potlačit /po-tla-chit/ v. suppress, put down

potlesk /po-tlesk/ m. applause, clapping

potok /po-tok/ m. brook, stream

potom /po-tom/ adv. then, afterwards, later on

potomek /po-to-mek/ m. descendant

potopit se /po-to-pit se/ v. plunge, sink, dive, flunk

potrava /po-tra-va/ f. food

potřeba /po-trzhe-ba/ f. need, necessity

potřebovat /po-trzhe-bo-vat/ v. need, want

potvrdit /po-tvr-dyit/ v. certify, confirm, acknowledge

potvrzení /po-tvr-ze-nyee/ n. certificate, confirmation, acknowledgement

pouhý /pow-hee/ adj. mere, bare

poukaz /pow-kas/ m. voucher, order, reference

poupě /pow-pye/ n. /flower-/bud

poušť /powsht^y/ f. desert

pouť /powt^y/ f. fair, pilgrimage

pouto /pow-to/ n. tie, bond

pouze /pow-ze/ adv. only

použít /po-u-zheet/ v. use, take, make use of, apply

povaha /po-va-ha/ f. character, nature

považovat /po-va-zho-vat/ v. consider, regard

povědomý /po-vye-do-mee/ adj. familiar

pověra /po-vye-ra/ f. superstition

pověrčivý /po-vyer-chi-vee/ adj. super-stitious

pověřit /po-vye-rzhit/ v. charge, dele-gate, entrust

pověsit /po-vye-sit/ v. hang /up/

pověst /po-vyest/ f. myth, tale, story, reputation

povést se /po-vést se/ v. go off well

povídat /po-vee-dat/ v. talk, tell, chat

povidla /po-vid-la/ pl. jam

povídka /po-veed-ka/ f. /short/ story, tale

povinnost /po-vi-nost/ f. duty

povinný /po-vi-nee/ adj. compulsory, man-datory

povlak /po-vlak/ m. cover, coating, case

povodeň /po-vo-den^y/ f. flood

povolání /po-vo-lá-nyee/ n. occupation, profession

povolení /po-vo-le-nyee/ n. permission, licence

povolit /po-vo-lit/ v. allow, permit, licence, give in, give way, relent, un/do, screw, tie .../

povrch /po-vrkh/ m. surface

povrchní /po-vrkh-nyee/ adj. superficial

povstalec /po-vsta-lets/ m. rebel, mutineer

povstání /po-vstá-nyee/ n. /up/rising

povýšení /po-vee-she-nyee/ n. promotion

povzbudit /po-´zbu-dyit/ v. cheer up, encourage

pozadí /po-za-dyee/ n. background

pozadu /po-za-du/ adv. backward/s/, behind

pozdě /poz-dye/ adv. late

pozdrav /po-zdraf/ m. greeting, regards

pozdravit /po-zdra-vit/ v. greet

pozemek /po-ze-mek/ m.piece of land, lot, plot

poznámka /po-znám-ka/ f. remark, note, comment

poznání /po-zná-nyee/ n. knowledge

poznat /po-znat/ v./get to/ know, recognize, find out

pozor /po-zor/ m.,int. attention, care, beware of, look out!

pozornost /po-zor-nost/ f. attention

pozorný /po-zor-nee/ adj. attentive, considerate, thoughtful

pozorovat /po-zo-ro-vat/ v. watch, observe, notice

pozvání /po-zvá-nyee/ n. invitation

pozvat /po-zvat/ v. invite

požádat /po-zhá-dat/ v. ask, demand, claim

požadavek /po-zha-da-vek/ m. requirement, demand, claim

požár /po-zhár/ m. fire

požárník /po-zhár-nyeek/ m. fireman

požitek /po-zhi-tek/ m. enjoyment, pleasure

práce /prá-tse/ f. work, labor, job

prací /pra-tsee/ adj. washable

pracovat /pra-tso-vat/ v. work

pracovitý /pra-tso-vi-tee/ adj. hard-working

pracovník /pra-tsov-nyeek/ m. worker

pračka /prach-ka/ f. washing-machine

prádelna /prá-del-na/ f. laundry

prádlo /prád-lo/ n. underwear, linen,
bed-clothes, washing, laundry

práh /prákh/ m. door-step, threshold

Praha /Pra-ha/ f. Prague

prach /prakh/ m. dust, powder

praktický /prak-tits-kee/ adj. practical

pramen /pra-men/ m. spring, source, ori-
gin, strand

prapor /pra-por/ m. flag, banner

prase /pra-se/ n. pig, hog

prasknout /prask-nowt/ v. crack, burst,
split, break

prášek /prá-shek/ m. powder, speck of
dust, pill /aspirin/

prát /prát/ v. wash, do the washing

prát se /prát se/ v. fight

pravda /prav-da/ f. truth

pravděpodobnost /prav-dye-po-dob-nost/ f.
probability, likelihood

pravděpodobný /prav-dye-po-dob-nee/ adj.
probable, likely

pravdivý /prav-dyi-vee/ adj. true

právě /prá-vye/ adv. just, at this moment

pravidelný /pra-vi-del-nee/ adj. regular

pravidlo /pra-vid-lo/ n. rule

pravítko /pra-veet-ko/ n. ruler

právní /práv-nyee/ adj. legal

právník /práv-nyeek/ m. lawyer

právo /prá-vo/ n. right, law, authority

pravopis /pra-vo-pis/ m. spelling

pravý /pra-vee/ adj. right, true, real,
  genuine

praxe /pra-xe/ f. practice, experience

prázdniny /prázd-nyi-ni/ pl. vacation/s/,
  holiday/s/

prázdný /prázd-nee/ adj. empty, vacant

Pražan, -ka /Pra-zhan, -ka/ m., f. inha-
  bitant of Prague

premiéra /pre-mi-yé-ra/ f. first night,
  first-run

president /pre-zi-dent/ m. president

princ /prints/ m. prince

princezna /prin-tsez-na/ f. princess

princip /prin-tsip/ m. principle

prkno /prk-no/ n. board, plank

pro /pro/ prep. for, because of

problém /prob-lém/ m. problem

probrat /pro-brat/ v. get through, deal
  with, sift /out/

probudit se /pro-bu-dyit se/ v. wake /up/

procento /pro-tsen-to/ n. percent, per-
  centage

proces /pro-tses/ m. process, trial

proč /proch/ adv. why, what ... for

prodávat /pro-dá-vat/ v. sell

prodej /pro-dey/ m. sale

prodejna /pro-dey-na/ f. store, shop

prodělat /pro-dye-lat/ v. lose, experience, go through

prodloužit /pro-dlow-zhit/ v. lengthen, prolong, extend, renew

produkce /pro-duk-tse/ f. production

profesor, -ka /pro-fe-sor, -ka/ m., f. professor

program /pro-gram/ m. program/me/, schedule, itinerary, floor show

prohlásit /pro-hlá-sit/ v. declare, state

prohlášení /pro-hlá-she-nyee/ n. declaration, statement

prohlídka /pro-hleed-ka/ f. examination, sight-seeing, visit, inspection

prohlížet /pro-hlee-zhet/ v. examine, inspect, see

prohrát /pro-hrát/ v. lose

procházet se /pro-khá-zet se/ v. walk, stroll

procházka /pro-khás-ka/ f. walk, stroll

projednat /pro-yed-nat/ v. discuss, negotiate

projev /pro-yef/ m. display, demonstration, address, speech

projímadlo /pro-yee-mad-lo/ n. laxative

projít /pro-yeet/ v. pass, go through

projíždka /pro-yeezh-dyka/ f. /pleasure/ ride, drive

proměnit /pro-mnye-nyit/ v. change

prominout /pro-mi-nowt/ v. excuse, forgive, pardon

promluvit /pro-mlu-vit/ v. talk to, have a word with

promoce /pro-mo-tse/ f. graduation ceremony

promoknout /pro-mok-nowt/ v. get wet

pronásledování /pro-ná-sle-do-vá-nyee/ n. pursuit, persecution

pronásledovat /pro-ná-sle-do-vat/ v. pursue, persecute

pronikavý /pro-nyi-ka-vee/ adj. penetrating, shrill, sweeping, pungent

proniknout /pro-nyik-nowt/ v. penetrate

propadnout /pro-pad-nowt/ v. fall through, sink, fail, flunk, be forfeit, flop

propast /pro-past/ f. abyss

propíchnout /pro-peekh-nowt/ v. pierce, punch, puncture

propustit /pro-pus-tyit/ v. discharge, dismiss, let go, fire, sack, release

propustka /pro-pust-ka/ f. permit

prosadit /pro-sa-dyit/ v. enforce, put through, carry through

prosba /pros-ba/ f. appeal, request

prosinec /pro-si-nets/ m. December

prosím /pro-sím/ please, that's O.K., that's all right

prosit /pro-sit/ v. ask, beg, implore

proslov /pro-slof/ m. speech, address

prospěch /pro-spyekh/ m. benefit, advantage, profit, marks /at school/

prospívat /pro-spee-vat/ v. prosper, do well, have /good/ results, succeed, do good, benefit

prostě /pro-stye/ adv. simply, just

prostěradlo /pro-stye-rad-lo/ n. sheet

prostor /pro-stor/ m. space, room

prostorný /pro-stor-nee/ adj. spacious

prostředek /pro-strzhe-dek/ m. middle, facility, tool, means

prostředí /pro-strzhe-dyee/ n. enviroment, setting

prostřední /pro-strzhed-nyee/ adj. middle

prostřít /pro-strzheet/ v. spread, lay the table

prostý /pro-stee/ adj. simple, plain

prošlý /pro-shlee/ adj. overdue

protekce /pro-tek-tse/ f. patronage, influence in a person's favor protest /pro-test/ m. protest

proti /pro-tyi/ prep. opposite, against, for, anti- ...

protijed /pro-tyi-yet/ m. antidote

protiklad /pro-tyi-klat/ m. contradiction

protivný /pro-tyiv-nee/ adj. opposite, nasty, mean

protizákonný /pro-tyi-zá-ko-nee/ adj. illegal

proto /pro-to/ adv. therefore, that is why

protokol /pro-to-kol/ m. record

protože /pro-to-zhe/ conj. because, as, since

proud /prowt/ m. flow, stream, current

provaz /pro-vas/ m. rope, cord

prověřit /pro-vye-rzhit/ v. screen, test, sift, check

provést /pro-vést/ v. guide, show around, perform, carry out, execute

provinit se /pro-vi-nyit se/ v. offend

provokovat /pro-vo-ko-vat/ v. provoke

provolání /pro-vo-lá-nyee/ n. proclamation

provoz /pro-vos/ m. traffic, service, operation, working

provozovat /pro-vo-zo-vat/ v. work, run, carry on, practise

prozatím /pro-za-tyeem/ adv. meanwhile,
  for the time being
prozatimní /pro-za-tyim-nyee/ adj. tem-
  porary, provisional
prozradit /pro-zra-dyit/ v. reveal, give
  away, disclose, betray
prožít /pro-zheet/ v. live through, spend
prs /prs/ m. breast
prst /prst/ m. finger, toe /on foot/
prsten /prs-ten/ ring
pršet /pr-shet/ v. rain
prudký /prut-kee/ adj. vehement, violent,
  abrupt
pruh /prukh/ m. strip, stripe
průhledný /proo-hled-nee/ adj. transpa-
  rent
pruhovaný /pru-ho-va-nee/ adj. striped
průchod /proo-khot/ m. passage, pass,
  way through
průjem /proo-yem/ m. diarrhoea
průkaz /proo-kas/ m. card, I.D. card
průměr /proo-mnyer/ m. average, diameter
průměrný /proo-mnyer-nee/ adj. average
průmysl /proo-mi-sl/ m. industry
průplav /proo-plaf/ m. canal
prut /prut/ m. rod
průvan /proo-van/ m. draught

průvodce /proo-vod-tse/ m. guide, /guide-
-book/, companion

průvodčí /proo-vod-chee/ m. conductor

průzkum /proos-kum/ m. investigation,
probe, exploration

pružný /pruzh-nee/ adj. elastic, flexible

prvek /pr-vek/ m. element

první /prv-nyee/ adj. first

prý /pree/ adv. they say

pryč /prich/ adv. away, off, past, gone

přání /przhá-nyee/ n. wish, wishes

přát /przhát/ v. wish

přát si /przhát si/ v. want, wish for, de-
sire

přátelit se /przhá-te-lit se/ v. associ-
ate, make friends

přátelský /przhá-tel-skee/ adj. friendly

přátelství /przhá-tel-stvee/ n. friend-
ship

přebrat /przhe-brat/ v. sort, take over,
take too much, exceed

pře-bytek /przhe-bi-tek/ m. surplus, ex-
cess

přece /przhe-tse/ adv. still, yet, and
yet, though in fact

přecenit /przhe-tse-nyit/ v. overestimate

před /przhet/ prep. before, ago, back, prior
to, ahead of, in front of

předat /przhe-dat/ v. hand over, pass on, transfer

předčasný /przhed-chas-nee/ adj. premature

předehra /przhe-de-hra/ f. overture, prelude

předek /przhe-dek/ m. ancestor, front

předem /przhe-dem/ adv. in advance, beforehand

předešlý /przhe-de-shlee/ adj. previous

předevčírem /przhe-de-vchee-rem/ adv. the day before yesterday

především /przhe-de-vsheem/ adv. above all, first

předcházet /przhed-khá-zet/ v. precede, prevent

předjet /przhed-yet/ v. overtake

předkrm /przhed-krm/ m. hors d'oeuvre

předložit /przhed-lo-zhit/ v. put forward, present, submit

předměstí /przhed-mnyes-tyee/ n. suburb

předmět /przhed-mnyet/ m. object, article, subject, topic

předmluva /przhed-mlu-va/ f. preface, foreword

přednáška /przhed-násh-ka/ f. lecture

přední /przhed-nyee/ adj. front, prominent

přednost /przhed-nost/ f. priority, preference

předpis /przhed-pis/ m. prescription, recipe, regulation

předpokládat /przhed-po-klá-dat/ v. assume, presume, suppose

předpověď /przhed-po-vyed[y]/ f. prediction, forecast

předprodej /przhed-pro-dey/ m. advance booking, advance sale, ticket-agency

předseda /przhed-se-da/ m. chairman

předsíň /przhed-seen[y]/ f. hall, lobby

představa /przhed-sta-va/ f. idea, conception

představení /przhed-sta-ve-nyee/ n. performance, introduction

představit /przhed-sta-vit/ v. introduce

představit si /przhed-sta-vit si/ v. imagine

předstírat /przhed-styee-rat/ v. pretend, simulate

předtím /przhed-tyeem/ adv. before

předvést /przhed-vést/ v. show, perform, demonstrate

předvídat /przhed-vee-dat/ v. anticipate

předvolat /przhed-vo-lat/ v. call up, summon

přehánět /przhe-há-nyet/ v. exaggerate

přeháňka /przhe-hán^y-ka/ f. shower /rain/

přehled /przhe-hlet/ m. survey, view, knowledge, summary

přehlédnout /przhe-hléd-nowt/ v. survey, view, overlook, miss

přehlídka /przhe-hleed-ka/ f. parade, show, display

přehrada /przhe-hra-da/ f. barrier, dam

přecházet /przhe-khá-zet/ v. cross, pass, walk up and down

přechod /przhe-khot/ m. passage, crossing

přejet /przhe-yet/ v. run over, cross, pass

překážet /przhe-ká-zhet/ v. obstruct, be in the way

překážka /przhe-kázh-ka/ f. obstacle, obstruction, set-back

překlad /przhe-klat/ m. translation

překvapení /przhe-kva-pe-nyee/ n. surprise

překvapit /przhe-kva-pit/ v. surprise, astonish

přeložit /przhe-lo-zhit/ v. translate, move over, shift, transfer

přemlouvat /przhe-mlow-vat/ v. persuade, talk into

přemýšlet /przhe-meesh-let/ v. think over, think about

přenocovat /przhe-no-tso-vat/ v. stay
  overnight, stay the night
přenosný /przhe-nos-nee/ adj. transfe-
  rable, portable
přepadnout /przhe-pad-nowt/ v. assault,
  attack, hold up
přepsat /przhe-psat/ v. re-write, re-
  -type, copy
přepych /przhe-pikh/ m. luxury
přerušit /przhe-ru-shit/ v. break, inter-
  rupt, disconnect
přes /przhes/ prep. over, across, by way
  of, via, in spite of
přesadit /przhe-sa-dyit/ v. transplant
přeskočit /przhe-sko-chit/ v. jump, skip
přesnost /przhes-nost/ f. accuracy, pre-
  cision, exactness
přesný /przhes-nee/ adj. accurate, preci-
  se, exact, punctual
přestat /przhes-tat/ v. stop, cease, quit
přestávka /przhes-táf-ka/ f. break, inter-
  val, intermission, recess
přesto /przhes-to/ conj. in spite of,
  /al/though
přestože /przhes-to-zhe/ conj. although
přestupek /przhes-tu-pek/ m. offence
přesvědčení /przhes-vyed-che-nyee/ n.
  conviction, belief

přesvědčit /przhe-svyed-chit/ v. convince, persuade

přetvářka /przhe-tvárzh-ka/ f. hypocrisy

převést /przhe-vést/ v. take over/across, transfer

převládat /przhe-vlá-dat/ v. prevail, dominate

převléci se /przhe-vlé-tsi se/ v. change /one's clohes/

převrátit /przhe-vrá-tyit/ v. turn upside down

přezout se /przhe-zowt se/ v. change /one's shoes/

při /przhi/ prep. at, on, by, near, close to, with

příběh /przhee-byekh/ m. incident, story

přibít /przhi-beet/ v. nail /down/

přibližně /przhi-blizh-nye/ adv. approximately

příboj /przhee-boy/ m. surf, surge

příbor /przhee-bor/ m. knife, fork and spoon, cover, silver

příbuzný /przhee-buz-nee/ m. relative, relation, adj. related

příčina /przhee-chi-na/ f. cause, reason

přidat /przhi-dat/ v. add, throw in

přídavek /przhee-da-vek/ m. addition, bonus, allowance

přidělit /przhi-dye-lit/ v. allocate,
  assign

přihláška /przhi-hlásh-ka/ f. applica-
  tion, registration form

příhoda /przhee-ho-da/ f. incident, event

přihodit se /przhi-ho-dyit se/ v. happen,
  occur

příchuť /przhee-khut^y/ f. smack, flavor

příjemný /przhee-yem-nee/ adj. pleasant,
  nice, agreeable

přijet /przhi-yet/ v. come, arrive at/in

příjezd /przhee-yest/ m. arrival

přijít /przhi-yeet/ v. /on foot/ come,
  arrive, turn up

příjmení /przheey-me-nyee/ n. surname,
  last name

přijmout /przhiy-mowt/ v. accept, re-
  ceive, admit, take up

příklad /przhee-klat/ m. example, ins-
  tance

příkop /przhee-kop/ m. ditch, drain

příkrm /przhee-krm/ m. two vegetables

přikrýt /przhi-kreet/ v. cover

přílet /przhee-let/ m. arrival /by plane/

příležitost /przhee-le-zhi-tost/ f.
  opportunity, occasion, chance

příliš /przhee-lish/ adv. too

příliv /przhee-lif/ m. flood, high tide

přiložit /przhi-lo-zhit/ v. put, apply, attach, enclose

přiměřený /przhi-mnye-rzhe-nee/ adj. adequate, reasonable

příměří /przhee-mnye-rzhee/ n. truce, armistice

přímka /przheem-ka/ f. straight line

přimluvit se /przhi-mlu-vit se/ v. put in a good word /for/

přímo /przhee-mo/ adv. direct/ly/,straight

přímý /przhee-mee/ adj. direct, straight, through, upright

přinést /przhi-nést/ v. bring, fetch

případ /przhee-pat/ m. case, event

připadnout /przhi-pad-nowt/ v. fall, hit

připít /przhi-peet/ v. drink, propose a toast

přípitek /przhee-pi-tek/ m. toast, health

připnout /przhi-pnowt/ v. attach, fix, pin, fasten

připojit /przhi-po-yit/ v. attach, affix

připojit se /przhi-po-yit se/ v. join

připomenout /przhi-po-me-nowt/ v. remind, recall

připravený /przhi-pra-ve-nee/ adj. prepared, ready

připravit /przhi-pra-vit/ v. prepare, get ready

příroda /przhee-ro-da/ f. nature, /scenery/

přírodní /przhee-rod-nyee/ adj. natural

přirovnání /przhi-rov-ná-nyee/ n. comparison

přirovnat /przhi-rov-nat/ v. compare

příručka /przhee-ruch-ka/ f. handbook, manual

přísada /przhee-sa-da/ f. ingredient

přísaha /przhee-sa-ha/ f. oath

přísahat /przhee-sa-hat/ v. swear, take an oath

přísloví /przhee-slo-vee/ n. proverb

příslušenství /przhee-slu-shen-stvee/ n. accessories, fixtures

příslušný /przhee-slush-nee/ adj. respective, relevant, corresponding

přísný /przhees-nee/ adj. severe, strict

přispět /przhi-spyet/ v. contribute, help

příspěvek /przhee-spye-vek/ m. contribution, allowance

přistát /przhi-stát/ v. land, touch down

přístav /przhee-staf/ m. port, docks

přístavek /przhee-sta-vek/ m. extension, annex

přistěhovalec /przhi-stye-ho-va-lets/ m.
  immigrant

přistěhovat se /przhi-stye-ho-vat se/ v.
  move in, immigrate

přístroj /przhee-stroy/ m. apparatus,
  instrument

přístřeší /przhee-strzhe-shee/ n. shelter

přístup /przhee-stup/ m. access, approach

přišít /przhi-sheet/ v. sew on

příště /przheesh-tye/ adv. next time

příští /przheesh-tyee/ adj. next, fol-
  lowing

přít se /przheet se/ v. dispute, argue

přitahovat /przhi-ta-ho-vat/ v. attract

přitažlivý /przhi-tazh-li-vee/ adj. at-
  tractive

přítel, -kyně /przhee-tel, -ki-nye/ m.,
  f. friend

přitom /przhi-tom/ adv. at the same time

přítomnost /przhee-tom-nost/ f. presence,
  present, attendance

přítomný /przhee-tom-nee/ adj. present

přivázat /przhi-vá-zat/ v. tie up

přívěs /przhee-vyes/ m. trailer, caravan

přívěsek /przhee-vye-sek/ m. pendant

přivést /przhi-vést/ v. bring, fetch

přivítání /przhi-vee-tá-nyee/ n. welcome

přívoz /przhee-vos/ m. ferry

přívrženec /przhee-vr-zhe-nets/ m. follower, supporter

příze /przhee-ze/ f. yarn

přízemí /przhee-ze-mee/ n. ground floor, stalls

příznak /przhee-znak/ m. symptom

přiznat /przhi-znat/ v. admit, confess, concede, let on

příznivý /przhee-znyi-vee/ adj. favorable

přizpůsobit /przhi-zpoo-so-bit/ v. adapt, adjust, conform, assimilate

přízvuk /przhee-zvuk/ m. accent, stress

příživník /przhee-zhiv-nyeek/ m. parasite

psaní /psa-nyee/ n. writing, letter

psát /psát/ v. write

psychologie /psi-kho-lo-gi-ye/ f. psychology

pšenice /pshe-nyi-tse/ f. wheat

pták /pták/ m. bird

ptát se /ptát se/ v. ask, inquire

publikovat /pu-bli-ko-vat/ v. publish

pud /put/ m. instinct

půda /poo-da/ f. land, soil, ground

pudr /pu-dr/ m. powder

puchýř /pu-kheerzh/ m. blister

půjčit /pooy-chit/ v. lend, loan

půjčit si /pooy-chit si/ v. borrow

půl /pool/ num. half

půl hodiny /pool ho-dyi-ni/ half an hour

půllitr /poo-li-tr/ m. half a litre

půlnoc /pool-nots/ f. midnight

pult /pult/ m. counter, desk, bar

pumpa /pum-pa/ f. pump, gas/petrol-station, filling station

punčocha /pun-cho-kha/ f. stocking

pusa /pu-sa/ f. mouth, kiss

působit /poo-so-bit/ v. work, function, act, affect, impress

půst /poost/ m. fast/ing/

pustit /pus-tyit/ v. drop, let...fall, let go, let in/out, release

pustý /pus-tee/ adj. desolate, deserted, empty, dreary

puška /push-ka/ f. rifle, shotgun, gun

putovat /pu-to-vat/ v. wander, travel

půvab /poo-vap/ m. grace, charm

půvabný /poo-vab-nee/ adj. graceful, attractive, charming

původ /poo-vot/ m. origin, descent, source

původní /poo-vod-nyee/ adj. original

pýcha /pee-kha/ f. pride

pyšný /pish-nee/ adj. proud

pytel /pi-tel/ m. sack, bag

pyžamo /pi-zha-mo/ n. pyjamas

- . -

racek /ra-tsek/ m. sea-gull

rád /rát/ adj. glad, like, love, enjoy,
  be fond of

rada /ra-da/ f. advice, counsel

raději /ra-dye-yi/ adv. better, rather

rádio /rá-di-yo/ n. radio, wireless

radit /ra-dyit/ v. advise, counsel, con-
  sult

radnice /rad-nyi-tse/ f. city hall, town
  hall

radost /ra-dost/ f. pleasure, joy, de-
  light

radostný /ra-dost-nee/ adj. cheerful,
  joyous

radovat se /ra-do-vat se/ v. rejoice,
  have a pleasure, be glad, be pleased

ráj /ráy/ m. paradise

rajče /ray-che/ n. tomato

raketa /ra-ke-ta/ f. racket/racquet, roc-
  ket

rakev /ra-kef/ f. coffin

rakovina /ra-ko-vi-na/ f. cancer

rám /rám/ m. frame

rameno /ra-me-no/ n. shoulder, /arm/

ramínko /ra-meen-ko/ n. coat-hanger

rámus /rá-mus/ m. noise, row

rána /rá-na/ f. blow, stroke, wound, cut

ranit /ra-nyit/ v. wound, injure, hurt

ranní /ra-nyee/ adj. morning

ráno /rá-no/ n. morning, adv. in the morning

rasa /ra-sa/ f. race

ráz /rás/ m. stroke, one, /two,three/, blow, nature, impression

razítko /ra-zeet-ko/ n. /rubber/ stamp, postmark

reagovat /re-a-go-vat/ v. react, response

reakce /re-ak-tse/ f. reaction, response

reálný /re-ál-nee/ adj. real

recepce /re-tsep-tse/ f. reception

recept /re-tsept/ m. prescription, recipe

redaktor, -ka /re-dak-tor, -ka/ m., f. editor

referát /re-fe-rát/ m. report, account

reforma /re-for-ma/ f. reform

rehabilitace /re-ha-bi-li-ta-tse/ f. rehabilitation

reklama /re-kla-ma/ f. advertisement, publicity, neon sign

rekomando /re-ko-man-do/ n. registered letter

rekonstrukce /re-kon-struk-tse/ f. reconstruction

rekreace /re-kre-a-tse/ f. recreation

rentgen /rent-gen/ m. X-ray

reportáž /re-por-tázh/ f. commentary

reportér /re-por-tér/ m. reporter

reprezentant, -ka /re-pre-zen-tant, -ka/ m., f. representative

reprodukce /re-pro-duk-tse/ f. reproduction, print

republika /re-pub-li-ka/ f. republic

respekt /res-pekt/ m. respect

restaurace /res-taw-ra-tse/ f. restaurant, cafeteria, restoration

ret /ret/ m. lip

réva /ré-va/ f. grapevine, vine

revma /rev-ma/ n. rheumatism, arthritis

revoluce /re-vo-lu-tse/ f. revolution

revolver /re-vol-ver/ m. revolver, gun

rez /res/ f. rust

rezavět /re-za-vyet/ v. get rusty

rezervní /re-zer-vnyee/ adj. spare

rezervovat /re-zer-vo-vat/ v. reserve, book

rezignovat /re-zig-no-vat/ v. resign

rezoluce /re-zo-lu-tse/ f. resolution

režim /re-zhim/ m. regime

režisér /re-zhi-zér/ m. stage manager,
/film/ director

riskovat /ris-ko-vat/ v. risk, run the
risk

robot /ro-bot/ m. kitchen robot, mixer,
/machine/

roční /roch-nyee/ adj. annual

rod /rot/ m. genus, race, kin, gender

rodiče /ro-dyi-che/ pl. parents

rodina /ro-dyi-na/ f. family

rodit /ro-dyit/ v. bear, yield, crop,
give birth

roh /rokh/ m. horn, corner

rohlík /roh-leek/ m. roll

rohož /ro-hozh/ f. mat

rok /rok/ m. year

rokle /rok-le/ f. gorge

role /ro-le/ f. role, part

rolník /rol-nyeek/ m. farmer

román /ro-mán/ m. novel

romantický /ro-man-tits-kee/ adj. roman-
tic

ropa /ro-pa/ f. crude oil

rosa /ro-sa/ f. dew

rostlina /rost-li-na/ f. plant

roštěná /rosh-tye-ná/ f. stewed steak

roura /row-ra/ f. pipe, tube

rovina /ro-vi-na/ f. plain, flat, level, plane

rovnat /rov-nat/ v. put in order, arrange

rovnat se /rov-nat se/ v. straighten /up/, equal, compare to

rovně /rov-nye/ adv. straight

rovník /rov-nyeek/ m. equator

rovnoprávnost /rov-no-práv-nost/ f. equal rights

rovnováha /rov-no-vá-ha/ f. balance

rovný /rov-nee/ adj. straight, upright, level, equal, even

rozbalit /roz-ba-lit/ v. unpack

rozbít /roz-beet/ v. break, smash

rozbor /roz-bor/ m. analyzis

rozčilení /roz-chi-le-nyee/ n. excitement

rozčilit se /roz-chi-lit se/ v. get excited, lose one´s temper, make a fuss

rozdat /roz-dat/ v. give away, distribute

rozdělat /roz-dye-lat/ v. undo, mix, make

rozdělit /roz-dye-lit/ v. distribute, divide

rozdíl /roz-dyeel/ m. difference, distinction

rozebrat /ro-ze-brat/ v. take to pieces, take apart, dismantle, analyze

rozehnat /ro-ze-hnat/ v. dispel, disperse, scatter

rozejít se /ro-ze-yeet se/ v. disperse, split, part, separate

rozeznat /ro-ze-znat/ v. distinguish, make out

rozházet /roz-há-zet/ v. scatter, squander, disarrange

rozhlas /roz-hlas/ m. radio, wireless, broadcasting

rozhled /roz-hlet/ m. view, outlook

rozhodně /roz-hod-nye/ adv. definitely, certainly, by all means

rozhodnout /roz-hod-nowt/ v. decide, determine

rozhodnutí /roz-hod-nu-tyee/ n. decision

rozhovor /roz-ho-vor/ m. talk, conversation, interview

rozchod /roz-khot/ m. separation, parting

rozjet se /roz-yet se/ v. start, get going, go away, set to

rozkaz /roz-kas/ m. order

rozkázat /roz-ká-zat/ v. order

rozklad /roz-klat/ m. decay

rozkoš /roz-kosh/ f. delight, passion

rozkošný /roz-kosh-nee/ adj. lovely, delightful

rozkrájet /roz-krá-yet/ v. cut to pieces

rozkvést /roz-kvést/ v. come into bloom, blossom

rozkvět /roz-kvyet/ m. bloom, prosperity

rozlámat /roz-lá-mat/ v. break

rozlít /roz-leet/ v. spill

rozloučení /roz-low-che-nyee/ n. farewell

rozloučit se /roz-low-chit se/ v. say
   good-bye, take leave

rozložit /roz-lo-zhit/ v. lay out, spread
   out, take to pieces, decay

rozluštit /roz-lush-tyit/ v. solve, de-
   cipher

rozmach /roz-makh/ m. sway, boom

rozmanitost /roz-ma-nyi-tost/ f. variety,
   diversity

rozmazlit /roz-maz-lit/ v. spoil

rozměnit /roz-mnye-nyit/ v. change /money/

rozměr /roz-mnyer/ m. dimension

rozmluva /roz-mlu-va/ f. talk, conversa-
   tion

rozmluvit /roz-mlu-vit/ v. dissuade from,
   talk out of

rozmnožit /roz-mno-zhit/ v. increase,
   multiply

rozmrazit /roz-mra-zit/ v. defrost

rozmyslit si /roz-mis-lit si/ v. think
   over

rozmyslit se /roz-mis-lit se/ v. change
   one's mind

roznášet /roz-ná-shet/ v. distribute, deliver

rozpačitý /roz-pa-chi-tee/ adj. embarrassed, puzzled, confused

rozpadat se /roz-pa-dat se/ v. crumble, dilapidate, fall down

rozpínavost /roz-pee-na-vost/ f. expansion, expansiveness

rozpočet /roz-po-chet/ m. budget

rozpůlit /roz-poo-lit/ v. cut in half

rozpustilý /roz-pus-tyi-lee/ adj. naughty

rozpustit /roz-pus-tyit/ v. dissolve, dismiss

rozpustný /roz-pust-nee/ adj. soluble

rozruch /roz-rukh/ m. stir, commotion, fuss

rozrušit /roz-ru-shit/ v. upset, perturb, agitate

rozsah /roz-sakh/ m. extent, range

rozsekat /roz-se-kat/ v. cut, cut up

rozsudek /roz-su-dek/ m. judgment, sentence, verdict

rozsvítit /roz-svee-tyit/ v. switch/turn on the light

rozsypat /roz-si-pat/ v. spill

rozšířit /roz-shee-rzhit/ v. spread, extend, increase

roztát /roz-tát/ v. thaw

roztlouci /roz-tlow-tsi/ v. break to pie-
ces

roztok /roz-tok/ m. solution

roztomilý /roz-to-mi-lee/ adj. sweet, cu-
te, nice

roztrhat /roz-tr-hat/ v. tear up

roztržitý /roz-tr-zhi-tee/ adj. absent-
-minded

rozum /ro-zum/ m. mind, intellect, reason,
understanding, brains

rozumět /ro-zu-mnyet/ v. understand, get,
know

rozumný /ro-zum-nee/ adj. reasonable,
sensible, rational

rozvázat /roz-vá-zat/ v. undo, untie

rozveselit se /roz-ve-se-lit se/ v. cheer
up

rozvést se /roz-vést se/ v. have a divor-
ce

rozvinout /roz-vi-nowt/ v. unfold, deve-
lop

rozvod /roz-vot/ m. divorce

rozvoj /roz-voy/ m. development

rozvrh /roz-vrkh/ m. schedule, time-table

rozzlobit /roz-lo-bit/ v. make/get angry

rtěnka /r̃tyen-ka/ f. lipstick

rtuť /rtut^y/ f. mercury

rub /rup/ m. wrong side, reverse side

ručit /ru-chit/ v. warant, guarantee,
  stand for

ručník /ruch-nyeek/ m. towel

rudý /ru-dee/ adj. /dark/ red

ruch /rukh/ m. rush, bustle, traffic

ruka /ru-ka/ f. hand, arm

rukáv /ru-káf/ m. sleeve

rukavice /ru-ka-vi-tse/ f. glove

rukopis /ru-ko-pis/ m. hand/writing/,
  manuscript

rum /rum/ m. rum

růst /roost/ v. grow, grow up

rušit /ru-shit/ v. interfere, disturb,
  trouble, jam /broadcast/

rušný /rush-nee/ adj. busy

různý /rooz-nee/ adj. different, various

růže /roo-zhe/ f. rose

růžový /roo-zho-vee/ adj. pink, rosy

rvačka /rvach-ka/ f. fight, brawl

ryba /ri-ba/ f. fish

rybář /ri-bárzh/ m. fisherman

rybník /rib-nyeek/ m. pond, small lake

rýč /reech/ m. spade

rychle /rikh-le/ adv. fast, quickly, quick

rychlost /rikh-lost/ f. speed, gear

rým /reem/ m. rhyme

rýma /ree-ma/ f. cold

rys /ris/ m. feature, trait, outline

rýsovat /ree-so-vat/ v. draw, outline

rýt /reet/ v. dig, engrave, nag

rytíř /ri-tyeerzh/ m. knight

rytmus /rit-mus/ m. rhythm

ryzí /ri-zee/ adj. pure

rýže /ree-zhe/ f. rice

- . -

řád /rzhát/ m. order, rules, regulations

řada /rzha-da/ f. row, series, set, succession

řádek, řádka /rzhá-dek, rzhát-ka/ m., f. line

řadit /rzha-dyit/ v. line up, arrange, order, rank, file, change gear

řádný /rzhád-nee/ adj. proper, upright, honest

řasa /rzha-sa/ f. eyelash, seaweed

řeč /rzhech/ f. language, tongue, speech

ředit /rzhe-dyit/ v. dilute, thin

ředitel /rzhe-dyi-tel/ m. director, manager, /school/ principal, headmaster

řeka /rzhe-ka/ f. river

řemen /rzhe-men/ m. strap, strop, belt

řemeslník /rzhe-me-sl-nyeek/ m. crafts-
man, artisan

řemeslo /rzhe-mes-lo/ n. /handi/craft

řepa /rzhe-pa/ f. beet, beet-root

řešení /rzhe-she-nyee/ n. solution

řešit /rzhe-shit/ v. work out,/try to/
solve

řetěz /rzhe-tyes/ m. chain

řev /rzhef/ m. roar

řez /rzhes/ m. cut, slash, slice

řezat /rzhe-zat/ v. cut, saw

řezník /rzhez-nyeek/ m. butcher

říci /rzhee-tsi/ v. say, tell

řidič /rzhi-dyich/ m. driver

řidičský průkaz /rzhi-dyich-skee proo-kaz/
m. driving licence

řídit /rzhee-dyit/ v. direct, manage,
run, control, drive

řídký /rzheet-kee/ adj. thin, rare, un-
common, scarce

říjen /rzhee-yen/ m. October

říše /rzhee-she/ f. empire

řízek /rzhee-zek/ m. crumbed /veal, pork/
steak/cutlet

řízení /rzhee-ze-nyee/ n. direction, ma-
nagement, procedure, control, steering

řvát /rzhvát/ v. roar, bawl

s, se /s, se/ prep. with, off, and
sáček /sá-chek/ m. bag
sad /sat/ m. orchard
sada /sa-da/ f. set
sádlo /sád-lo/ n. fat, lard
sádra /sád-ra/ f. plaster
sáhnout /sá-hnowt/ v. reach /to, up, down,
    out, at/, touch, finger, put one's hand
sako /sa-ko/ n. jacket
sál /sál/ m. hall
salám /sa-lám/ m. sausage, salami
salát /sa-lát/ m. salad, lettuce
sám /sám/ pron., adj. alone, on one's own,
    by oneself, -self /myself, yourself.../
    lonely
samec /sa-mets/ m. male
samet /sa-met/ m. velvet
samice /sa-mi-tse/ f. female
samoobsluha /sa-mo-ob-slu-ha/ f. self-
    -service, supermarket
samostatnost /sa-mo-stat-nost/ f. inde-
    pendence
samostatný /sa-mo-stat-nee/ adj. inde-
    pendent
samota /sa-mo-ta/ f. solitude, loneliness
samotný /sa-mot-nee/ adj. alone, lonely
samozřejmě /sa-mo-zrzhey-mnye/ adv. natu-
    rally, of course

samozřejmý /sa-mo-zrzhey-mee/ adj. self-
   -evident, obvious

samý /sa-mee/ adj. very, nothing but

sandál /san-dál/ m. sandal

sáně /sá-nye/ pl. sledge

sanitní /sa-nit-nyee/ adj. sanitary

sanitní vůz /sa-nit-nyee voos/ m. ambu-
   lance /car/

sardinka /sar-din-ka/ f. sardine

sát /sát/ v. suck, absorb, breathe in

sazba /saz-ba/ f. rate, tariff

sázet /sá-zet/ v. plant, set up, stake,
   bet

sázka /sás-ka/ f. stake, bet

sběračka /sbye-rach-ka/ f. skimmer, ladle

sběratel, -ka /sbye-ra-tel, -ka/ m., f.
   collector

sbírat /sbee-rat/ v. collect, gather,
   skim

sbírka /sbeer-ka/ f. collection

sblížit se /sblee-zhit se/ v. get closer,
   become friends

sbohem /sbo-hem/ int. good-bye, farewell

sbor /sbor/ m. choir, chorus, staff,
   corps

scéna /stsé-na/ f. scene, stage

sčítání /schee-tá-nyee/ n. addition

sdělení /sdye-le-nyee/ n. communication,
  message

sdělit /sdye-lit/ v. inform, let know,
  notify

sdružení /sdru-zhe-nyee/ n. association

se, si /se, si/ pron. -self, oneself

sebedůvěra /se-be-doo-vye-ra/ f. self-
  -confidence

sebevědomí /se-be-vye-do-mee/ n. self-
  -confidence

sebevědomý /se-be-vye-do-mee/ adj. self-
  confident

sebevražda /se-be-vrazh-da/ f. suicide

sebrat /seb-rat/ v. pick up, grab, pinch

sečíst /se-cheest/ v. add up, figure

sedadlo /se-dad-lo/ n. seat

sedět /se-dyet/ v. sit

sedlák /sed-lák/ m. farmer, peasant

sedm /se-dum/ num. seven

sedmdesát /se-dum-de-sát/ num. seventy

sedmikrása /sed-mi-krá-sa/ f. daisy

sedmnáct /se-dum-nátst/ num. seventeen

sednout si /sed-nowt si/ v. sit down, ta-
  ke a seat

sehnat /se-hnat/ v. get, raise

sehnout se /se-hnowt se/ bend down, stoop

sejít /se-yeet/ v. walk down, leave the
  road, grow shabby

sejít se /se-yeet se/ v. meet

sekaná /se-ka-ná/ f. meat-loaf

sekat /se-kat/ v. cut, chop, mow

sekce /sek-tse/ f. section

sekera /se-ke-ra/ f. axe

sekretář, -ka /se-kre-tárzh, -ka/ m., f. secretary

sem /sem/ adv. here

semafor /se-ma-for/ m. semaphore, traffic light/s/

semeno /se-me-no/ n. seed

semestr /se-mes-tr/ m. semester, term

sen /sen/ m. dream

senát /se-nát/ m. senate

seno /se-no/ n. hay

senzace /sen-za-tse/ f. sensation

série /sé-ri-ye/ f. set, series

seriózní /se-ri-yóz-nyee/ adj. respectable, reliable

servírka /ser-veer-ka/ f. waitress

servírovat /ser-vee-ro-vat/ v. serve

servis /ser-vis/ m. service

seřídit /se-rzhee-dyit/ v. adjust, regulate, set

sesadit /se-sa-dyit/ v. take down, remove

sestava /ses-ta-va/ f. group, arrangement

sestavit /se-sta-vit/ v. make up, compile, assamble, arrange, draw up

sestra /ses-tra/ f. sister, /hospital/
nurse

sestřenice /ses-trzhe-nyi-tse/ f. cousin

sestup /ses-tup/ m. descent, fall

sešit /se-shit/ m. notebook, exercise-
-book

sešlý /se-shlee/ adj. shabby, decrepit

setkání /set-ká-nyee/ n. meeting

setřít /se-trzheet/ v. wipe off

sever /se-ver/ m. north

severní /se-ver-nyee/ adj. north, nothern

sevřít /se-vrzheet/ v. clasp, grip, clo-
se, press

sexuální /se-xu-ál-nyee/ adj. sexual

seznam /sez-nam/ m. list

seznámit /se-zná-mit/ v. acquaint, make/get
acquainted, introduce

sezóna /se-zó-na/ f. season

shledání /skhle-dá-nyee/ n. meeting again,
reunion,
na shledanou /na skhle-da-now/ see you
later, so long, bye, bye

shnilý /skhnyi-lee/ adj. rotten

shoda /skho-da/ f. agreement, conformity,
coincidence

shodit /skho-dyit/ v. throw down, cast
off, shed, lose

shodnout se /skhod-nowt se/ v. agree

shodný /skhod-nee/ adj. identical

shon /skhon/ m. rush

shora /zho-ra/ adv. from above

shořet /skho-rzhet/ v. be/get burnt

shovívavý /skho-vee-va-vee/ adj. indulgent, tolerant

shromáždění /skhro-mázh-dye-nyee/ n. gathering, meeting, rally

scházet /skhá-zet/ v. go/walk down, be missing, be absent

schod /skhot/ m. step, stair

schodiště /skho-dyish-tye/ n. stairs, staircase

schopnost /skhop-nost/ f. ability, competence, capacity

schopný /skhop-nee/ adj. able, capable, competent, fit

schovat /skho-vat/ v. hide, put aside

schránka /skhrán-ka/ f. box,/letter-box/

schůzka /skhoos-ka/ f. meeting, appointment, date

schválit /skhvá-lit/ v. approve, pass, endorse

schválně /skhvál-nye/ adv. on purpose, deliberately

sice /si-tse/ conj. or else, though, it is true, but...

sídliště /see-dlish-tye/ n. housing estate/development

signál /sig-nál/ m. signal, traffic light

síla /see-la/ f. strength, power, force

silnice /sil-nyi-tse/ f. road, highway

silný /sil-nee/ adj. strong, powerful, keen, sturdy, heavy

silvestr /sil-ves-tr/ m. New Year´s Eve

síň /seen^y/ f. hall

sirka /sir-ka/ f. match

sirotek /si-ro-tek/ m. orphan

sirup /si-rup/ m. syrup

sít /seet/ v. sow

síť /seet^y/ f. net, network

síto /see-to/ n. sieve

situace /si-tu-a-tse/ f. situation

sjednotit /syed-no-tyit/ v. unite, unify

sjezd /syest/ m. congress, convention

skála /ská-la/ f. rock

skandál /skan-dál/ m. scandal

sklad /sklat/ m. stock

skládat /sklá-dat/ v. fold, compose, stack

skládat se /sklá-dat se/ v. be composed, consist

skladatel /skla-da-tel/ m. composer

skladiště /skla-dyish-tye/ n. warehouse

skleněný /skle-nye-nee/ adj. glass

sklenice /skle-nyi-tse/ f. glass, tumbler,
  goblet

sklep /sklep/ m. cellar

sklidit /skli-dyit/ v. remove, clear a-
  way, gather, harvest

sklizeň /skli-zen^y/ f. harvest, crop

sklo /sklo/ n. glass

sklon /sklon/ m. slope, slant, inclina-
  tion, tendency

sklonit /sklo-nyit/ v. bend, recline, bow

skoba /sko-ba/ f. hook

skočit /sko-chit/ v. jump, spring, skip,
  leap, butt in

skok /skok/ m. jump, spring, skip, leap

skončit /skon-chit/ v. end /up/, be over,
  finish, be through with

skopové /sko-po-vé/ n. mutton

skoro /sko-ro/ adv. almost, nearly, hard-
  ly, rather

skořápka /sko-rzháp-ka/ f. shell

skořice /sko-rzhi-tse/ f. cinnamon

skrčit se /skr-chit se/ v. stoop, duck

skromný /skrom-nee/ adj. modest

skrývat se /skree-vat se/ v. hide

skrze /skr-ze/ adv. through

skříň /skrzheen^y/ f. wardrobe, case, ca-
  binet, cupboard

skřínka /skrzheen-ka/ f. box, locker

skřivan /skrzhi-van/ m. skylark

skupina /sku-pi-na/ f. group

skutečně /sku-tech-nye/ adv. really, indeed

skutečnost /sku-tech-nost/ f. reality, fact, matter of fact

skutečný /sku-tech-nee/ adj. real, actual

skutek /sku-tek/ m. act, deed

skvělý /skvye-lee/ adj. brilliant, splendid, wonderful

skvrna /skvr-na/ f. stain, spot, patch

slabikovat /sla-bi-ko-vat/ v. spell

slábnout /sláb-nowt/ v. grow weak, weaken

slabost /sla-bost/ f. weakness, indulgence in

slabý /sla-bee/ adj. weak, thin, poor

sladit /sla-dyit/ v. sweeten, put sugar in, harmonize, match /colors/

sladký /slat-kee/ adj. sweet

sláma /slá-ma/ f. straw

slaneček /sla-ne-chek/ m. pickled herring

slanina /sla-nyi-na/ f. bacon

slaný /sla-nee/ adj. salty

sláva /slá-va/ f. fame, glory

slavík /sla-veek/ m. nightingale

slavit /sla-vit/ v. celebrate

slavnost /slav-nost/ f. celebration, ceremony, festival

slavný /slav-nee/ adj. famous, celebrated, glorious

slečna /slech-na/ f. miss, Miss /Smith/, young lady

sledovat /sle-do-vat/ v. watch, follow, pursue

slepice /sle-pi-tse/ f. hen

slepičí polévka /sle-pi-chee po-léf-ka/ f. chicken soup

slepý /sle-pee/ adj. blind

sleva /sle-va/ f. reduction, discount, rebate

slevit /sle-vit/ v. deduct, make a reduction, reduce

slezina /sle-zi-na/ f. spleen

slib /slip/ m. promise

slíbit /slee-bit/ v. make a promise

slina /sli-na/ f. saliva, spittle

slitovat se /sli-to-vat se/ v. have pity, have mercy

slivovice /sli-vo-vi-tse/ f. plum brandy

sloh /slokh/ m. style, composition

slon /slon/ m. elephant

slonovina /slo-no-vi-na/ f. ivory

sloup /slowp/ m. post, pole, column

sloužit /slow-zhit/ v. serve, attend

Slovák /Slo-vák/ m. Slovak

Slovan /Slo-van/ m. Slav

Slovenka /Slo-ven-ka/ f. Slovak woman

Slovensko /Slo-ven-sko/ n. Slovakia

slovník /slov-nyeek/ m. dictionary

slovo /slo-vo/ n. word

složit /slo-zhit/ v. put together, set up, fold up, put/take down, deposit

složitý /slo-zhi-tee/ adj. complicated

sluha /slu-ha/ m. servant, attendant

sluch /slukh/ m. hearing

slunce /slun-tse/ n. sun

sluneční světlo /slu-nech-nyee svyet-lo/ n. sunshine

slunečnice /slu-nech-nyi-tse/ f. sunflower

slunit se /slu-nyit se/ v. sun-bathe, bask

slupka /slup-ka/ f. skin, peel

slušet /slu-shet/ v. suit, fit, become

slušný /slush-nee/ adj. proper, decent, nice, fair

služba /sluzh-ba/ f. service, duty, favor

služebná /slu-zheb-ná/ f. maid

slyšet /sli-shet/ v. hear

slza /sl-za/ f. tear

smát se /smát se/ v. laugh, smile

smazat /sma-zat/ v. wipe off, wipe out

smažený /sma-zhe-nee/ adj. fried

smělý /smye-lee/ adj. daring

směnárna /smye-nár-na/ f. exchange office

směnit /smye-nyit/ v. exchange

směr /smyer/ m. direction, way, trend

směs /smyes/ f. mixture

směšný /smyesh-nee/ adj. ridiculous, ab-
  surd, funny

smět /smyet/ v. be allowed to, may

smeták /sme-ták/ m. broom

smetana /sme-ta-na/ f. cream

smetí /sme-tyee/ n. sweepings, garbage,
  rubbish

smetiště /sme-tyish-tye/ n. dump, junk yard

smích /smeekh/ m. laughter, laughing

smířit /smee-rzhit/ v. reconcile

smíšený /smee-she-nee/ adj. mixed

smlouva /smlow-va/ f. contract, treaty

smlouvat /smlow-vat/ v. bargain, arrange

smrad /smrat/ m. stink, stench

smrk /smrk/ m. spruce, /fir/

smrt /smrt/ f. death

smrtelný /smr-tel-nee/ adj. mortal, fatal,
  deadly

smůla /smoo-la/ f. pitch, bad luck

smutek /smu-tek/ m. grief, sadness, sor-
  row, mourning

smutný /smut-nee/ adj. sad

smyk /smik/ m. skid

smysl /smi-sl/ m. sence

snad /snat/ adv. perhaps, maybe, possibly

snadný /snad-nee/ adj. easy

snaha /sna-ha/ f. endeavor, effort

snášenlivý /sná-shen-li-vee/ adj. tolerant

snášet /sná-shet/ v. bear, tolerate, endure, stand, lay /eggs/

sňatek /snya-tek/ m. marriage, wedding

snažit se /sna-zhit se/ v. try hard, be anxious, do one's best

sněhový /snye-ho-vee/ adj. snow

sněhulák /snye-hu-lák/ m. snow man

sněmovna /snye-mov-na/ f. the house, parliament

snesitelný /sne-si-tel-nee/ adj. bearable

sněženka /snye-zhen-ka/ f. snowdrop

sněžit /snye-zhit/ v. snow

snídaně /snyee-da-nye/ f. breakfast

snídat /snyee-dat/ v. have breakfast

sníh /snyeekh/ m. snow, /egg white/

sníst /snyeest/ v. eat up, finish eating

snít /snyeet/ v. dream, have dreams

snížit /snyee-zhit/ v. lower, bring down, cut, reduce /price/, humiliate

snoubenec /snow-be-nets/ m. fiancé

snoubenka /snow-ben-ka/ f. fiancée

sobec /so-bets/ m. egoist

sobecký /so-bets-kee/ adj. selfish

sobota /so-bo-ta/ f. Saturday

socialismus /so-tsi-ya-liz-mus/ m. socia-
lism

sociální /so-tsi-yál-nyee/ adj. social

sodovka /so-dof-ka/ f. soda /water/

socha /so-kha/ f. statue

sochař /so-kharzh/ m. sculptor

sok /sok/ m. rival

sokol /so-kol/ m. falcon

solidarita /so-li-da-ri-ta/ f. solidarity

solit /so-lit/ v. salt

sopka /sop-ka/ f. volcano

sosna /sos-na/ f. pine

sotva /sot-va/ adv. hardly, conj. as soon
as, no sooner...than

soucit /sow-tsit/ m. pity

soucitný /sow-tsit-nee/ adj. sympathetic

současně /sow-chas-nye/ adv. at the sa-
me time

současný /sow-chas-nee/ adj. contempora-
ry, simultaneous, present-day

součást, -ka /sow-chást, -ka/ f. part,
component

soud /sowt/ m. trial, court /of law/,
judgment

soudce /sowt-tse/ m. judge, magistrate,
  /sport/ referee, umpire

soudit /sow-dyit/ v. try, put on trial,
  judge, gather

soudruh /sow-drukh/ m. comrade

souhlas /sow-hlas/ m. consent, agreement,
  approval, conformity

souhlasit /sow-hla-sit/ v. agree, appro-
  ve, consent

soukromí /sow-kro-mee/ n. privacy

soukromý /sow-kro-mee/ adj. private

soulad /sow-lat/ m. harmony

soumrak /sow-mrak/ m. dusk, twilight

soupeř /sow-perzh/ m. opponent, rival

souprava /sow-pra-va/ f. set, suite

sourozenci /sow-ro-zen-tsi/ pl. brothers
  and sisters

soused, -ka /sow-sed, -ka/ m., f. neigh-
  bor

sousední /sow-sed-nyee/ adj. neighboring,
  next-door

soustavný /sow-stav-nee/ adj. systematic

soustrast /sow-strast/ f. sympathy, con-
  dolences

soustředit se /sow-strzhe-dyit se/ v.
  concentrate

souš /sowsh/ f. /dry/ land

soutěž /sow-tyezh/ f. competition, contest

soutěžit /sow-tye-zhit/ v. compete

souviset /sow-vi-set/ v. cohere, be connected

souvislý /sow-vis-lee/ adj. coherent, continuous

sova /so-va/ f. owl

spadnout /spad-nowt/ v. fall down, fall off

spáchat /spá-khat/ v. commit

spála /spá-la/ f. scarlet fever

spálit /spá-lit/ v. burn, cremate

spalničky /spal-nyich-ki/ pl. measles

spánek /spá-nek/ m. sleep

spát /spát/ v. sleep

spatřit /spat-rzhit/ v. see

speciální /spe-tsi-yál-nyee/ adj. special

spěch /spyekh/ m. haste, hurry

spiknutí /spik-nu-tyee/ n. conspiracy

spisovatel, -ka /spi-so-va-tel, -ka/ m., f. writer, author

spíše /spee-she/ adv. rather

spláchnout /splákh-nowt/ v. flush, rinse off

splátka /splát-ka/ f. instalment

splést /splést/ v. confuse, make a mistake

splnit /spl-nyit/ v. fulfil, do, grant

spočítat /spo-chee-tat/ v. count

spodek /spo-dek/ m. bottom

spodky /spot-ki/ pl. briefs, underpants

spodní /spod-nyee/ adj. bottom, lower

spojenec /spo-ye-nets/ m. ally

spojení /spo-ye-nyee/ n. connection, com-
    bination, communication

spojený /spo-ye-nee/ adj. united, com-
    bined

spojit /spo-yit/ v. connect, link, unite,
    combine, join

spojka /spoy-ka/ f. /car/ clutch

spokojenost /spo-ko-ye-nost/ f. satisfac-
    tion, content

spokojený /spo-ko-ye-nee/ adj. satisfied,
    content

společenský /spo-le-chen-skee/ adj. so-
    cial, sociable

společně /spo-lech-nye/ adv. together

společnost /spo-lech-nost/ f. company,
    community, society, party

společný /spo-lech-nee/ adj. common, joint

spolehlivý /spo-leh-li-vee/ adj. reliable

spolehnout se /spo-leh-nowt/ v. rely, de-
    pend on

spolek /spo-lek/ m. club, association

spolu /spo-lu/ adv. together, along

spolubydlící /spo-lu-bid-lee-tsee/ m.
  room-mate

spolupracovat /spo-lu-pra-tso-vat/ v.
  co-operate, collaborate

spolužák /spo-lu-zhák/ m. schoolmate

spona /spo-na/ f. clasp, buckle, slide

spor /spor/ m. dispute, argument, conten-
  tion, controversy

sporák /spo-rák/ m. cooker

sporný /spor-nee/ adj. controversial,
  contentious, questionable

sport /sport/ m. sport

sportovec /spor-to-vets/ m. sportsman

spořit /spo-rzhit/ v. save /money/

spořitelna /spo-rzhi-tel-na/ f. savings
  bank

spotřeba /spot-rzhe-ba/ f. consumption

spotřebovat /spot-rzhe-bo-vat/ v. consu-
  me, use up

spousta /spow-sta/ f. plenty, lot, abun-
  dance

správa /sprá-va/ f. administration, ma-
  nagement, repair

správce /spráf-tse/ m. janitor, careta-
  ker, manager

spravedlivý /spra-ved-li-vee/ adj. just,
  fair

spravedlnost /spra-ve-dl-nost/ f. jus-
tice, fairness

spravit /spra-vit/ v. repair, mend

správný /správ-nee/ adj. right, correct

spravovat /spra-vo-vat/ v. repair, mend,
manage, be in charge

sprcha /spr-kha/ f. shower

spropitné /spro-pit-né/ n. tip

sprostý /spros-tee/ adj. vulgar, dirty

srazit /sra-zit/ v. knock down, deduct,
reduce, shrink /cloth/

srážka /srásh-ka/ f. clash, collision

srdce /srd-tse/ n. heart

srdečný /sr-dech-nee/ adj. cordial, hear-
ty

srovnání /srov-ná-nyee/ n. comparison

srovnat /srov-nat/ v. compare, settle,
arrange, level

srozumitelný /sro-zu-mi-tel-nee/ adj. in-
telligible, understandable

srpen /sr-pen/ m. August

srst /srst/ f. hair, fur

srub /srup/ m. log cabin

stabilní /sta-bil-nyee/ adj. stable

stačit /sta-chit/ v. be enough, be suffi-
cient, keep up, last

stadión /sta-di-yón/ m. stadium

stáhnout /stá-hnowt/ v. pull down, take off, withdraw

stáj /stáy/ f. stable

stále /stá-le/ adv. always, all the time

stálý /stá-lee/ adj. constant, permanent, steady

stan /stan/ m. tent

standard /stan-dart/ m. standard

stánek /stá-nek/ m. stand, stall

stanice /sta-nyi-tse/ f. station, stop

stanovisko /sta-no-vis-ko/ n. standpoint, point of view

stanovit /sta-no-vit/ v. fix, determine, set/lay down

starat se /sta-rat se/ v. care, take care, look after

stárnout /stár-nowt/ v. grow old

starodávný /sta-ro-dáv-nee/ adj. old-time

staromódní /sta-ro-mód-nyee/ adj. old-fashioned

starost /sta-rost/ f. care, worry, anxiety, trouble, sorrow

starosta /sta-ros-ta/ m. mayor

starověký /sta-ro-vye-kee/ adj. ancient

starožitný /sta-ro-zhit-nee/ adj. antique

startovat /star-to-vat/ v. start, take off

starý /sta-ree/ adj. old

stařec /sta-rzhets/ m. old man

stařena /sta-rzhe-na/ f. old woman

stáří /stá-rzhee/ n. age, old age

stát /stát/ m. state, v. stand, stand
  still, be idle, care for, cost, be

stát se /stát se/ v. become, get, turn,
  happen, occur

statečnost /sta-tech-nost/ f. bravery,
  courage

statečný /sta-tech-nee/ adj. brave, cou-
  rageous

statek /sta-tek/ m. estate, farm

statistika /sta-tis-ti-ka/ f. statistics

státní /stát-nyee/ adj. state

statný /stat-nee/ adj. robust, sturdy

stav /staf/ m. state, condition

stavba /stav-ba/ f. building, construc-
  tion

stavět /sta-vyet/ v. stand, put, build,
  construct, stop

stavitel /sta-vi-tel/ m. builder

stávka /stáf-ka/ f. strike

stávkovat /stáf-ko-vat/ v. strike

stehno /steh-no/n. thigh

stěhovat /stye-ho-vat/ v. move, /re/move

stejně /stey-nye/ adv. in the same way,
  equally

stejný /stey-nee/ adj. the same, like, identical, equal

stěna /stye-na/ f. wall, side

stenografovat /ste-no-gra-fo-vat/ v. shorthand

sterilizovat /ste-ri-li-zo-vat/ v. sterilize

sterilní /ste-ril-nyee/ adj. sterile

stesk /stesk/ m. longing, homesickness

stevardka /ste-vart-ka/ f. air hostess

stezka /stes-ka/ f. path, trail

stěžovat si /stye-zho-vat si/ v. complain

stihat /styi-hat/ v. prosecute, pursue, follow

stihnout /styih-nowt/ v. catch, catch up, be in time

stín /styeen/ m. shade, shadow

stínidlo /styee-nyid-lo/ n. lamp-shade

stipendium /sti-pen-di-yum/ n. scholarship, grant

stírač /styee-rach/ m. windscreen wiper

stisknout /styisk-nowt/ v. press, squeeze

stížnost /styeezh-nost/ f. complaint, claim

stlačit /stla-chit/ v. compress

stlát /stlát/ v. make the bed

sto /sto/ num. hundred

stočit /sto-chit/ v. roll up, wind up, twist, coil, turn

stodola /sto-do-la/ f. barn

stojan /sto-yan/ m. stand

stolek /sto-lek/ m. /little/ table

století /sto-le-tyee/ n. century

stonat /sto-nat/ v. be sick/ill

stopa /sto-pa/ f. footprint, track, trace, foot /measure/

stopovat /sto-po-vat/ v. trace, track

stoupat /stow-pat/ v. rise, go up

stožár /sto-zhár/ m. mast, pole

strach /strakh/ m. fear, fright, scare

strana /stra-na/ f. side, page, party, direction

straník /stra-nyeek/ m. party member

stránka /strán-ka/ f. page, aspect, respect, point

strašidlo /stra-shid-lo/ n. ghost

strašit /stra-shit/ v. frighten

strašný /strash-nee/ adj. awful, dreadful, terrible, ghastly

strava /stra-va/ f. food, diet

strávit /strá-vit/ v. digest, /time/ pass, spend

stráž /strázh/ f. guard, sentry

strážník /strázh-nyeek/ m. policeman

strhnout /str-hnowt/ v. tear down, pull down, deduct

strkat /str-kat/ v. push, poke, thrust, shove

stroj /stroy/ m. machine, engine

strojírenství /stro-yee-ren-stvee/ n. engineering

strojit se /stro-yit se/ v. dress, get dressed

strojní /stroy-nyee/ adj. machine

strom /strom/ m. tree

strop /strop/ m. ceiling

strouhanka /strow-han-ka/ f. bread-crumbs

strouhat /strow-hat/ v. grate /cheese/

stručný /struch-nee/ adj. brief, concise

struna /stru-na/ f. string

strýc, strýček /streets, stree-chek/ m. uncle

střed /strzhet/ m. center, middle

středa /strzhe-da/ f. Wednesday

středisko /strzhe-dyis-ko/ n. center, /health center/

střední /strzhed-nyee/ adj. central, middle, mean, medium

středověk /strzhe-do-vyek/ m. the Middle Ages

středověký /strzhe-do-vye-kee/ adj. medieval

střecha /strzhe-kha/ f. roof

střela /strzhe-la/ f. bullet, shell, missile, shot

střevíc /strzhe-veets/ m. shoe

střevo /strzhe-vo/ n. intestine /small, large/

stříbro /strzhee-bro/ n. silver

střídat /strzhee-dat/ v. change, alternate, take turns

stříhat /strzhee-hat/ v. cut, trim

stříkat /strzhee-kat/ v. sprinkle, spatter, spray

střílet /strzhee-let/ v. shoot, fire

střízlivý /strzhee-zli-vee/ adj. sober

student, -ka /stu-dent, -ka/ m., f. student

studený /stu-de-nee/ adj. cold

studna /stud-na/ f. well

studovat /stu-do-vat/ v. study

stuha /stu-ha/ f. ribbon, band, bow

stůl /stool/ m. table, desk

stupeň /stu-pen^y/ m. degree, grade, step

stupnice /stup-nyi-tse/ f. scale, dial

stvol /stvol/ m. stalk, stem

stvoření /stvo-rzhe-nyee/ n. creature, creation

stvůra /stvoo-ra/ f. monster

stydět se /sti-dyet se/ v. be ashamed of

stydlivý /sti-dli-vee/ adj. shy, bashful

styk /stik/ m. intercourse, contact,
  touch

stýkat se /stee-kat se/ v. be in contact,
  associate, mix

styl /stil/ m. style

stýskat si /stees-kat si/ v. feel lonely,
  be homesick

sud /sut/ m. barrel

sudý /su-dee/ adj. even /number/

suchar /su-khar/ m. cracker, biscuit

sucho /su-kho/ n. dry /weather/, drought

suchý /su-khee/ adj. dry

sukně /suk-nye/ f. skirt

sůl /sool/ f. salt

suma /su-ma/ f. sum /of money/

sundat /sun-dat/ v. take off/down, undo

sup /sup/ m. vulture

surovina /su-ro-vi-na/ f. raw material

surový /su-ro-vee/ adj. raw, crude, bru-
  tal, cruel, severe

sušenka /su-shen-ka/ f. cookie, biscuit

sušit /su-shit/ v. dry

suterén /su-te-rén/ m. basement

svačina /sva-chi-na/ f. snack

svah /svakh/ m. slope

sval /sval/ m. muscle

svalit /sva-lit/ v. roll down, blame

svatba /svat-ba/ f. wedding

svátek /svá-tek/ m. holiday, name-day

svatý /sva-tee/ adj. holy

svaz /svas/ m. federation, union, asso-
  ciation

svázat /svá-zat/ v. tie, bind /up/

svazek /sva-zek/ m. bunch, volume, al-
  liance

svědčit /svyed-chit/ v. witness, give
  evidence, testify, agree

svědectví /svye-dets-tvee/ n. testimony,
  evidence

svědek /svye-dek/ m. witness

svědomí /svye-do-mee/ n. conscience

svědomitý /svye-do-mi-tee/ adj. conscien-
  tious

svěřit /svye-rzhit/ v. confide, entrust

svést /svést/ v. mislead, lead astray,
  seduce, blame, manage

svět /svyet/ m. world

světadíl /svye-ta-dyeel/ m. continent

světlo /svyet-lo/ n. light

světlý /svyet-lee/ adj. light, bright

světový /svye-to-vee/ adj. world /-wide,
  -known/

svetr /sve-tr/ m. pullover, jumper, sweater

světský /svyet-skee/ adj. worldly, secular

svézt /svést/ v. bring down, take along, give a ride/lift

svěží /svye-zhee/ adj. fresh

svíce, svíčka /svee-tse, sveech-ka/ f. candle

svíčková /sveech-ko-vá/ f. sirloin /beef/

svislý /svis-lee/ adj. perpendicular

svítání /svee-tá-nyee/ n. dawn

svítilna /svee-tyil-na/ f. lantern, lamp

svítit /svee-tyit/ v. light, shine

svléci /svlé-tsi/ v. take off, strip, undress

svoboda /svo-bo-da/ f. freedom, liberty

svobodný /svo-bod-nee/ adj. free, single, unmarried

svolat /svo-lat/ v. convene, call

svolit /svo-lit/ v. consent, comply, agree

svrhnout /svr-hnowt/ v. throw down, overthrow

svrchovanost /svr-kho-va-nost/ f. sovereignty, supremacy

svůdný /svood-nee/ adj. tempting, seductive

svůj /svooy/ pron. mine, yours, his,
   hers, its .... , own
symbol /sim-bol/ m. symbol
symfonie /sim-fo-ni-ye/ f. symphony
sympatický /sim-pa-tits-kee/ adj. nice,
   pleasant
sympatizovat /sim-pa-ti-zo-vat/ v. sym-
   pathize, side with
syn /sin/ m. son
synovec /si-no-vets/ m. nephew
sypat /si-pat/ v. shower, sprinkle
sýr /seer/ m. cheese
syrový /si-ro-vee/ adj. raw
systém /sis-tém/ m. system
sytý /si-tee/ adj. replete, full, subs-
   tantial

- . -

šachy /sha-khi/ pl. chess
šála /shá-la/ f. scarf
šálek /shá-lek/ m. cup
šampon /sham-pon/ m. shampoo
šašek /sha-shek/ m. fool, jester, clown
šátek /shá-tek/ m. scarf
šatna /shat-na/ f. locker room, cloak-
   -room
šatník /shat-nyeek/ m. wardrobe

šaty /sha-ti/ pl. clothes, dress

šedesát /she-de-sát/ num. sixty

šedivý /she-dyi-vee/ adj. grey

šéf /shéf/ m. principal, chief, boss

šek /shek/ m. check

šelma /shel-ma/ f. beast

šeptat /shep-tat/ v. whisper

šerm /sherm/ m. fencing

šero /she-ro/ n. dusk, twilight

šeřík /she-rzheek/ m. lilac

šest /shest/ num. six

šestnáct /shest-nátst/ num. sixteen

šetřit /shet-rzhit/ v. save, put by, eco-
nomize, spare

šev /shef/ m. seam

šibenice /shi-be-nyi-tse/ f. gallows

šikmý /shik-mee/ adj. oblique, slanting

šikovný /shi-kov-nee/ adj. handy, fit,
smart, competent

šílenství /shee-len-stvee/ n. madness,
frenzy, insanity

šílený /shee-le-nee/ adj. mad, insane

šilhat /shil-hat/ v. squint

šimrat /shim-rat/ v. tickle, tingle

šíp /sheep/ m. arrow

široký /shi-ro-kee/ adj. wide, broad

šířit se /shee-rzhit se/ v. spread, en-
large

šířka /sheerzh-ka/ f. width, latitude

šiška /shish-ka/ f. cone

šít /sheet/ v. sew

škádlit /shkád-lit/ v. tease

škeble /shkeb-le/ f. shell

škoda /shko-da/ f. damage, harm, /it is / a pity

škodit /shko-dyit/ v. do harm

škola /shko-la/ f. school

školení /shko-le-nyee/ n. training

školka /shkol-ka/ f. nursery, kindergarten

škrábat /shkrá-bat/ v. scratch, scrape

škrob /shkrop/ m. starch

škrtit /shkr-tyit/ v. strangle, choke

škrtnout /shkrt-nowt/ v. strike /a match/, cross out, delete

škytat /shki-tat/ v. hiccup

šlágr /shlá-gr/ m. hit, evergreen

šlapat /shla-pat/ v. tread, trample, pedal

šle /shle/ pl. suspenders, braces

šlehačka /shle-hach-ka/ f. whipped cream

šlehnout /shleh-nowt/ v. whip, lash, flash

šlechta /shlekh-ta/ f. nobility, aristocracy

šlechtic /shlekh-tyits/ m. nobleman

šmelinář /shme-li-nárzh/ m. profiteer
sněrovat /shnye-ro-vat/ v. lace /up/
šňůra /shnyoo-ra/ f. line, cord, string
šofér /sho-fér/ m. driver, chauffeur
šortky /short-ki/ pl. shorts
špaček /shpa-chek/ m. starling, butt, stub
špalek /shpa-lek/ m. log, block
špatně /shpat-nye/ adv. badly, wrong,
  /feel/ sick
špatný /shpat-nee/ adj. bad, wrong, poor,
  evil
špehovat /shpe-ho-vat/ v. spy
špenát /shpe-nát/ m. spinach
špendlík /shpen-dleek/ m. pin, safety-pin
šperk /shperk/ m. jewel
špička /shpich-ka/ f. point, tip, peak,
  toe
špína /shpee-na/ f. dirt, filth
špinavý /shpi-na-vee/ adj. dirty, filthy,
  soiled
špión, -ka /shpi-yón, -ka/ m., f. spy
špionáž /shpi-yo-názh/ f. espionage
šplhat /shpl-hat/ v. climb, swarm /up/
šroub /shrowp/ m. screw, bolt
šroubovák /shrow-bo-vák/ m. screwdriver
šroubovat /shrow-bo-vat/ v. screw
šťastný /shtyast-nee/ adj. lucky, happy,
  fortunate

šťáva /shtyá-va/ f. juice, gravy

štědrý /shtyed-ree/ adj. generous

Štědrý večer /Shtyed-ree ve-cher/ m.
  Christmas Eve

štěkat /shtye-kat/ v. bark

štěně /shtye-nye/ n. puppy

štěnice /shtye-nyi-tse/ f. bug, bed-bug

štěstí /shtyes-tyee/ n. luck, happiness

štětec /shtye-tets/ m. brush

štětka /shtyet-ka/ f. brush

štíhlý /shtyee-hlee/ adj. slim, slender

štípat /shtyee-pat/ v. split, chop /wood/

štípnout /shtyeep-nowt/ v. pinch

štítit se /shtee-tyit se/ v. detest, take
  aversion to, loathe, shrink from

štvát /shtvát/ v. chase, hunt down, bully

šumět /shu-mnyet/ v. murmur, rustle, fizz

šunka /shun-ka/ f. ham

šváb /shváp/ m. cockroach

švadlena /shvad-le-na/ f. dressmaker,
  seamstress

švagr /shva-gr/ m. brother-in-law

švagrová /shva-gro-vá/ f. sister-in-law

švec /shvets/ m. shoemaker, cobbler

švestka /shvest-ka/ f. plum, prune

švihadlo /shvi-had-lo/ n. jumping/skip-
  ping rope

švihat /shvi-hat/ v. lash

tabák /ta-bák/ m. tobacco

tableta /ta-ble-ta/ f. tablet, pill

tábor /tá-bor/ m. camp

tabule /ta-bu-le/ f. board, panel, sheet, /window-/pane

tác /táts/ m. tray

tady /ta-di/ adv. here

tah /takh/ m. pull, move, draw

táhnout /táh-nowt/ v. pull, draw, tug, move, drag

tajemný /ta-yem-nee/ adj. mysterious

tejemství /ta-yem-stvee/ n. secret

tajný /tay-nee/ adj. secret

tak /tak/ adv. so, that, thus

také /ta-ké/ adv. also, too

takový /ta-ko-vee/ pron. such, like this/ that

takt /takt/ m. tact, /in music/ time, bar

taktní /takt-nyee/ adj. tactful

takto /tak-to/ adv. like this, in this way, thus

talent /ta-lent/ m. talent

talíř /ta-leerzh/ m. plate

talířek /ta-lee-rzhek/ m. dessert plate, saucer

tam /tam/ adv. there

tamhle /tam-hle/ adv. over there

tamten /tam-ten/ pron. that /over there/

tančit /tan-chit/ v. dance

tanec /ta-nets/ m. dance

tanečnice /ta-nech-nyi-tse/ f. dancer

tanečník /ta-nech-nyeek/ m. dancer

tank /tank/ m. tank

tapeta /ta-pe-ta/ f. wallpaper

taška /tash-ka/ f. bag, handbag, wallet

tát /tát/ v. thaw, melt

táta, tatínek /tá-ta, ta-tyee-nek/ m.
   dad, daddy

taxa /ta-xa/ f. tax, fee, rate, charge

taxi /ta-xi/ n. cab, taxi

taxikář /ta-xi-kárzh/ m. taxi-driver

tázat se /tá-zat se/ v. ask, inquire

téci /té-tsi/ v. flow, run, leak

tečka /tech-ka/ f. point, dot, full stop

teď /ted^y/ adv. now, nowadays, at present

tedy /te-di/ adv. then, so, consequently

tehdy /teh-di/ adv. at that time, in tho-
   se days, then

těhotná /tye-hot-ná/ f.adj. pregnant

technický /tekh-nits-kee/ adj. technical

technik /tekh-nik/ m. engineer, techni-
   cian

tekutina /te-ku-tyi-na/ f. liquid, fluid

tele /te-le/ n. calf

telecí /te-le-tsee/ n. veal /roast/

telefon /te-le-fon/ m. telephone

telefonovat /te-le-fo-no-vat/ v. phone,
call, ring up

telegrafovat /te-le-gra-fo-vat/ v. tele-
graph, wire, cable

telegram /te-le-gram/ m. telegram, cable,
wire

tělesný /tye-les-nee/ adj. physical, bo-
dily, manual /labor/

televize /te-le-vi-ze/ f. television, TV

televizor /te-le-vi-zor/ m. television
set, TV set

tělo /tye-lo/ n. body

tělocvik /tye-lo-tsvik/ m. physical edu-
cation, P.E., physical training, P.T.

téma /té-ma/ n. subject, topic

téměř /té-mnyerzh/ adv. almost, nearly

temperament /tem-pe-ra-ment/ m. tempera-
ment, disposition

tempo /tem-po/ n. pace, beat, tempo

ten, ta, to /ten, ta, to/ m. f. n. pron.
the , that

tenis /te-nis/ m. tennis

tenkrát /ten-krát/ adv. at that time, then

tenký /ten-kee/ adj. thin

tento /ten-to/ pron. this, the latter

teorie /te-o-ri-ye/ f. theory

tep /tep/ m. pulse, beat

tepelný /te-pel-nee/ adj. heat, thermal

teplo /tep-lo/ n. warmth, heat

teploměr /tep-lo-mnyer/ m. thermometer

teplota /tep-lo-ta/ f. temperature

teplý /tep-lee/ adj. warm

teprve /te-pr-ve/ adv. only, not...till

termín /ter-meen/ m. term, deadline

teror /te-ror/ m. terror

tesař /te-sarzh/ m. carpenter

těsnopis /tyes-no-pis/ m. shorthand

těsný /tyes-nee/ adj. close, tight

test /test/ m. test

těsto /tyes-to/ n. dough, paste

těšit /tye-shit/ v. please, make happy

těšit se /tye-shit se/ v. enjoy, look
  forward to

teta, tetička /te-ta, te-tyich-ka/ f.
  aunt, auntie

texasky /te-xas-ki/ pl. /blue/ jeans

též /tézh/adv. also, too

těžký /tyezh-kee/ adj. heavy, difficult,
  hard

tchán /tkhán/ m. father-in-law

tchyně /tkhi-nye/ f. mother-in-law

ticho /tyi-kho/ n. silence, quiet

tichý /tyi-khee/ adj. silent, quiet, low, soft /voice/

tíseň /tyee-sen^y/ f. pressure, stress, distress

tisíc /tyi-seets/ num. thousand

tisk /tyisk/ m. print/ing/, press

tisknout /tyisk-nowt/ v. press, squeeze, print

titul /ti-tul/ m. title

tíže /tyee-zhe/ f. weight, heaviness, gravity

tkanička /tka-nyich-ka/ f. shoe-lace

tkanina /tka-nyi-na/ f. fabric, tissue

tkát /tkát/ v. weave

tlačenka /tla-chen-ka/ f. headcheese

tlačit /tla-chit/ v. press, push, pinch

tlačítko /tla-cheet-ko/ n. button

tlak /tlak/ m. pressure

tleskat /tles-kat/ v. applaud, clap

tlouci /tlow-tsi/ v. beat, strike, knock

tloustnout /tlowst-nowt/ v. get fat, put on weight

tlumočit /tlu-mo-chit/ v. interpret

tlumočník /tlu-moch-nyeek/ m. interpreter

tlustý /tlus-tee/ adj. thick, fat, stout, plump

tma /tma/ f. dark, darkness

tmavý /tma-vee/ adj. dark

to /to/ pron. it, that, /the thing, the stuff/

toaleta /to-a-le-ta/ f. toilet, robe

točit /to-chit/ v. turn, wind, roll, shoot /film/

tok /tok/ m. flow, stream

tolik /to-lik/ adv. so much, so/as many

tolikrát /to-li-krát/ adv. so many times, so often

tón /tón/ m. tone, shade

topení /to-pe-nyee/ n. heating

topinka /to-pin-ka/ f. toast

topit /to-pit/ v. heat

topit se /to-pit se/ v. be drowning

totiž /to-tyizh/ adv. namely, that is to say

totožnost /to-tozh-nost/ f. identity

totožný /to-tozh-nee/ adj. identical

touha /tow-ha/ f. longing, desire

toulat se /tow-lat se/ v. wander, stroll, ramble, go astray

toužit /tow-zhit/ v. long for

továrna /to-vár-na/ f. factory, plant

továrník /to-vár-nyeek/ m. manufacturer

tradice /tra-di-tse/ f. tradition

trafika /tra-fi-ka/ f. tobacconist´s

tragédie /tra-gé-di-ye/ f. tragedy

tragický /tra-gits-kee/ adj. tragic

traktor /trak-tor/ m. tractor

trám /trám/ m. beam

tramvaj /tram-vay/ f. tram, street-car

transport /tran-sport/ m. transport

trápit /trá-pit/ v. trouble, worry, bother

trapný /trap-nee/ adj. painful, awkward

trať /trať/ f. track, line, route

tráva /trá-va/ f. grass

trávit /trá-vit/ v. digest, spend /time/

trávník /tráv-nyeek/ m. lawn

trefit /tre-fit/ v. hit, find one´s way,
  guess right, choose well

tréma /tré-ma/ f. stage fright

trenér /tre-nér/ m. coach

treska /tres-ka/ f. cod, haddock

trest /trest/ m. punishment, penalty

trestanec /tres-ta-nets/ m. convict

trestat /tres-tat/ v. punish

trezor /tre-zor/ m. safe

trh /trkh/ m. market, fair

trhat /tr-hat/ v. tear, rip, pick /flo-
  wers, fruit/, break up/ down/ off,
  pull at, jerk

tričko /trich-ko/ n. top, T-shirt, vest

trik /trik/ m. trick

trn /trn/ m. thorn

trnka /trn-ka/ f. blackthorn, sloe /berry/

trochu /tro-khu/ adv. a little, a bit, slightly

trojúhelník /tro-yoo-hel-nyeek/ m. triangle

trolejbus /tro-ley-bus/ m. trolley bus

tropický /tro-pits-kee/ adj. tropical

trosky /tros-ki/ pl. ruins, debris, wreckage

trouba /trow-ba/ f. oven, m. fool, blockhead

troufat si /trow-fat si/ v. dare, be bold

trpaslík /tr-pas-leek/ m. dwarf, midget

trpělivost /tr-pye-li-vost/ f. patience

trpělivý /tr-pye-li-vee/ adj. patient

trpět /tr-pyet/ v. suffer, sustain, tolerate, stand for

trubka /trup-ka/ f. trumpet, tube, pipe

truchlit /trukh-lit/ v. mourn, grieve

trumf /trumf/ m. trump

trůn /troon/ m. throne

trvalý /tr-va-lee/ adj. lasting, permanent, persistent

trvat /tr-vat/ v. last, take, continue, insist on

tržnice /trzh-nyi-tse/ f. market hall, market place

třaskavina /trzhas-ka-vi-na/ f. explosive

třást /trzhást/ v. shake

třeba /trzhe-ba/ adv., conj. if necessary, perhaps, may be, though, although

třešeň /trzhe-shen^y/ f. cherry

tři /trzhi/ num. three

třicet /trzhi-tset/ num. thirty

třída /trzhee-da/ f. class, grade, form, class-room, avenue

třídit /trzhee-dyit/ v. sort, classify, grade

třináct /trzhi-nátst/ num. thirteen

tříska /trzhees-ka/ f. splinter, chip

třít /trzheet/ v. rub

tu /tu/ adv. here

tucet /tu-tset/ m. dozen

tučňák /tuch-nyák/ m. penguin

tučný /tuch-nee/ adj. fat

tudy /tu-di/ adv. this way

tuhý /tu-hee/ adj. stiff, solid, tough, severe /winter/

tuk /tuk/ m. fat, grease

ťukat /tyu-kat/ v. tap, knock

tulák /tu-lák/ m. tramp, hobo

tuleň /tu-len^y/ m. seal

tulipán /tu-li-pán/ m. tulip

tuna /tu-na/ f. ton

tunel /tu-nel/ m. tunnel

tupý /tu-pee/ adj. blunt, dull, slow-witted

turista /tu-ris-ta/ m. tourist

tušit /tu-shit/ v. anticipate, suspect

tužka /tush-ka/ f. pencil

tvar /tvar/ m. form, shape

tvaroh /tva-rokh/ m. curd, cottage-cheese

tvář /tvárzh/ f. cheek, face

tvářit se /tvá-rzhit se/ v. look, make a face

tvor /tvor/ m. creature

tvořit /tvo-rzhit/ v. create, form, make

tvrdit /tvr-dyit/ v. assert, affirm, allege, claim

tvrdohlavý /tvr-do-hla-vee/ adj. obstinate, headstrong, pig-headed

tvrdý /tvr-dee/ adj. hard

tvůj /tvooy/ pron. your, yours

ty /ti/ pron. you /familiar/

tyč /tich/ f. bar, rod, pole

týden /tee-den/ m. week

tygr /ti-gr/ m. tiger

tykat si /ti-kat si/ v. be on familiar terms with somebody

týkat se /tee-kat se/ v. concern, refer, apply /to/

typ /tip/ m. type

typický /ti-pits-kee/ adj. typical

týrat /tee-rat/ v. ill-treat, maltreat

– . –

u /u/ prep. at, by, with, in

uběhnout /ubyeh-nowt/ v. pass, fly, expire

ublížit /ublee-zhit/ v. hurt, injure

ubohý /u-bo-hee/ adj. poor, miserable

ubrousek /u-brow-sek/ m. napkin, serviette

ubýt /u-beet/ v. decrease

ubytování /u-bi-to-vá-nyee/ n. accommodation

úcta /oots-ta/ f. respect

uctívat /uts-tyee-vat/ v. worship

uctivý /uts-tyi-vee/ adj. respectful

účast /oo-chast/ f. part, share, participation, attendance, sympathy

účastnit se /oo-chast-nyit se/ v. take part, attend, be engaged

učebnice /u-cheb-nyi-tse/ f. textbook

účel /oo-chel/ m. purpose

učeň /u-chen^y/ m. apprentice

učení /u-che-nyee/ n. teaching, study, apprenticeship

účes /oo-ches/ m. hair-do, hair-style

učesat /u-che-sat/ v. comb

účet /oo-chet/ v. account, bill, invoice

účetní /oo-chet-nyee/ m. accountant, book-
-keeper, adj. accounting, book-keeping

účinek /oo-chi-nek/ m. effect

učinit /u-chi-nyit/ v. do, make

učit /u-chit/ v. teach, instruct

učit se /u-chit se/ v. learn, study

učitel, -ka /uchi-tel, -ka/ m., f. tea-
cher, school-master

účtovat /ooch-to-vat/ v. account, keep
records/books, charge

úd /oot/ m. limb

údaj /oo-day/ m. datum, a piece of infor-
mation

událost /u-dá-lost/ f. event, happening

udat /u-dat/ v. state, tell, denounce,
inform

udavač /u-da-vach/ m. informer

udělat /u-dye-lat/ v. make, do

udeřit /u-de-rzhit/ v. strike, hit

udice /u-dyi-tse/ f. fishing rod, fish-
-hook

údiv /oo-dyif/ m. astonishment

udivit /u-dyi-vit/ v. astonish, amaze

údobí /oo-do-bee/ n. period, era

údolí /oo-do-lee/ n. valley

údržba /oo-drzh-ba/ f. maintenance

udržovat /u-dr-zho-vat/ v. keep, maintain

udusit /u-du-sit/ v. stifle, smother, suffocate

úhel /oo-hel/ m. angle

úhledný /oo-hled-nee/ adj. neat, tidy

uhlí /uh-lee/ n. coal

uhnout se /uh-nowt se/ v. swerve, turn off/aside

uhodit /u-ho-dyit/ v. strike, hit

uhradit /u-hra-dyit/ v. settle, cover

ucházet se /u-khá-zet se/ v. apply for, court /a person/

ucho /u-kho/ n. ear, handle, /needle/ eye

uchovat /u-kho-vat/ v. retain, keep, preserve

ujasnit /u-yas-nyit/ v. make clear

ujednání /u-yed-ná-nyee/ n. arrangement, settlement

ujet /u-yet/ v. leave, go away

ujistit /u-yis-tyit/ v. assure

ujít /u-yeet/ v. be fairly good, miss something

ujmout se /uy-mowt se/ v. take up, take charge/possession, set about

ukázat /u-ká-zat/ v. show, point, indi-
cate, display

ukázat se /u-ká-zat se/ v. show, appear,
turn up, come out, prove to be

ukazatel /u-ka-za-tel/ m. roadsign, sign-
post, indicator

ukázka /u-kás-ka/ f. sample, specimen,
show-piece

uklidit /u-kli-dyit/ v. clean, tidy up

uklidnit se /u-klid-nyit se/ v. calm down

uklízečka /u-klee-zech-ka/ f. cleaning
woman

uklonit se /u-klo-nyit se/ v. bow

uklouznout /u-klowz-nowt/ v. slip

úkol /oo-kol/ m. task, homework

ukolébavka /u-ko-lé-baf-ka/ f. lullaby

ukrojit /u-kro-yit/ v. cut off

úkryt /oo-krit/ m. hiding place, shelter

ukrýt /u-kreet/ v. conceal, hide

ukvapit se /u-kva-pit se/ v. be hasty,
rush things

úl /ool/ m. /bee-/hive

úleva /oo-le-va/ f. relief, concession

ulice /u-li-tse/ f. street

ulička /u-lich-ka/ f. alley, lane, aisle

úloha /oo-lo-ha/ f. exercise, /school/
work, part, role

úlomek /oo-lo-mek/ m. fragment

uložit /u-lo-zhit/ v. put away, set asi-
de, deposit

umělec /u-mnye-lets/ m. artist

umělecký /u-mnye-lets-kee/ adj. artistic

umělý /u-mnye-lee/ adj. artificial, syn-
thetic, plastic, man-made

umění /u-mnye-nyee/ n. art

umět /u-mnyet/ v. know, know how, can, be
good at

umíněný /u-mee-nye-nee/ adj. obstinate

umínit si /u-mee-nyit si/ v. set one's
mind on, determine

umírněný /u-meer-nye-nee/ adj. moderate

umístit /u-mees-tyit/ v. place, situate,
fix

úmluva /oo-mlu-va/ f. agreement, arrange-
ment

umožnit /u-mozh-nyit/ v. make it possible,
enable

úmrtí /oo-mr-tyee/ n. death

umřít /u-mrzheet/ v. die

úmysl /oo-mi-sl/ m. intention, meaning

úmyslný /oo-mi-sl-nee/ adj. intentional,
deliberate

umýt /u-meet/ v. wash

umyvadlo /u-mi-vad-lo/ n. wash-bowl, wash-
-basin

umyvárna /u-mi-vár-na/ f. washroom, lavatory

únava /oo-na-va/ f. fatigue

unavený /u-na-ve-nee/ adj. tired

unavit /u-na-vit/ v. tire, wear down/out

únavný /oo-nav-nee/ adj. tiresome, tedious, tiring

unést /u-nést/ v. be able to carry, take away, kidnap

uniforma /u-ni-for-ma/ f. uniform

uniknout /u-nyik-nowt/ v. escape, flee, evade, leak

universita /u-ni-ver-si-ta/ f. university, college

únor /oo-nor/ m. February

úpadek /oo-pa-dek/ m. failure, bankruptcy, decline

upadnout /u-pad-nowt/ v. fall down, decline, deteriorate

úpal /oo-pal/ m. sunstroke

upálit /u-pá-lit/ v. burn to death

upéci /u-pé-tsi/ v. bake, roast /meat/

upevnit /u-pev-nyit/ v. fasten, fix, strengthen

upír /u-peer/ m. vampire

úplatek /oo-pla-tek/ m. bribe

uplatnit /u-plat-nyit/ v. put into practice, assert, exert, win through úplně /oo-pl-nye/ adv. fully, completely, absolutely

úplněk /oo-pl-nyek/ m. full moon

úplný /oo-pl-nee/ adj. complete, entire, total, full, absolute

upomenout /u-po-me-nowt/ v. remind, claim

upozornění /u-po-zor-nye-nyee/ n. notice, warning

upozornit /u-po-zor-nyit/ v. call attention, warn

úprava /oo-pra-va/ f. arrangement, form, set up

upravený /u-pra-ve-nee/ adj. trim, tidy, neat

upravit /u-pra-vit/ v. arrange, adjust, adapt, fix, make up, tidy, dress, trim

uprchlík /u-prkh-leek/ m. fugitive, refugee, runaway

uprchnout /u-prkh-nowt/ v. fly, run away, escape

uprostřed /u-pros-trzhet/ adv. in the middle/center

upřímný /u-przheem-nee/ adj. sincere, frank

upustit /u-pus-tyit/ v. drop, give up

úraz /oo-ras/ m. accident, injury

urazit /u-ra-zit/ v. knock off, insult, offend

urážka /u-rázh-ka/ f. insult, offence

určit /ur-chit/ v. determine, appoint

určitě /ur-chi-tye/ adv. certainly, surely

určitý /ur-chi-tee/ adj. certain, definite, specific

úroda /oo-ro-da/ f. crop, harvest

úrodný /oo-rod-nee/ adj. fertile

úrok /oo-rok/ m. interest

úroveň /oo-ro-ven^y/ f. level, standard

urychlit /u-rikh-lit/ v. speed up, accelerate

úřad /oo-rzhat/ m. office, authority

úřední /oo-rzhed-nyee/ adj. official

úřednice /oo-rzhed-nyi-tse/ f. official, clerk

úředník /oo-rzhed-nyeek/ m. official, clerk

uříznout /u-rzheez-nowt/ v. cut off

usadit se /u-sa-dyit se/ v. sit down, take a seat, settle /down/, establish

úsek /oo-sek/ m. section, segment, stretch

úschova /oo-skho-va/ f. safekeeping, custody, left-luggage office, deposit

úsilí /oo-si-lee/ n. effort, endeavor

usilovat /u-si-lo-vat/ v. endeavor, make an effort, strive, aim at uskladnit /u-sklad-nyit/ v. store

uskutečnit /u-sku-tech-nyit/ v. realize, materialize, bring about, come true

úsměv /oos-mnyef/ m. smile

usmívat se /us-mee-vat se / v. smile

usnadnit /us-nad-nyit/ v. facilitate, make something easy

usnesení /us-ne-se-nyee/ n. resolution

usnout /us-nowt/ v. fall asleep, doze off

úspěch /oo-spyekh/ m. success, achievement

úspěšný /oo-spyesh-nee/ adj. successful

uspokojení /u-spo-ko-ye-nyee/ n. satisfaction, gratification

uspokojit /u-spo-ko-yit/ v. satisfy

uspokojivý /u-spo-ko-yi-vee/ adj. satisfactory

úspora /oo-spo-ra/ f. saving, cut, reduction

úsporný /oo-spor-nee/ adj. economical

uspořádat /u-spo-rzhá-dat/ v. arrange, put in order, give

ústa /oo-sta/ pl. mouth

ustanovit /u-sta-no-vit/ v. appoint, determine, order, assign, provide

ústav /oo-staf/ m. institute

ústava /oo-sta-va/ f. constitution

ustlat /u-stlat/ v. make the bed

ústní /oos-tnyee/ adj. oral, mouth

ustoupit /u-stow-pit/ v. step back/aside, yield, give in, retreat

ústraní /oo-stra-nyee/ n. retirement, seclusion

ústrojí /oo-stro-yee/ n. organ

ústředí /oo-strzhe-dyee/ n. headquarters

ústřední /oo-strzhed-nyee/ adj. central

ústřice /oo-strzhi-tse/ f. oyester

ústup /oo-stup/ m. retreat

ústupek /oo-stu-pek/ m. concession

úsudek /oo-su-dek/ m. judgment, opinion

ušít /u-sheet/ v. sew, make

ušní /ush-nyee/ adj. ear

ušpinit /u-shpi-nyit/ v. soil, get soiled

utajit /u-ta-yit/ v. keep secret, conceal

útěcha /oo-tye-kha/ f. comfort, consolation

útěk /oo-tyek/ m. flight, escape

utěrka /u-tyer-ka/ f. wash-cloth, duster

úterý /oo-te-ree/ n. Tuesday

utěsnit /u-tyes-nyit/ v. pack, seal

utíkat /u-tyee-kat/ v. run away

utiskovat /u-tyis-ko-vat/ v. oppress

utišit /u-tyi-shit/ v. soothe, calm down

utkání /ut-ká-nyee/ n. match, fight, contest

útočiště /oo-to-chish-tye/ n. refuge, re-
 sort

útočit /oo-to-chit/ v. attack

útok /oo-tok/ m. attack, charge

utopit /u-to-pit/ v. drown

utrácet /u-trá-tset/ v. squander, spend
 /money/

utrpení /u-tr-pe-nyee/ n. suffering

utřít /u-trzheet/ v. wipe, dry

útulek /oo-tu-lek/ m. shelter

útulný /oo-tul-nee/ adj. cosy, homely

uvaděč, -ka /u-va-dyech, -ka/ m.,f. usher

uvádět /u-vá-dyet/ v. state, set out, in-
 troduce, put on

úvaha /oo-va-ha/ f. consideration, ac-
 count

uvařit /u-va-rzhit/ v. cook, boil, make

uvázat /u-vá-zat/ v. tie, bind

uvažovat /u-va-zho-vat/ v. consider,
 think over, take into account, meditate

uvědomit /u-vye-do-mit/ v. inform, notify

uvědomit si /u-vye-do-mit si/ v. realize,
 be aware of

úvěr /oo-vyer/ m. credit

uvést /u-vést/ v. bring/take in, usher,
 introduce, show, put on, state, set out

uvidět /u-vi-dyet/ v. see, see each other

uvítání /u-vee-tá-nyee/ n. welcome

uvnitř /u-vnyitrzh/ adv. inside, within

úvod /oo-vot/ m. introduction, preface

úvodní /oo-vod-nyee/ adj. introductory,
  opening

uvolnění /u-vol-nye-nyee/ n. relaxation,
  release

uvolnit /u-vol-nyit/ v. loosen, release,
  relax, ease

uzávěr /u-zá-vyer/ m. cap, stopper, clo-
  sure, cover

uzavírat /u-za-vee-rat/ v. close down,
  conclude, take out, shut /up/

uzdravit /u-zdra-vit/ v. cure, restore
  to health

uzdravit se /u-zdra-vit se/ v. get well,
  recover

uzel /u-zel/ m. knot

území /oo-ze-mee/ n. territory

uzenáč /u-ze-nách/ m. kipper, red herring

uzené /u-ze-né/ n. smoked/cured meat

uzeniny /u-ze-nyi-ni/ pl. smoked salami
  and sausages

úzkost /oos-kost/ f. anxiety

úzký /oos-kee/ adj. narrow, close, tight

uznání /u-zná-nyee/ n. acknowledgement,
  recognition

uznat /u-znat/ v. acknowledge, admit, re-
cognize

už /uzh/ adv. already, now, yet

úžas /oo-zhas/ m. astonishment, amazement

úžasný /oo-zhas-nee/ adj. amazing, mar-
vellous, astonishing

užít /u-zheet/ v. use, enjoy

užitečný /u-zhi-tech-nee/ adj. useful

užitek /u-zhi-tek/ m. use, profit, bene-
fit

uživit /u-zhi-vit/ v. maintain, keep up,
make a living

- . -

v, ve /v, ve/ prep. in, at, into, on

vada /va-da/ f. defect, fault

vadit /va-dyit/ v. hamper, mind

vadnout /vad-nowt/ v. wither, fade

vagón /va-gón/ m. wagon, car

váha /vá-ha/ f. weight, scales, balance

váhat /vá-hat/ v. hesitate

valčík /val-cheek/ m. waltz

válčit /vál-chit/ v. be at war, make war

válet /vá-let/ v. roll

válet se /vá-let se/ v. lie about, roll,
lounge

válka /vál-ka/ f. war

valuty /va-lu-ti/ pl. foreign exchange

vana /va-na/ f. bath, bath-tub

vánice /vá-nyi-tse/ f. snowstorm, blizzard

vánoce /vá-no-tse/ pl. Christmas

vánočka /vá-noch-ka/ f. Christmas cake

vápno /váp-no/ n. lime

varhany /var-ha-ni/ pl. organ

varovat /va-ro-vat/ v. warn, caution

vařečka /va-rzhech-ka/ f. wooden spoon

vařený /va-rzhe-nee/ adj. boiled

vařič /va-rzhich/ m. cooker

vařit /va-rzhit/ v. boil, cook, make

váš /vásh/ pron. your, yours

vášeň /vá-shen^y/ f. passion

vášnivý /vásh-nyi-vee/ adj. passionate

vata /va-ta/ f. cotton wool, absorbent cotton

váza /vá-za/ f. vase

vázanka /vá-zan-ka/ f. tie, neck-tie

vázat /vá-zat/ v. bind

vážit /vá-zhit/ v. weigh

vážit si /vá-zhit si/ v. regard, respect, esteem, appreciate

vážně /vázh-nye/ adv. seriously, in earnest

vážný /vázh-nee/ adj. serious, composed, earnest

včas /fchas/ adv. in time, on time

včela /fche-la/ f. /honey/ bee

včera /fche-ra/ adv. yesterday

včetně /fchet-nye/ prep. including

vdát se /vdát se/ v. marry /a boy/, get married

vděčnost /vdyech-nost/ f. gratitude, gratefulness

vděčný /vdyech-nee/ adj. grateful

vdova /vdo-va/ f. widow

vdovec /vdo-vets/ m. widower

věc /vyets/ f. thing, matter, affair, cause, business

večer /ve-cher/ m. evening, adv. in the evening

večerní /ve-cher-nyee/ adj. evening

večeře /ve-che-rzhe/ f. dinner, supper

večeřet /ve-che-rzhet/ v. have dinner/supper, dine

večírek /ve-chee-rek/ m. /evening/ party

věčnost /vyech-nost/ f. eternity, perpetuity, ages

věčný /vyech-nee/ adj. eternal, perpetual

věda /vye-da/ f. science

vědec /vye-dets/ m. scientist, scholar

vedení /ve-de-nyee/ n. lead, leadership, management, /electric/ circuit vědět /vye-dyet/ v. know

vedle /ved-le/ prep. beside, next to, in addition to, adv. by the side, next door

vedlejší /ve-dley-shee/ adj. adjacent, adjoining, next-door, side

vědomí /vye-do-mee/ n. consciousness

vědomost /vye-do-most/ f. knowledge

vědomý /vye-do-mee/ adj. conscious

vedoucí /ve-dow-tsee/ adj. leading, m. manager, head, chief

vedro /ved-ro/ n. heat, sultry weather

vegetace /ve-ge-ta-tse/ f. vegetation

vegetarián /ve-ge-ta-ri-yán/ m. vegetarian

vejce /vey-tse/ n. egg

vějíř /vye-yeerzh/ m. fan

vejít /ve-yeet/ v. enter, walk in, come, get in

vejít se /ve-yeet se/ v. go to, get in, hold

věk /vyek/ m. age, era

velbloud /vel-blowt/ m. camel

velet /ve-let/ v. command, be in command

veletrh /ve-le-trkh/ m. /trade/ fair

velice /ve-li-tse/ adv. very, much, most, greatly

velikonoce /ve-li-ko-no-tse/ pl. Easter

velikost /ve-li-kost/ f. size, greatness

veliký, velký /ve-li-kee, vel-kee/ adj.
 large, big, great, tall

velmi /vel-mi/ adv. very, much, most,
 greatly, a lot

velryba /vel-ri-ba/ f. whale

velvyslanec /vel-vis-la-nets/ m. ambas-
 sador

velvyslanectví /vel-vis-la-nets-tvee/ n.
 embassy

ven /ven/ adv. out, out/ward/

věnec /vye-nets/ m. wreath

venkov /ven-kof/ m. the country/side/

venkovan /ven-ko-van/ m. countryman,
 peasant

venku /ven-ku/ adv. outside, in the open

věno /vye-no/ n. dowry

věnovat /vye-no-vat/ v. devote, dedicate

ventilace /ven-ti-la-tse/ f. ventilation

vepřové /vep-rzho-vé/ n. pork /roast/

věrnost /vyer-nost/ f. faithfulness, fi-
 delity, loyalty

věrný /vyer-nee/ adj. faithful, loyal

verš /versh/ m. verse, line

veřejný /ve-rzhey-nee/adj. public

věřit /vye-rzhit/ v. believe, trust

veselý /ve-se-lee/ adj. merry, gay

veslo /ves-lo/ n. oar

veslovat /ves-lo-vat/ v. row

vesmír /ves-meer/ m. the universe

vesnice /ves-nyi-tse/ f. village

vespod /ves-pot/ adv. below, underneath

vést /vést/ v. lead, keep, run /a busi-
  ness/, conduct, direct

vesta /ves-ta/ f. vest, waistcoat

veš /vesh/ f. louse

věšák /vye-shák/ m. rack, peg, stand

věšet /vye-shet/ v. hang /up/

věta /vye-ta/ f. sentence

větev /vye-tef/ f. branch

větrat /vyet-rat/ v. air, ventilate

větrovka /vyet-rof-ka/ f. wind-jacket,
  anorak

většina /vyet-shi-na/ f. majority

veverka /ve-ver-ka/ f. squirrel

vězeň /vye-zen^y/ m. prisoner

vězení /vye-ze-nyee/ n. prison, jail

vézt /vést/ v. carry /on wheels/, drive

věž /vyezh/ f. tower

vhodný /vhod-nee/ adj. suitable, suited,
  useful, convenient, eligible

vchod /fkhot/ m. entrance, entry

více /vee-tse/ adv. more

vidět /vi-dyet/ v. see

viditelnost /vi-dyi-tel-nost/ f. visibi-
   lity

vidlička /vi-dlich-ka/ f. fork

vichřice /vikh-rzhi-tse/ f. windstorm,
   gale

víko /vee-ko/ n. lid, cover

vila /vi-la/ f. villa, family house

víla /vee-la/ f. nymph, fairy

vina /vi-na/ f. guilt, fault, blame

vinárna /vi-nár-na/ f. wine cellar, wine
   restaurant

vinit /vi-nyit/ v. blame, accuse

vinný /vi-nee/ adj. guilty, wine /cellar/,
   vine

víno /vee-no/ n. wine,/grapes/

víra /vee-ra/ f. belief, faith

virus /vi-rus/ m. virus

vířit /vee-rzhit/ v. whirl, spin

viset /vi-set/ v. hang

višně /vish-nye/ f. morello cherry

vitamin /vi-ta-min/ m. vitamin

vítat /vee-tat/ v. welcome

vítěz /vee-tyes/ m. winner, conqueror

vítězit /vee-tye-zit/ v. win

vítězství /vee-tyes-tvee/ n. victory

vítr /vee-tr/ m. wind

vízum /vee-zum/ n. visa

vjezd /vyest/ m. gateway, entrance, drive-
way

vklad /fklat/ m. deposit

vkus /fkus/ m. taste

vkusný /fkus-nee/ adj. tasteful

vláda /vlá-da/ f. government, administra-
tion, rule, control

vládnout /vlád-nowt/ v. govern, rule, do-
minate

vlajka /vlay-ka/ f. flag

vlak /vlak/ m. train

vlákno /vlák-no/ n. fibre

vlas , vlasy /vlas, vla-si/ m.,pl. hair

vlast /vlast/ f. home/native/mother coun-
try

vlastenec /vlas-te-nets/ m. patriot

vlastně /vlast-nyɜ/ adv. as a matter of
fact

vlastní /vlast-nyee/ adj. own, proper

vlastník /vlast-nyeek/ m. owner

vlastnost /vlast-nost/ f. quality, cha-
racteristic

vlaštovka /vlash-tof-ka/ f. swallow

vléci /vlé-tsi/ v. drag, tow

vlevo /vle-vo/ adv.   to /on the left

vlhkost /vlkh-kost/ f. dampness, moistu-
re, humidity

vlhký /vlkh-kee/ adj. damp, moist, humid

vlídný /vleed-nee/ adj. kindly, friendly

vliv /vlif/ m. influence

vlk /vlk/ m. wolf

vlna /vl-na/ f. wool, wave

vloni /vlo-nyi/ adv. last year

vloupat se /vlow-pat se/ v. break in, burgle

vložit /vlo-zhit/ v. put in/to/, insert, deposit, invest

vložka /vlozh-ka/ f. enclosure, insert, inset, pad, refill

vměšovat se /vmnye-sho-vat se/ v. interfere, meddle in

vnější /vnyey-shee/ adj. outer, outward, outside

vniknout /vnyik-nowt/ v. penetrate

vnímat /vnyee-mat/ v. perceive, take in

vnitřek /vnyit-rzhek/ m. interior, inside

vnitřní /vnyit-rzhnyee/ adj. inner, inward, inside, internal

vnitřnosti /vni-trzhnos-tyi/ pl. bowels

vnučka /vnuch-ka/ f. granddaughter

vnuk /vnuk/ m. grandson

voda /vo-da/ f. water

vodík /vo-dyeek/ m. hydrogen

vodní /vod-nyee/ adj. water

vodník /vod-nyeek/ m. water sprite/elf

vodopád /vo-do-pát/ m. waterfall

vodorovný /vo-do-rov-nee/ adj. horizontal

vodotrysk /vo-do-trisk/ m. fountain

vodovod /vo-do-vot/ m. water-supply

voják /vo-yák/ m. soldier

vojenský /vo-yen-skee/ adj. military

vojna /voy-na/ f. war, /military/ service

vojsko /voy-sko/ n. army, troops

volant /vo-lant/ m. driving/steering wheel

volat /vo-lat/ v. call, call up

volba /vol-ba/ f. choice, option, election

volit /vo-lit/ v. choose, vote, go to the polls, elect

volno /vol-no/ n. free/spare time, leisure

volný /vol-nee/ adj. free, loose, vacant

voňavka /vo-nyaf-ka/ f. perfume, scent

vonět /vo-nyet/ v. smell good/sweet

vosa /vo-sa/ f. wasp

vosk /vosk/ m. wax

vous, vousy /vows, vow-si/ m.,pl. beard

vozidlo /vo-zid-lo/ n. vehicle

vpád /fpát/ m. invasion

vpadnout /fpad-nowt/ v. invade, burst in

vpravo /fpra-vo/ adv.   to /on the right

vpřed /fprzhet/ adv. forward, ahead

vpředu /fprzhe-du/ adv. in front, ahead

vrabec /vra-bets/ m. sparrow

vrah /vrakh/ m. murderer

vrána /vrá-na/ f. crow

vráska /vrás-ka/ f. wrinkle

vrata /vra-ta/ pl. gate

vrátit /vrá-tyit/ v. return, give/hand
  back, put back, come back

vrátný /vrát-nee/ m. porter, janitor,
  doorman

vrazit /vra-zit/ v. thrust, bump, knock,
  burst

vražda /vrazh-da/ f. murder, assassina-
  tion

vrba /vr-ba/ f. willow

vrhnout /vr-hnowt/ v. vomit, throw

vrch /vrkh/ m. hill

vrchní /vrkh-nyee/ adj. top, upper, m.
  headwaiter

vrchol /vr-khol/ m. summit, peak

vrstva /vrst-va/ f. layer, section

vrtat /vr-tat/ v. dig into, drill, bore

vrzat /vr-zat/ v. creak, squeak

vřed /vrzhet/ m. ulcer

vřes /vrzhes/ m. heather

vsadit /fsa-dyit/ v. put in, fix, implant, stake, bet on

vstát /fstát/ v. get up, stand up, rise

vstoupit /fstow-pit/ v. enter, step/walk in, get into, join

vstup /fstup/ m. entrance, admittance, admission

vstupenka /fstu-pen-ka/ f. ticket

vstupné /fstup-né/ n. admission, fee

však /fshak/ conj. however, but

všední /fshed-nyee/ adj. ordinary, everyday, workaday

všechno /fshekh-no/ n. all, everything

všelijak /fshe-li-yak/ adv. in all sort of ways

všeobecně /fshe-o-bets-nye/ adv. generally, in general

všímat si /fshee-mat si/ v. notice, take notice

všude /fshu-de/ adv. everywhere, all over

vteřina /fte-rzhi-na/ f. second

vtip /ftyip/ m. joke, wit

vtom /ftom/ adv. at that moment, suddenly

vůbec /voo-bets/ adv. in general, not at all

vůdce /vood-tse/ m. leader, /guide/

vůl /vool/ m. ox

vůle /voo-le/ f. will

vulgární /vul-gár-nyee/ adj. vulgar

vůně /voo-nye/ f. /sweet/ smell, scent, odor

vuřt /vurzht/ m. hot dog

vůz /voos/ m. car, wagon

vy /vi/ pron. you /not familiar/

vybalit /vi-ba-lit/ v. unpack

vybavení /vi-ba-ve-nyee/ n. equipment

vybavit /vi-ba-vit/ v. equip, furnish

výběr /vee-byer/ m. selection, choice

výbor /vee-bor/ m. committee

výborně /vee-bor-nye/ adv. excellent, fine

výborný /vee-bor-nee/ adj. excellent

vybraný /vi-bra-nee/ adj. choice, exquisite

vybrat /vi-brat/ v. choose, select, collect, withdraw

výbuch /vee-bukh/ m. explosion, outburst

vybuchnout /vi-bukh-nowt/ v. explode, erupt

výbušnina /vee-bush-nyi-na/ f. explosive

výcvik /vee-tsvik/ m. training, drill

vyčerpaný /vi-cher-pa-nee/ adj. exhausted

vyčerpat /vi-cher-pat/ v. exhaust, empty

vyčistit /vi-chis-tyit/ v. clean, dry-clean

vyčítat /vi-chee-tat/ v. reproach, nag

vydání /vi-dá-nyee/ n. expenses, publication

vydat /vi-dat/ v. give out/away, surrender, give up, spend, publish

vydat se /vi-dat se/ v. set out, start, expose oneself

vydělat /vi-dye-lat/ v. earn, make money

výdělek /vee-dye-lek/ m. earnings

vydírat /vi-dyee-rat/ v. blackmail, extort

vydra /vid-ra/ f. otter

vydržet /vi-dr-zhet/ v. hold out, bear, stand, endure, last

vydržovat /vi-dr-zho-vat/ v. keep /up/, support, maintain

výfuk /vee-fuk/ m. exhaust

výherce /vee-her-tse/ m. winner

vyhlásit /vi-hlá-sit/ v. declare, proclaim

vyhláška /vi-hlásh-ka/ f. notice

vyhlídka /vi-hleed-ka/ f. outlook, view, prospect

vyhlížet /vi-hlee-zhet/ v. look out, look

vyhnanství /vi-hnan-stvee/ n. exile

vyhnat /vi-hnat/ v. expel, turn out, drive out, evict

vyhnout se /vi-hnowt se/ v. avoid, evade

výhoda /vee-ho-da/ f. advantage

vyhodit /vi-ho-dyit/ v. throw out/away, sack, fire, throw up, toss

vyhovět /vi-ho-vyet/ v. comply, accommodate

vyhovující /vi-ho-vu-yee-tsee/ adj. suitable, convenient

výhra /vee-hra/ f. winning, prize

vyhradit /vi-hra-dyit/ v. reserve

výhradní /vee-hrad-nyee/ adj. exclusive

vyhrát /vi-hrát/ v. win, gain

vyhrazený /vi-hra-ze-nee/ adj. reserved

vyhrožovat /vi-hro-zho-vat/ v. threaten

výhrůžka /vee-hroozh-ka/ f. threat

vyhubovat /vi-hu-bo-vat/ v. scold

vychladnout /vi-khlad-nowt/ v. cool, get cold

východ /vee-khot/ m. exit, east, sunrise

východisko /vee-kho-dyis-ko/ n. way out

východní /vee-khod-nyee/ adj. east, eastern

výchova /vee-kho-va/ f. education, upbringing

vychovat /vi-kho-vat/ v. bring up, breed, educate, raise

vychovaný /vi-kho-va-nee/ adj. well-mannered

vychovatel, -ka /vi-kho-va-tel, -ka/ m.
   tutor, f. governess
vyjádřit /vi-yád-rzhit/ v. express
vyjednávat /vi-yed-ná-vat/ v. negotiate
vyjímečný /vi-yee-mech-nee/ adj. excep-
   tional
výjimka /vee-yim-ka/ f. exception
vyjít /vi-yeet/ v. go out, come out, ap-
   pear, rise, get out, make both ends
   meet
vyjmout /viy-mowt/ v. take out, remove
vykat /vi-kat/ v. not be on familiar
   terms with somebody
výklad /vee-klat/ m. explanation, inter-
   pretation, window-display, shop/store
   window
vyklonit se /vi-klo-nyit se/ v. lean out
vykloubit si /vi-klow-bit si/ v. disloca-
   te
výkon /vee-kon/ m. performance, accom-
   plishment, feat, achievement, output
vykonat /vi-ko-nat/ v. execute, perform,
   discharge, accomplish
výkonný /vee-ko-nee/ adj. efficient
vykopávka /vi-ko-páf-ka/ f. excavation
vykořisťovat /vi-ko-rzhis-tyo-vat/ v. ex-
   ploit

vykoupat se /vi-kow-pat se/ v. have/take a bath, bathe

výkřik /vee-krzhik/ m. scream, shout, exclamation

výkupné /vee-kup-né/ n. ransom

vyléčit /vi-lé-chit/ v. cure

výlet /vee-let/ m. trip, outing, excursion

výlevka /vee-lef-ka/ f. sink

vylézt /vi-lést/ v. creep out, climb up

vylít /vi-leet/ v. pour out, spill

výloha /vee-lo-ha/ f. cost, expense, window display

vylosovat /vi-lo-so-vat/ v. draw

vyloučit /vi-low-chit/ v. expel, exclude, eliminate

vyložit /vi-lo-zhit/ v. unload, discharge, display, explain, inlay

vymazat /vi-ma-zat/ v. erase, wipe out

výměna /vee-mnye-na/ f. exchange, swap

vyměnit /vi-mnye-nyit/ v. exchange, swap, trade, convert

vyměřit /vi-mnye-rzhit/ v. survey, define, allocate

výmluva /vee-mlu-va/ f. excuse

vymluvit se /vi-mlu-vit se/ v. make an excuse, blame

vymoženost /vi-mo-zhe-nost/ f. achievement

výmysl /vee-mi-sl/ m. invention, fabrication

vymyslit /vi-mis-lit/ v. devise, think out, make up, invent

vynadat /vi-na-dat/ v. tell somebody off, abuse

vynahradit /vi-na-hra-dyit/ v. make it up

vynález /vi-ná-les/ m. invention

vynálezce /vi-ná-les-tse/ m. inventor

vynalézt /vi-na-lést/ v. invent

vyndat /vin-dat/ v. take out, remove

vynechat /vi-ne-khat/ v. leave out, omit, skip

vynést /vi-nést/ v. take out, carry out, pass

vynikající /vi-nyi-ka-yee-tsee/ adj. excellent, superior, outstanding

vynikat /vi-nyi-kat/ v. excel

vynořit se /vi-no-rzhit se/ v. emerge

výnosný /vee-nos-nee/ adj. lucrative, profitable

vynucovat /vi-nu-tso-vat/ v. enforce

vypadat /vi-pa-dat/ v. look

vypadnout /vi-pad-nowt/ v. fall out

vypařit se /vi-pa-rzhit se/ v. evaporate

vypátrat /vi-pát-rat/ v. detect, find out

vypětí /vi-pye-tyee/ n. strain

vypínač /vi-pee-nach/ m. switch

vypínat /vi-pee-nat/ v. switch off

vypít /vi-peet/ v. drink up, drink off

výplata /vee-pla-ta/ f. payment, salary

vyplatit se /vi-pla-tyit se/ v. pay, pay off

vyplnit /vi-pl-nyit/ v. fill up/in/out, fulfil, comply

vypočítat /vi-po-chee-tat/ v. calculate

výpomoc /vee-po-mots/ f. aid, help

vypořádat se /vi-po-rzhá-dat se/ v. settle, get even with, dispose

výpověd /vee-po-vyet^{y}/ f. statement, testimony, notice

vypovědět /vi-po-vye-dyet/ v. state, declare, cancel, give notice, denounce, banish

výprask /vee-prask/ m. thrashing, hiding

vyprat /vi-prat/ v. wash, do laundry

výprava /vee-pra-va/ f. expedition, excursion, setting, scenery

vypravit /vi-pra-vit/ v. dispatch, set out

vypravovat /vi-pra-vo-vat/ v. tell /a story/, narrate

vyprázdnit /vi-prázd-nyit/ v. empty

vyprodáno /vi-pro-dá-no/ adv. sold out, full house

výprodej /vee-pro-dey/ m. /clearance/ sale

vyprovázet /vi-pro-vá-zet/ v. see somebody to.../out/off

vypůjčit si /vi-pooy-chit si/ v. borrow

vyrábět /vi-rá-byet/ v. make, manufacture, produce, turn out

výraz /vee-ras/ m. expression

vyrazit /vi-ra-zit/ v. knock out, shoot, sprout, set out, start

vyrážka /vi-rásh-ka/ f. rash

výroba /vee-ro-ba/ f. production, make, output

výrobek /vee-ro-bek/ m. product, make

výročí /vee-ro-chee/ n. anniversary

vyrovnat /vi-rov-nat/ v. balance, smooth, settle, level

vyrůst /vi-roost/ v. grow up

vyrušit /vi-ru-shit/ v. disturb

vyřadit /vi-rzha-dyit/ v. set aside, discard

vyřešit /vi-rzhe-shit/ v. solve, sort out

vyřezat /vi-rzhe-zat/ v. carve

vyřídit /vi-rzhee-dyit/ v. carry out,
  execute, tell

vysavač /vi-sa-vach/ m. vacuum cleaner

vysílání /vi-see-lá-nyee/ n. broadcas-
  ting, transmission

vysílat /vi-see-lat/ v. transmit, broad-
  cast, send over

vyslanec /vi-sla-nets/ m. minister

vyslanectví /vi-sla-nets-tvee/ n. lega-
  tion

výsledek /vee-sle-dek/ m. result, outcome

výslech /vee-slekh/ m. interrogation,
  examination

vyslovit /vi-slo-vit/ v. pronounce, ex-
  press, utter

výslovnost /vee-slov-nost/ f. pronuncia-
  tion

vyslýchat /vi-slee-khat/ v. examine,
  question

výsměch /vee-smnyekh/ m. mockery

vysmívat se /vi-smee-vat se/ v. laugh at,
  mock

vysokoškolák /vi-so-ko-shko-lák/ m. under-
  graduate

vysoký /vi-so-kee/ adj. high, tall

vyspat se /vi-spat se/ v. have a sleep,
  sleep off

výstava /vee-sta-va/ f. exhibition

vystavit /vi-sta-vit/ v. display, exhibit, expose, make out

vystěhovalec /vi-stye-ho-va-lets/ m. emigrant

vystěhovat /vi-stye-ho-vat/ v. evict, move out, emigrate

vystihnout /vi-styi-hnowt/ v. grasp, hit, choose

vystoupení /vi-stow-pe-nyee/ n. performance

vystoupit /vi-stow-pit/ v. get out/off, mount, rise, appear, stand up, perform

výstraha /vee-stra-ha/ f. warning

výstřední /vee-strzhed-nyee/ adj. eccentric

výstřel /vee-strzhel/ m. shot

výstup /vee-stup/ m. climb, appearance, scene

vystydnout /vi-stid-nowt/ v. get cold

vysvědčení /vi-svyed-che-nyee/ n. report, certificate

vysvětlit /vi-svyet-lit/ v. explain, make clear

vysvobodit /vi-svo-bo-dyit/ v. set free, rescue

výše /vee-she/ adv. high up, up/wards/, above

vyšetření /vi-shet-rzhe-nyee/ n. examination

vyšetřit /vi-shet-rzhit/ v. examine, get into, probe, look into, investigate

vyšetřování /vi-shet-rzho-vá-nyee/ n. investigation

vyšít /vi-sheet/ v. embroider

výška /veesh-ka/ f. heith, altitude

výtah /vee-takh/ m. elevator, lift, abstract, summary

vytáhnout /vi-tá-hnowt/ v. pull out, take out

výtažek /vee-ta-zhek/ m. extract

výtečný /vee-tech-nee/ adj. excellent, delicious

výtěžek /vee-tye-zhek/ m. proceeds

výtisk /vee-tyisk/ m. copy

vytrvalý /vi-tr-va-lee/ adj. persistent, constant

výtržnost /vee-trzh-nost/ f. riot, disturbance

výtvarník /vee-tvar-nyeek/ m. artist

vytýkat /vi-tee-kat/ v. rebuke

vyučený /vi-u-che-nee/ adj. skilled

vyučování /vi-u-cho-vá-nyee/ n. teaching, classes, lessons

vyučovat /vi-u-cho-vat/ v. teach, give lessons

vyuŽít /vi-u-zheet/ v. use, make the most of, take advantage of

vývar /vee-var/ m. broth, stock

vývěska /vee-vyes-ka/ f. notice board, wall poster

vyvést /vi-vést/ v. take/bring out

vyvézt /vi-vést/ v. export

vývoj /vee-voy/ m. development, evolution

vyvolat /vi-vo-lat/ v. call up, develop, excite, raise

vývoz /vee-vos/ m. export

vyvrcholit /vi-vr-kho-lit/ v. culminate

vývrtka /vee-vrt-ka/ f. corkscrew

výzdoba /vee-zdo-ba/ f. decoration, décor

vyzdobit /vi-zdo-bit/ v. decorate, dress

výzkum /vee-skum/ m. research

význačný /vee-znach-nee/ adj. prominent, distinguished

význam /vee-znam/ m. meaning, sense, importance, significance

vyznamenání /vi-zna-me-ná-nyee/ n. distinction, honors

významný /vee-znam-nee/ adj. important, significant, outstanding

vyznat /vi-znat/ v. confess, declare, be good at

výzva /veez-va/ f. call, challenge

vyzvědač, -ka /vi-zvye-dach, -ka/ m.,f.
  spy

vyzvednout /vi-zved-nowt/ v. lift, heave,
  stress, emphasize, withdraw, collect

vyzvídat /vi-zvee-dat/ v. pump infor-
  mation

vyzývavý /vi-zee-va-vee/ adj. provocative

vyžehlit /vi-zheh-lit/ v. iron

výživa /vee-zhi-va/ f. nourishment, sup-
  port

vzácný /vzáts-nee/ adj. rare, precious

vzadu /vza-du/ adv. at the back, behind

vzájemně /vzá-yem-nye/ adv. mutually, one
  another

vzbudit /´zbu-dyit/ v. wake /up/, arouse

vzdálenost /vzdá-le-nost/ f. distance

vzdát se /vzdát se/ v. surrender, give
  up, abandon

vzdělání /vzdye-lá-nyee/ n. education

vzdělaný /vzdye-la-nee/ adj. educated

vzdor /vzdor/ m. defiance

vzduch /vzdukh/ m. air

vzdychnout si /vzdikh-nowt si/ v. sigh

vzhled /vzhlet/ m. looks, appearance

vzhůru /´zhoo-ru/ adv. up/wards/

vzít /vzeet/ v. take

vzkaz /fskas/ m. message

vzmáhat se /ˊzmá-hat se/ v. grow, increase, improve

vznešený /vzne-she-nee/ adj. noble

vznik /vznyik/ m. rise, origin

vzor /vzor/ m. model, example, pattern, design

vzorek /vzo-rek/ m. sample, pattern

vzpamatovat se /ˊzpa-ma-to-vat se/ v. come to one's senses, recover

vzpomenout si /ˊzpo-me-nowt si/ v. remember, recollect

vzpomínka /ˊzpo-meen-ka/ f. memory /of/

vzpoura /ˊzpow-ra/ f. mutiny, rebellion

vzrušení /vzru-she-nyee/ n. excitement, thrill

vzrušený /vzru-she-nee/ adj. excited, upset

vzrušit /vzru-shit/ v. excite, upset

vztah /fstakh/ m. relation/ship/

vztek /ˊstek/ m. rage, fury, anger

vzteklý /ˊstek-lee/ adj. furious, mad /dog/

vždy, vždycky /vzhdi, vzhdits-ki/ adv. always, at all times

- . -

z, ze /z, ze/ prep. from, out of, out, of

za /za/ prep. behind, beyond, after, for, during, in

zabalit /za-ba-lit/ v. pack up, wrap up

zábava /zá-ba-va/ f. amusement, entertainment, pastime

zabavit /za-ba-vit/ v. seize, confiscate

zabít /za-beet/ v. kill, slay

zabloudit /za-blow-dyit/ v. lose one´s way

zábradlí /zá-brad-lee/ n. railing/s/, banisters

zabránit /za-brá-nyit/ v. prevent

zabrat /za-brat/ v. occupy, take up

zabývat se /za-bee-vat se/ v. engage, occupy with

záclona /zá-tslo-na/ f. curtain

zácpa /záts-pa/ f. constipation, traffic jam

začátečník /za-chá-tech-nyeek/ m. beginner

začátek /za-chá-tek/ m. beginning

začít /za-cheet/ v. begin, start

záda /zá-da/ pl. back

zadek /za-dek/ m. rear, rump, buttocks

zadní /zad-nyee/ adj. back, rear, hind

záhada /zá-ha-da/ f. mystery, puzzle

záhadný /zá-had-nee/ adj. mysterious

zahájit /za-há-yit/ v. open, launch

zahálet /za-há-let/ v. /be/ idle

zahnat /za-hnat/ v. drive away, repel

zahodit /za-ho-dyit/ v. throw out/away

zahojit se /za-ho-yit se/ v. heal

záhon /zá-hon/ m. /flower-/bed

zahrada /za-hra-da/ f. garden, orchard

zahradník /za-hrad-nyeek/ m. gardener

zahraničí /za-hra-nyi-chee/ n. foreign
   countries

záhyb /zá-hip/ m. bend, fold, crease

zacházet /za-khá-zet/ v. deal with, enter,
   handle

záchod /zá-khot/ m. lavatory, W.C.,
   toilet

zachovat /za-kho-vat/ v. preserve, main-
   tain, keep

záchrana /zá-khra-na/ f. rescue, salvage

zachránit /za-khrá-nyit/ v. rescue, save

záchvat /zá-khvat/ m. attack, fit, stroke

zajatec /za-ya-tets/ m. captive, prisoner

zájem /zá-yem/ m. interest

zájezd /zá-yest/ m. trip, tour

zajíc /za-yeets/ m. hare

zajímat /za-yee-mat/ v. interest

zajímavý /za-yee-ma-vee/ adj. interesting

zajistit /za-yis-tyit/ v. secure, ensure

zajít /za-yeet/ v. go to, call, set, pe-
   rish

zákaz /zá-kas/ m. ban, prohibition

zakázat /za-ká-zat/ v. forbid, prohibit, ban

zákazník /zá-kaz-nyeek/ m. customer, client

základ /zá-klat/ m. basis, foundation

základna /zá-klad-na/ f. base

základní /zá-klad-nyee/ adj. basic, fundamental

zákon /zá-kon/ m. law

zákonný /zá-ko-nee/ adj. legal, legitimate, lawful

zakopat /za-ko-pat/ v. bury

zakopnout /za-kop-nowt/ v. stumble, trip

zakročit /za-kro-chit/ v. intervene

zákusek /zá-ku-sek/ m. sweet, dessert

záležet /zá-le-zhet/ v. matter, count, depend

záležitost /zá-le-zhi-tost/ f. matter, affair

záliba /zá-li-ba/ f. liking, fancy, hobby

zalít /za-leet/ v. water

záloha /zá-lo-ha/ f. reserve, deposit, advance

založit /za-lo-zhit/ v. found, establish

zámek /zá-mek/ m. lock, castle

zamést /za-mést/ v. sweep

zaměstnanec /za-mnyes-tna-nets/ m. employee

zaměstnání /za-mnyes-tná-nyee/ n. employ-
  ment, job

zaměstnat /za-mnyes-tnat/ v. employ, oc-
  cupy, keep busy

zaměstnavatel /za-mnyes-tna-va-tel/ m.
  employer, boss

zamilovaný /za-mi-lo-va-nee/ adj. in love

zamilovat se /za-mi-lo-vat se/ v. fall in
  love with

záminka /zá-min-ka/ f. pretext, excuse

zamítnout /za-meet-nowt/ v. reject, re-
  fuse

zamknout /zam-knowt/ v. lock /up/

zamluvit si /za-mlu-vit si/ v. book, re-
  serve

zamrznout /za-mrz-nowt/ v. freeze over,
  get frozen

zamyslit se /za-mis-lit se/ v. think, be
  lost in thought

zanedbat /za-ned-bat/ v. neglect

zánět /zá-nyet/ m. inflammation

zaniknout /za-nyik-nowt/ v. become ex-
  tinct, cease

západ /zá-pat/ m. west, sunset

západní /zá-pad-nyee/ adj. west, western

zapadnout /za-pad-nowt/ v. sink, set,
  fit in

zápach /zá-pakh/ m. /bad/ smell, stink

zapáchat /za-pá-khat/ v. smell /bad/, stink

zapálit /za-pá-lit/ v. light, set fire

zápalka /zá-pal-ka/ f. /safety/ match

zapalovač /za-pa-lo-vach/ m. lighter

zápas /zá-pas/ m. fight, struggle, contest, match

zápasit /zá-pa-sit/ v. fight, struggle, compete

zápasník /zá-pas-nyeek/ m. wrestler

zápis /zá-pis/ m. entry, record, registration, minutes

zápisník /zá-pis-nyeek/ m. notebook

záplata /zá-pla-ta/ f. patch

zaplatit /za-pla-tyit/ v. pay

zapnout /za-pnowt/ v. button up, fasten, start, switch on

zapomenout /za-po-me-nowt/ v. forget

záporný /zá-por-nee/ adj. negative

zaprášený /za-prá-she-nee/ adj. dusty

zapřít /za-przheet/ v. deny

zapsat /za-psat/ v. write down, put down, record, register

zarazit /za-ra-zit/ v. stop, check, pause, puzzle

zármutek /zár-mu-tek/ m. grief

zároveň /zá-ro-ven^y/ adv. along with, at the same time

zaručit /za-ru-chit/ v. warrant, guarantee

záruka /zá-ru-ka/ f. assurance, guarantee, warranty

zařadit /za-rzha-dyit/ v. class, classify, file

záře /zá-rzhe/ f. glare, shine, light

září /zá-rzhee/ n. September

zařídit /za-rzhee-dyit/ v. arrange, fix, furnish

zářit /zá-rzhit/ v. shine, flare, glare, beam

zařízení /za-rzhee-ze-nyee/ n. equipment, feature, facilities, device, furnishings

zásada /zá-sa-da/ f. principle

zasadit /za-sa-dyit/ v. plant, put in

zásah /zá-sakh/ m. hit, intervention

zase /za-se/ adv. again, on the other hand

zasedání /za-se-dá-nyee/ n. session, sitting, meating

zásilka /zá-sil-ka/ f. parcel, consignment, shipment

zasloužit si /za-slow-zhit si/ v. deserve

zásluha /zá-slu-ha/ f. merit, credit

zasnoubit se /za-snow-bit se/ v. get
  engaged

zásoba /zá-so-ba/ f. reserve, supply,
  stock

zásobit /zá-so-bit/ v. supply

zaspat /za-spat/ v. oversleep

zastat se /za-stat se/ v. stand up /for

zastavit /za-sta-vit/ v. stop, cease,
  turn off, pledge, pawn

zastávka /za-stáf-ka/ f. stop

zástěra /zá-stye-ra/ f. apron

zástrčka /zá-strch-ka/ f. plug, bolt

zastřelit /za-strzhe-lit/ v. shoot

zástup /zá-stup/ m. crowd

zástupce /zá-stup-tse/ m. representative,
  agent, delegate

zastupovat /za-stu-po-vat/ v. represent,
  defend

zásuvka /zá-suf-ka/ f. drawer, power
  point, socket

zásyp /zá-sip/ m. talcum powder

zašít /za-sheet/ v. sew up

záškrt /zásh-krt/ m. diphtheria

zatáčka /za-tách-ka/ f. bend, turning

zatáhnout /za-tá-hnowt/ v. pull, draw

zatím /za-tyeem/ adv. meanwhile, in the
  meantime, by then

zátka /zát-ka/ f. stopper, cork

zatknout /zat-knowt/ v. arrest, seize

zatlouci /za-tlow-tsi/ v. drive /a nail/

zato /za-to/ adv. in return, on the other hand

zatopit /za-to-pit/ v. make fire, flood

zaujmout /za-uy-mowt/ v. occupy, take, attract, catch

závada /zá-va-da/ f. defect, trouble

zavařenina /za-va-rzhe-nyi-na/ f. preserve, jam, marmelade

zavazadlo /za-va-zad-lo/ n. luggage, baggage

zavázat /za-vá-zat/ v. bind, tie, oblige, engage

závazek /zá-va-zek/ m. commitment, obligation

závěr /zá-vyer/ m. finish, close, conclusion, deduction

zavést /za-vést/ v. take, lead, introduce, install

zavézt /za-vést/ v. take /by car/, drive

závidět /zá-vi-dyet/ v. envy

závin /zá-vin/ m. apple strudel/pie

zavinit /za-vi-nyit/ v. cause, be guilty of

záviset /zá-vi-set/ v. depend

závislý /zá-vis-lee/ adj. dependent

závist /zá-vist/ f. envy

závod /zá-vot/ m. race, contest, competition, establishment, plant, concern

závodit /zá-vo-dyit/ v. race, contest, compete

závoj /zá-voy/ m. veil

zavolat /za-vo-lat/ v. call, give a call

zavřít /za-vrzheet/ v. shut, close, turn off

zazpívat /za-spee-vat/ v. sing

zázrak /zá-zrak/ m. miracle

zažívání /za-zhee-vá-nyee/ n. digestion

zbabělec /zba-bye-lets/ m. coward

zbavit /zba-vit/ v. deprive, get rid of

zbít /zbeet/ v. beat up

zbláznit se /zbláz-nyit se/ v. go mad, be crazy

zboží /zbo-zhee/ n. goods, wares

zbraň /zbran^y/ f. weapon

zbraně /zbra-nye/ pl. arms

zbrojit /zbro-yit/ v. arm

zbýt /zbeet/ v. be left, remain

zbytečný /zbi-tech-nee/ adj. unnecessary, useless

zcela /ztse-la/ adv. quite, entirely

zdarma /zdar-ma/ adv. free /of charge/

zdát se /zdát se/ v. seem, appear, dream

zde /zde/ adv. here

zdokonalit /zdo-ko-na-lit/ v. improve

zdraví /zdra-vee/ n. health

zdravit /zdra-vit/ v. greet

zdravotnictví /zdra-vo-tnyits-tvee/ n.
  National Health Service

zdravý /zdra-vee/ adj. healthy, sound,
  wholesome /food/

zdražit /zdra-zhit/ v. raise the price

zdroj /zdroy/ m. source

zdržet /zdr-zhet/ v. detain, delay, hold
  back

zdůraznit /zdoo-raz-nyit/ v. stress, em-
  phasize

zdvořilý /zdvo-rzhi-lee/ adj. polite

zebra /zeb-ra/ f. zebra

zeď /zet^y/ f. wall

zedník /zed-nyeek/ m. bricklayer

zelenina /ze-le-nyi-na/ f. vegetables

zelený /ze-le-nee/ adj. green

zelí /ze-lee/ n. cabbage, /sauerkraut/

zelinářství /ze-li-nárzh-stvee/ n. green-
  grocer´s, greengrocery

země /ze-mnye/ f. country, land, soil,
  ground, earth

zemědělec /ze-mnye-dye-lets/ m. farmer,
  agriculturist

zemědělský /ze-mnye-dyel-skee/ adj. farming, agricultural

zeměkoule /ze-mnye-kow-le/ f. globe

zeměpis /ze-mnye-pis/ m. geography

zemětřesení /ze-mnye-trzhe-se-nyee/ n. earthquake

zeptat se /ze-ptat se/ v. ask

zesílit /ze-see-lit/ v. intensify, amplify, strengthen

zeslabit /ze-sla-bit/ v. weaken, reduce

zestátnit /ze-stát-nyit/ v. nationalize

zeť /zet^y/ m. son-in-law

zezadu /ze-za-du/ adv. from behind

zhasnout /zhas-nowt/ v. go out, switch off, turn off

zhoršit /zhor-shit/ v. deteriorate, worsen

zhroutit se /zhrow-tyit se/ v. collapse, break down

zhubnout se /zhub-nowt se/ v. lose weight

zima /zi-ma/ f. winter, cold

zinek /zi-nek/ m. zinc

zip /zip/ m. zipper, zip/-fastener/

zisk /zisk/ m. profit, gain

získat /zees-kat/ v. obtain, gain, win

zítra /zeet-ra/ n. tomorrow

zívat /zee-vat/ v. yawn

zjev /zyef/ m. appearance, phenomenon

zjistit /zyis-tyit/ v. find out, discover, ascertain

zkáza /ská-za/ f. destruction, ruin

zkazit /ska-zit/ v. spoil

zkazit se /ska-zit se/ v. go bad

zklamaný /skla-ma-nee/ adj. disappointed

zklamat /skla-mat/ v. disappoint, let down

zkoušet /skow-shet/ v. examine, test, rehearse, try on

zkouška /skowsh-ka/ f. examination, test, rehearsal

zkusit /sku-sit/ v. try, try out, suffer

zkušenost /sku-she-nost/ f. experience

zlato /zla-to/ n. gold

zlatý /zla-tee/ adj. gold, golden

zlepšit /zlep-shit/ v. improve

zlevnit /zlev-nyit/ v. reduce the price

zlo /zlo/ n. evil, wrong, ill

zlobit /zlo-bit/ v. annoy, irritate, be angry, be cross

zločin /zlo-chin/ m. crime

zločinec /zlo-chi-nets/ m. criminal

zloděj /zlo-dyey/ m. thief

zlomit /zlo-mit/ v. break

zlost /zlost/ f. anger, annoyance

zlý /zlee/ adj. evil, bad, vicious

zmatek /zma-tek/ m. confusion, mess

změna /zmnye-na/ f. change, alteration
změnit /zmnye-nyit/ v. change, modify
zmenšit /zmen-shit/ v. diminish, decrease
zmeškat /zmesh-kat/ v. miss, lose
zmetek /zme-tek/ m. reject
zmije /zmi-ye/ f. viper
zmínit se /zmee-nyit se/ v. mention,refer
zmizet /zmi-zet/ v. disappear, vanish
zmoknout /zmok-nowt/ v. get wet
zmrzlina /zmrz-li-na/ f. ice/-cream/
zmrzlý /zmrz-lee/ adj. frozen
značka /znach-ka/ f. mark, sign, brand
znak /znak/ m. sign, mark, symbol
znalost /zna-lost/ f. knowledge, familia-
   rity
znamenat /zna-me-nat/ v. mean, stand for
znamení /zna-me-nyee/ n. sign, signal
známka /znám-ka/ f. stamp, sign, mark,
   grade
známost /zná-most/ f. acquaintance, con-
   nexion, courtship
známý /zná-mee/ adj. well-known, m.friend,
   acquaintance
znárodnit /zná-rod-nyit/ v. nationalize
znásilnit /zná-sil-nyit/ v. rape, violate
znát /znát/ v. know
znečistit /zne-chis-tyit/ v. pollute

znemožnit /zne-mozh-nyit/ v. make impossible

zneužít /zne-u-zheet/ v. abuse

zničit /znyi-chit/ v. destroy, damage

znít /znyeet/ v. sound, ring

znova /zno-va/ adv. again, once more

zobák /zo-bák/ m. beak, bill

zodpovědný /zod-po-vyed-nee/ adj. responsible

zotavit se /zo-ta-vit se/ v. recover

zoufalství /zow-fal-stvee/ n. despair

zoufalý /zow-fa-lee/ adj. desparate

zout se /zowt se/ v. take off shoes

zpaměti /spa-mnye-tyi/ adv. by heart

zpátky /spát-ki/ adv. back/wards/

zpěv /spyef/ m. singing

zpěvák /spye-vák/ m. singer

zpívat /spee-vat/ v. sing

zpotit se /spo-tyit se/ v. perspire, sweat

zpověď /spo-vyet^y/ f. confession

zpracovat /spra-tso-vat/ v. work, process

zpráva /sprá-va/ f. news, report

zpravidla /spra-vid-la/ adv. as a rule

zpronevěra /spro-ne-vye-ra/ f. embezzlement

zprostit /spros-tyit/ v. acquit

způsob /spoo-sop/ m. way, method, manner

způsobit /spoo-so-bit/ v. cause, bring about

způsobný /spoo-sob-nee/ adj. well-mannered, well-behaved

zpustlý /spust-lee/ adj. dilapidated, dissolute

zrada /zra-da/ f. betrayal, treachery, treason

zrádce /zrád-tse/ m. traitor

zradit /zra-dyit/ v. betray

zrádný /zrád-nee/ adj. treacherous

zrak /zrak/ m. sight, eyesight, vision

zralý /zra-lee/ adj. ripe, mature

zranění /zra-nye-nyee/ n. injury, wound

zranit /zra-nyit/ v. injure, hurt, wound

zrazovat /zra-zo-vat/ v. betray, dissuade, discourage

zrcadlo /zr-tsad-lo/ n. mirror, /looking/-glass

zrní /zr-nyee/ n. corn, grain

zrovna /zrov-na/ adv. just, as much as, all but

zrušit /zru-shit/ v. abolish, cancel

zrychlit /zrikh-lit/ v. accelerate, speed up, quicken

zrzavý /zr-za-vee/ adj. red-haired

zřejmý /zrzhey-mee/ adj. obvious, evident

zřetel /zrzhe-tel/ m. respect, regard,
  consideration
zřícenina /zrzhee-tse-nyi-na/ f. ruin
zříci se /zrzhee-tsi se/ v. renounce
zřídit /zrzhee-dyit/ v. establish, set up
zřídka /zrzheet-ka/ adv. seldom, rarely
zřízenec /zrzhee-ze-nets/ m. attendant
zřízení /zrzhee-ze-nyee/ n. establish-
  ment, system
ztloustnout /stlowst-nowt/ v. get fat,
  put on weight
ztráta /strá-ta/ f. loss, waste, casualty
ztratit /stra-tyit/ v. lose, waste /time/
zub /zup/ m. tooth
zubní /zub-nyee/ adj. dental, tooth
zubní kaz /zub-nyee kas/ m. dental decay
zubní pasta /zub-nyee pas-ta/ f. tooth-
  -paste
zuřit /zu-rzhit/ v. rage, be furious
zůstat /zoos-tat/ v. stay, remain
zvát /zvát/ v. invite
zvědavý /zvye-da-vee/ adj. curious
zvednout /zved-nowt/ v. raise, lift, pick
  up
zvěřina /zvye-rzhi-na/ f. game, venison
zvětšit /zvyet-shit/ v. increase, enlarge
zvíře /zvee-rzhe/ n. animal, beast

zvládnout /zvl-ád-nowt/ v. cope, manage

zvlášť /zvlásht^y/ adv. particularly, separately, extra, especially

zvláštní /zvlásht-nyee/ adj. special, particular, separate, extra, strange, extraordinary, peculiar

zvon /zvon/ m. bell

zvonit /zvo-nyit/ v. ring, ring the bell, ring up

zvracet /zvra-tset/ v. vomit

zvuk /zvuk/ m. sound

zvyk /zvik/ m. habit, routine, custom

zvyknout si /zvik-nowt si/ v. get used to

zvýšit /zvee-shit/ v. increase, raise

- . -

žába /zhá-ba/ f. frog, /schoolgirl/

žádat /zhá-dat/ v. ask, request, demand, apply

žádný /zhád-nee/ pron. no, none, neither, nobody, no one

žádost /zhá-dost/ f. request, application

žák, -yně /zhák, -inye/ m., f. pupil

žalář /zha-lárzh/ m. jail, prison

žaloba /zha-lo-ba/ f. accusation, charge

žalovat /zha-lo-vat/ v. complain, accuse, make charges, sneak /at school/

žaludek /zha-lu-dek/ m. stomach, tummy

žár /zhár/ m. glow, heat

žárlit /zhár-lit/ v. be jealous

žárlivost /zhár-li-vost/ f. jealousy

žárovka /zhá-rof-ka/ f. bulb

žasnout /zhas-nowt/ v. be astonished

ždímačka /zhdyee-mach-ka/ f. spin drier, wringer

ždímat /zhdyee-mat/ v. wring, squeeze

že /zhe/ conj. that

žebrák /zheb-rák/ m. beggar

žebrat /zheb-rat/ v. beg

žebro /zheb-ro/ n. rib

žebřík /zheb-rzheek/ m. ladder

žehlička /zheh-lich-ka/ f. /flat-/iron

žehlit /zheh-lit/ v. iron, press

želé /zhe-lé/ n. jelly

železnice /zhe-lez-nyi-tse/ f. railroad, railway

železný /zhe-lez-nee/ adj. iron

železo /zhe-le-zo/ n. iron

želva /zhel-va/ f. tortoise

žemle /zhem-le/ f. roll

žemlovka /zhem-lof-ka/ f. apple pudding

žena /zhe-na/ f. woman, female, wife

ženich /zhe-nyikh/ m. bridegroom

ženit se /zhe-nyit se/ v. marry /a girl/, get married

ženský /zhen-skee/ adj. female, feminine, womanly

žert /zhert/ m. fun, joke

žertovat /zher-to-vat/ v. joke

žid /zhit/ m. Jew

židle /zhid-le/ f. chair

žihadlo /zhi-had-lo/ n. sting

žíla /zhee-la/ f. vein

žiletka /zhi-let-ka/ f. razor-blade

žínka /zheen-ka/ f. face-cloth

žirafa /zhi-ra-fa/ f. giraffe

žít /zheet/ v. live

žito /zhi-to/ n. rye

živel /zhi-vel/ m. element

živit /zhi-vit/ v. feed, nourish, maintain, support

živobytí /zhi-vo-bi-tyee/ n. living, subsistence

živočich /zhi-vo-chikh/ m. animal

živořit /zhi-vo-rzhit/ v. vegetate, live a wretched life

život /zhi-vot/ m. life

životní /zhi-vot-nyee/ adj. vital

životopis /zhi-vo-to-pis/ m. biography

živý /zhi-vee/ adj. live, living, lively, active, agile, vivid

žízeň /zhee-zen^y/ f. thirst

žížala /zhee-zha-la/ f. earthworm

žláza /zhlá-za/ f. gland

žloutek /zhlow-tek/ m. yolk

žluč /zhluch/ f. gall, bile

žlučník /zhluch-nyeek/ m. gall-bladder

žlutý /zhlu-tee/ adj. yellow

žně /zhnye/ pl. crop, harvest

žralok /zhra-lok/ m. shark

žrát /zhrát/ v. devour, eat up

žula /zhu-la/ f. granite

župan /zhu-pan/ m. bath-robe, dressing-
-gown

žurnalista /zhur-na-lis-ta/ m. journalist,
reporter

žvanit /zhva-nyit/ v. gibber, prattle

žvýkačka /zhvee-kach-ka/ f. chewing-gum

žvýkat /zhvee-kat/ v. chew

Part II

English-Czech

a, an /e, ej, en, aen/ art. člen neurči-
tý, jeden, nějaký

abandon /e'baenden/ v. opustit, vzdát se

abbreviation /e-brívi'ejšn/ s. zkratka

abdomen /'aebdemen/ s. břicho

ability /e'bility/ s. schopnost, způso-
bilost

able /'ejbl/ adj. schopný, nadaný

aboard /e'bórd/ adv. na palubě lodi,
letadla, v. nastupovat

abolish /e'boliš/ v. zrušit

abominable /e'bominebl/ adj. odporný,
ohavný

about /e'baut/ prep. kolem, na, o, po,
adv. asi, sem a tam

above /e'bav/ prep. nad, adv. nahoře,
shora, výše

abroad /e'bród/ adv. v cizině, do ciziny

abrupt /e'brapt/ adj. náhlý, prudký, ne-
očekávaný, strohý, trhaný

absence /'aebsens/ s. nepřítomnost, ne-
dostatek, absence

absent /'aebsent/ adj. nepřítomný, roz-
tržitý

absolute /'aebselút/ adj. naprostý, úpl-
ný, absolutní

absolutely /'aebselútly/ adv. naprosto,
úplně, absolutně, určitě, samozřejmě

absorb /eb´só̱rb/ v. pohltit, sát, vstře-
bat, upoutat

absurd /eb´sé̱rd/ adj. nesmyslný, nemož-
ný, směšný

abundance /e´bandens/ s. hojnost, nad-
bytek

abuse /e´bjúz/ s. zneužití, nadávky,
v. zneužít, týrat

abyss /e´bys/ s. propast

accelerate /aek´selerejt/ v. zrychlit

accelerator /aek´selerejter/ s. plynový
pedál

accent /´aeksent/ s. přízvuk, způsob vý-
slovnosti

accept /ek´sept/ v. příjmout, uznat

access /´aekses/ s. přístup

accessories /aek´seseriz/ s.pl. příslu-
šenství, doplňky

accident /´aeksident/ s. náhoda, nehoda

accommodate /e´komedejt/ v. ubytovat,
umístit, přizpůsobit, vyhovět

accommodation /e´kome´dejšn/ s. ubytová-
ní, přizpůsobení

accompany /e´kampeny/ v. doprovázet

accomplish /e´kompliš/ v. dokončit, pro-
vést, dokázat

accord /e´kó̱rd/ s. souhlas, shoda,
v. udělit, souhlasit

according /e᾽kórdyng/ prep. podle

accordingly /e᾽kórdyngly/ adv. podle toho, proto

account /e᾽kaunt/ s. účet, konto, zpráva, případ, důvod, úvaha, v. považovat, vylíčit, vysvětlit

accountant /e᾽kauntent/ s. účetní

accumulate /e᾽kjúmjulejt/ v. nahromadit

accuracy /᾽aekjuresy/ s. přesnost

accurate /᾽aekjuryt/ adj. přesný, správný, pečlivý

accuse /e᾽kjúz/ v. obvinit, obžalovat

accustom /e᾽kastem/ v. zvyknout si na

ache /ejk/ s. bolest, bolení, v. bolet

achieve /e᾽čív/ v. dosáhnout, dokázat

achievement /e᾽čívment/ s. dosažení, výkon, úspěch, vymoženost

acid /᾽aesid/ adj. kyselý, s. kyselina

acknowledge /ek᾽nolidž/ v. přiznat, uznat, potvrdit

acorn /᾽ejkórn/ s. žalud

acquaintance /e᾽kwejntens/ s. znalost, známost, známý

across /e᾽kros/ prep. přes, napříč, křížem, adv. na druhé straně

act /aekt/ s. čin, skutek, zákon, akt, dějství hry, v. jednat, působit, dělat, hrát /roli/

action /´aekšn/ s. činnost, jednání, čin,
akce, postup, působení

active /´aektyv/ adj. činný, aktivní,
čilý, živý

activity /aek´tyvity/ s. činnost, aktivi-
ta, ruch

actor /´aekter/ s. herec

actress /´aektris/ s. herečka

actual /´aekčuel/ adj. skutečný, nynější

actually /´aekčuely/ adv. skutečně,
vlastně

acute /e´kjút/ adj. ostrý, náhlý, akutní,
bystrý, pronikavý

adapt /e´daept/ v. přizpůsobit, upravit

add /aed/ v. přidat, přičíst, dodat,sečíst

address /e´dres/ s. adresa, proslov, os-
lovení, v. adresovat, oslovit, mít pro-
jev

adequate /´aedekwet/ adj. přiměřený, do-
statečný

adhesive /ed´hísiv/ adj. lepkavý, lepicí,
s. lepidlo

adjust /e´džast/ v. přizpůsobit /se/, u-
pravit, seřídit

adjustment /e´džastment/ s. přizpůsobení,
úprava, seřízení

administration /ed-minys´trejšn/ s. sprá-
va, řízení, vláda, podání /léku/

admiration /ˌaedmiˈrejšn/ s. obdiv

admire /ˌedˈmajer/ v. obdivovat se

admission /ˌedˈmišn/ s. přístup, vstup,
  vstupné, přiznání, přijetí

admit /ˌedˈmit/ v. vpustit, přijmout, při-
  pustit, uznat

admittance /ˌedˈmitens/ s. vstup, přístup

adopt /ˌeˈdopt/ v. adoptovat, přijmout

adult /ˈaedalt/ adj.,s. dospělý

advance /ˌedˈváns/ s. postup, pokrok, zvý-
  šení, záloha, v. postoupit, pokročit,
  povýšit, zvýšit /ceny/

advantage /ˌedˈvántydž/ s. výhoda, užitek,
  prospěch, zisk

adventure /ˌedˈvenčer/ s. dobrodružství

advertise /ˈaedvertajz/ v. inzerovat,
  oznámit

advertisement /ˌedˈvértysment/ s. inzerát,
  reklama

advice /ˌedˈvajs/ s. rada, zpráva

advise /ˌedˈvajz/ v. /po/radit, doporučit

aeroplane /ˈeereplejn/ s. letadlo

affair /ˌeˈfér/ s. záležitost, věc,pletka

affect /ˌeˈfekt/ v. působit, ovlivnit,
  dojmout, postihnout, předstírat

affectation /ˌaefekˈtejšn/ s. přetvářka,
  afektovanost

affection /e´fekšn/ s. náklonnost, láska, onemocnění

afford /e´fórd/ v. dopřát si, dovolit si, poskytnout

afraid /e´frejd/ adj. úzkostlivý, /be.../ bát se, obávat se

after /´áfter/ prep. po, za, podle, adv. potom, později

after all /´áfter ól/ prep. přesto, přece jenom, konec konců

afternoon /´áfternún/ s. odpoledne

afterwards /´áfterwerdz/ adv. později, potom

again /e´gen/ adv. opět, zase, ještě jednou, znovu

against /e´genst/ prep. proti, vůči

age /ejdž/ s. věk, stáří, v. stárnout

aged /´ejdžd/ adj. starý, velmi starý

agency /´ejdžensy/ s. agentura, zastoupení, působení

agent /´ejdžent/ s. zástupce, agent, činitel

aggression /e´grešn/ s. útok, přepadení, agrese

aggressive /e´gresiv/ adj. útočný, průbojný, agresivní

ago /e´gou/ adv. před /jen o čase/

agree /e'grí/ v. souhlasit, dohodnout se,
dělat dobře, svědčit

agreement /e'grímen/ s. souhlas, shoda,
dohoda

agricultural /'aegri'kalčurel / adj. ze-
mědělský, hospodářský

agriculture /'aegrikalčer/ s. zemědělství

ahead /e'hed/ adv. vpřed/u/, dopředu, před

aid /ejd/ s. pomoc, pomocník, pomůcka,
v. pomáhat, podporovat

aim /ejm/ s. míření, cíl, účel, v. mířit,
zaměřit, usilovat

air /eer/ s. vzduch, ovzduší, výraz, cho-
vání, nápěv, v. /pro/větrat

airlines /'eerlajns/ pl. aerolinie

airplane /'eerplejn/ s. letadlo

airport /'eerpórt/ s. letiště

air ticket /'eer 'tykyt/ s. letenka

alarm /e'lárm/ s. poplach, neklid, leknu-
tí, v. polekat, znepokojit

alarm-clock /e'lárm-'klok/ s. budík

alcohol /'aelkehol/ s. alkohol

alert /e'lert/ adj. ostražitý, bdělý, či-
lý, s. poplach, pohotovost

alien /'ejljen/ adj. cizí, s. cizinec

alike /e'lajk/ adj. podobný, stejný,
adv. podobně, stejně

alive /e'lajv/ adj. žijící, naživu, zaživa

all /ól/ adj.,pron. celý, všechen, veš-
    kerý, všechno, adv. úplně, docela

all of us /ól of'as/ my všichni

all at once /ól et'wans/ současně, najed-
    nou, náhle

all right /ól'rajt/ dobře, v pořádku

alley /'aely/ s. alej, ulička

alliance /e'lajens/ s. spojení, svazek,
    spojenectví

allocate /'aelekejt/ v. přidělit

allow /e'lau/ v. dovolit, povolit, uznat

allowance /e'lauens/ s. příspěvek, přída-
    vek, příděl, sleva

ally /e'laj/ s. spojenec, v. spojit, při-
    pojit se

almond /'ámend/ s. mandle

almost /'ólmoust/ adv. skoro, téměř

aloft /e'loft/ adv. vzhůru, ve výši

alone /e'loun/ adj. sám, osamělý

along /e'long/ prep. podél, podle, po,
    kolem, adv. dále, vpřed, spolu, s sebou

alongside /e'long'sajd/ prep.,adv. u,
    vedle, po straně, po boku

aloud /e'laud/ adv. nahlas, hlasitě

already /ól'redy/ adv. již, už

also /'ólsou/ adv. také, též

altar /´ólter/ s. oltář

alter /´ólter/ v. změnit, přešít

alternate /´óltérnejt/ v. střídat /se/,
  adj. střídavý

although /ól´dzou/ conj. ačkoli

altitude /´aeltytjúd/ s. výška

altogether /´ólte gedzer/ adv. naprosto,
  úplně, dohromady, celkem

always /´ólwez/ adv. vždycky, stále

am /aem, em/ v. jsem /I am/

a.m. /´ej em/ adv. ráno, dopoledne,
  0-12hod.

amaze /e´mejz/ v. udivit, ohromit

amazement /e´mejzment/ s. úžas

ambassador /aem´baeseder/ s. velvyslanec

ambition /aem´bišn/ s. ctižádost, touha,
  ambice

ambitious /aem´bišes/ adj. ctižádostivý

ambulance /´aembjulens/ s. sanitní vůz

America /e´merike/ s. Amerika

American /e´meriken/ s. Američan/ka/,
  adj. americký

among /e´mang/ prep. mezi

amount /e´maunt/ s. částka, množství, su-
  ma, význam, v. činit, obnášet

amuse /e´mjúz/ v. bavit /se/

amusement /e´mjúzment/ s. pobavení,zábava

ancestor /ˈaensistɜr/ s. předek

anchor /ˈaenkɜr/ s. kotva, v. /za/kotvit

ancient /ˈejnšɛnt/ adj. starý, starobylý,
starověký, starodávný

and /aend, ɛnd/ conj. a, i

angel /ˈejndžɛl/ s. anděl

anger /ˈaengɜr/ s. zlost, vztek, v. roz-
zlobit, rozhněvat

angle /ˈaengl/ s. úhel, roh, hledisko,
v. chytat ryby na udici

angry /ˈaengry/ adj. rozzlobený, zlostný

animal /ˈaenymɛl/ s. živočich, zvíře,
adj. živočišný, zvířecí

ankle /ˈaenkl/ s. kotník /na noze/

annex /ˈaeneks/ s. přístavek, doložka,
v. připojit

anniversary /ˌaenyˈvɜrsery/ s. výročí

announce /ɛˈnauns/ v. oznámit, ohlásit

announcement /ɛˈnaunsmɛnt/ s. oznámení,
hlášení

annoy /ɛˈnoj/ v. obtěžovat, zlobit, trá-
pit, dráždit

annoyance /ɛˈnojɛns/ s. trápení, zlost,
nepříjemnost, obtíž

annoying /ɛˈnojing/ adj. mrzutý, nepří-
jemný

annual /ˈaenjuɛl/ adj. roční,každoroční

another /e'nadzer/ pron., adj. jiný, dru-
hý, ještě jeden

answer /'ánser/ s. odpověď, výsledek,
v. odpovědět, odpovídat, vyhovět

ant /aent/ s. mravenec

anticipate /aen'tysipejt/ v. očekávat,
předvídat, předejít

anticipation /aen•tysi'pejěn/ s. očeká-
vání, předtucha

antidote /'aentydout/ s. protijed,protilék

antique /aen'týk/ adj. starodávný, antic-
ký, s. starožitnost

anxiety /aeng'zajety/ s. úzkost, starost,
touha

anxious /'aenkšes/ adj. znepokojený, sta-
rostlivý, dychtivý

any /'eny/ adj., pron. jakýkoli, kterýko-
li, každý, nějaký, některý, adv. trochu

anybody, anyone /'eny•body, 'enywan/ pron.
kdokoli, každý, někdo

anyhow /'enyhau/ adv. jakkoli, nějak,
stejně, v každém případě, všelijak

anything /'enySing/ pron. cokoli, všech-
no, něco

anyway /'enywej/ adv. v každém případě,
stejně, vůbec

anywhere /'enywér/ adv. kdekoli, kamkoli,
všude, někde, někam

apart /e´párt/ adv. stranou, zvlášť, od-
děleně

apartment /e´pártment/ s. byt, pokoj

apologize /e´poledžajz/ v. omluvit se

apology /e´poledži/ s. omluva, obrana

apparatus /´aepe´rejtes/ s. aparát, pří-
stroj, zařízení

apparent /e´paerent/ adj. zřejmý, jasný,
zjevný, zdánlivý

apparently /e´paerently/ adv. zřejmě, jak
se zdá, podle všeho

appeal /e´píl/ s. žádost, prosba, odvolá-
ní, půvab, přitažlivost, v. odvolat se,
obrátit se /na koho/, působit, líbit se

appear /e´pier/ v. objevit se, dostavit
se, vystoupit, vyjít /tiskem/, zdát se,
vypadat

appearance /e´pierens/ s. zjev, vzhled,
zdání, vystoupení, objevení

appetite /´aepitajt/ s. chuť

appetizer /´aepitajzer/ s. aperitiv,
předkrm

applaud /e´plód/ v. tleskat, schvalovat

applause /e´plóz/ s. potlesk

apple /´aepl/ s. jablko

appliance /e´plajens/ s. zařízení, pří-
stroj, spotřebič

application /ˈaepliˈkejšn/ s. žádost,
   přihláška, použití, obklad
apply /eˈplaj/ v. přiložit, žádat, pou-
   žít, týkat se
appoint /eˈpojnt/ v. určit, stanovit,
   jmenovat, dosadit
appointment /eˈpojntment/ s. jmenování,
   ustanovení, určení, schůzka, setkání,
   místo, úřad
appreciate /eˈpríšiejt/ v. ocenit, hod-
   notit, vážit si, uznávat
apprentice /eˈprentys/ s. učeň
approach /eˈprouč/ s. přiblížení, pří-
   chod, přístup, poměr, v. přiblížit se,
   přistoupit, obrátit se /na koho/
approval /eˈprúvl/ s. souhlas, schválení
approve /eˈprúv/ v. souhlasit, schválit
approximate /eˈproksimit/ adj. přibližný
apricot /ˈejprykot/ s. meruňka
April /ˈejprel/ s. duben
apron /ˈejpren/ s. zástěra, rampa
arch /árč/ s. oblouk, v. pře-, vy-,kle-
   nout, adj. šelmovský
archaeology /ˈárkiˈoledži/ s. archeologie
architecture /ˈárkitekčer/ s. architektu-
   ra, stavitelství

are /ár/ v. jsi, jsme...

area /´eerie/ s. plocha, prostor, oblast

argue /´árgjú/ v. přít se, dokazovat,
  tvrdit, argumentovat, přemluvit

argument /´árgjument/ s. důvod, debata,
  spor, tvrzení, argument

arise, arose, arisen /e´rajz, e´rouz,
  e´ryzn/ v. povstat, vzniknout, vycházet

aristocracy /´aeris´tokrasy/ s. šlechta,
  aristokracie

arithmetic /e´rismetyk/ s. počty,aritmeti-
  ka

arm /árm/ s. paže, ruka, náručí, rámě,
  opěradlo,

arm, arms /árm, ármz/ s., pl. zbraň,
  zbraně, zbrojení, v. o-, vy-, zbrojit

armpit /´ármpit/ s. podpaží

army /´ármy/ s. vojsko, armáda

around /e´raund/ prep., adv. kolem, okolo,
  dokola

arouse /e´rauz/ v. vzbudit /se/, vyburco-
  vat

arrange /e´rejndž/ v. uspořádat, zařídit,
  sjednat, dohodnout, urovnat, upravit

arrangement /e´rejndžment/ s. uspořádání,
  úprava, dohoda, úmluva

arrest /e´rest/ v. zastavit, zadržet, zat-
  knout, s. zatčení, vazba

arrival /e'rajvl/ s. příjezd, příchod,
  došlá zásilka

arrive /e'rajv/ v. přijet, přijít, do-
  spět, dosáhnout

arrogant /'aeregent/ adj. povýšený, do-
  mýšlivý, arogantní

arrow /'aerou/ s. šíp, šipka

art /árt/ s. umění, zručnost, dovednost

article /'ártykl/ s. článek, stať, bod,
  předmět, kus

artificial /·ártyfišl/ adj. umělý, faleš-
  ný, strojený

artist /'ártyst/ s. umělec, malíř

artistic /ár'tystyk/ adj. umělecký

as /aez, ez/ adv., conj., pron. jak, což,
  tak, jako, když, protože, ačkoli

as for /ez'fór/ co se týče, pokud jde o

as well /ez'wel/ rovněž, také

ash /aeš/ s. popel

ashamed /e'šejmd/ adj. zahanbený, /be.../
  stydět se

ashtray /'aeštrej/ s. popelník

aside /e'sajd/ adv. stranou, na stranu

ask /ásk/ v. ptát se, žádat, prosit, pozvat

asleep /e'slíp/ adv. ve spaní, /be.../
  spát

aspect /'aespekt/ s. stránka, hledisko,
  vzhled, vyhlídka

aspirin /´aesprin/ s. prášek proti bole-
ní hlavy, aspirin

ass /aes/ s. osel

assassinate /e´saesinejt/ v. zavraždit

assassination /e·saesi´nejšn/ s. vražda

assault /e´sólt/ s. útok, přepadení,
v. přepadnout, útočit na

assembly /e´sembly/ s. shromáždění, sněm,
montáž

assert /e´sért/ v. tvrdit, prosazovat

assess /e´ses/ v. odhadnout, stanovit

assign /e´sajn/ v. přidělit, určit

assignment /e´sajnment/ s. úkol, přidělo-
vání, stanovení

assimilate /e´similejt/ v. přizpůsobit
se, asimilovat

assist /e´sist/ v. pomáhat, přispět

assistance /e´sistens/ s. pomoc, podpora

assistant /e´sistent/ s. pomocník, asis-
tent

associate /e´soušlejt/ v. sdružovat /se/,
stýkat se, s. společník, spolupracovník

association /e·sousi´ejšn/ s. spojení,
sdružení, společnost, styk

assume /e´sjúm/ v. předpokládat, usuzovat,
domnívat se, přijmout, převzít, před-
stírat

assumption /e'sampěn/ s. domněnka, před-
poklad, přijetí

assurance /e'šuerens/ s. ujištění, pojiš-
tění, jistota, dúvěra, sebedúvěra

assure /e'šuer/ v. ujistit, zaručit, po-
jistit

astonish /es'tonyš/ v. udivit, překvapit

astonishment /es'tonyšment/ s. úžas, údiv

astray /es'trej/ adv. z cesty, /go.../
zabloudit, ztratit se

astronaut /'aestrenót/ s. kosmonaut

astronomy /es'tronemy/ s. astronomie

asylum /e'sajlem/ s. útočiště, azyl,
/blázinec/

at /aet, et/ prep. u, v, ve, při, na, o,
k, ke, za

athletics /aeS'letyks/ s. /lehká/atletika

atmosphere /'aetmesfier/s. atmosféra,
ovzduší

atom /'aetem/ s. atom

atomic /e'tomik/ adj. atomový

attach /e'taeč/ v. připojit, připevnit,
přilepit, přikládat, připisovat, být
spojen, lpět /na/

attack /e'taek/ s. útok, záchvat, v. na-
padnout, zaútočit, postihnout

attempt /e'tempt/ s. pokus, /atentát/,
v. pokusit se, zkusit, spáchat atentát

attend /e̯´tend/ v. navštěvovat, účastnit se, věnovat se, obsluhovat, léčit, pečovat, ošetřovat

attendance /e̯´tendens/ s. návštěva /školy/, účast, doprovod, obsluha, péče, ošetření

attendant /e̯´tendent/ s. sluha, zřízenec, uváděč

attention /e̯´tenšn/ s. pozornost, péče, pozor!

attic /´aetyk/ s. podkroví, mansarda

attitude /´aetytjúd/ s. postoj, poměr

attorney /e̯´térny/ s. právní zástupce

attract /e̯´traekt/ v. přitahovat, vábit

attractive /e̯´traektyv/ adj. přitažlivý, půvabný, /hezký/

auction /´ókšn/ s. dražba

audience /´ódyens/ s. obecenstvo, publikum, posluchači, audience

auditorium /´ódytóriem/ s. hlediště, posluchárna

August /´ógest/ s. srpen

aunt /ánt/ s. teta

authentic /ó´Sentyk/ adj. pravý, věrohodný, spolehlivý

author /´óSer/ s. spisovatel/ka/, autor

authority /ó´Sority/ s. autorita, moc, právo

authorize /´óSerajz/ v. oprávnit, schválit

autobiography /·ótoubaj´ogrefy/ s. vlast-
ní životopis

automatic /·óte´maetyk/ adj. automatický,
samočinný

autumn /´ótem/ s. podzim, adj. podzimní

available /e´vejlebl/ adj. dostupný,
platný, k dispozici

avalanche /´aevelánš/ s. lavina

avenge /e´vendž/ v. pomstít

avenue /´aevenjú/ s. alej, třída /městská/

average /´aeverydž/ s. průměr, adj. prů-
měrný, v. průměrně činit

avoid /e´vojd/ v. vyhnout se, varovat se

awake, awoke, awoke /e´wejk, e´wouk,
e´wouk/ v. probudit /se/, uvědomit si,
adj. bdící, vzhůru

awaken /e´wejkn/ v. vzbudit /se/

award /e´word/ s. rozhodnutí, odměna, cena,
v. přiřknout, udělit /cenu/

aware /e´wer/ adj. vědom /si/, /be.../ být
si vědom

away /e´wej/ adv. pryč, venku, nepřítomen,
daleko

awful /´óful/ adj. hrozný, strašný

awkward /´ókwed/ adj. nevhodný, nešikov-
ný, nepříjemný, trapný

ax /aeks/ s. sekera

axis /ˈaeksis/ s. osa

azalea /eˈzejlje/ s. azalka

- . -

baby /ˈbejby/ s. děťátko, nemluvně

baby sitter /ˈbejby ˈsiter/ s. dozor u
dítěte

back /baek/ s. záda, hřbet, opěradlo,
zadní strana, adj. zadní, prošlý,
adv. vzadu, dozadu, zpět, zpátky, v. u-
stoupit, couvat

back up /baek ap/ v. podporovat, protěžo-
vat, stát za

background /ˈbaekgraund/ s. pozadí, mi-
nulost

backward /ˈbaekwed/ adv. dozadu, zpět,
obráceně

bacon /ˈbejkn/ s. slanina

bad /baed/ adj. špatný, zlý, ošklivý

badge /baedž/ s. odznak

bag /baeg/ s. pytel, vak, taška, kabela
v. plnit

baggage /ˈbaegidž/ s. zavazadla

bake /bejk/ v. péci, pálit /cihly/

bakery /ˈbejkery/ s. pekařství, pekárna

balance /ˈbaelens/ s. váha, rovnováha,
zůstatek, v. vyrovnat, balancovat

balcony /´baelkeny/ s. balkón

bald /bóld/ adj. holý, lysý, holohlavý,
  plešatý

ball /ból/ s. míč, koule, ples

ballet /´baelej/ s. balet

balloon /be´lún/ s. balón, v. vzdouvat

ban /baen/ s. zákaz, v. zakázat, vypově-
  dět, vyhnat

banana /be´náne/ s. banán

band /baend/ s. pás/ek/, stuha, řemen,
  pruh, tlupa, kapela

bandage /´baendydž/ s. obvaz, v. obvázat

bang /baeng/ s. rána, úder, v. tlouci,
  uhodit, bouchnout, prásknout

banish /´baenyš/ v. vypovědět, vyhostit

banisters /´baenysterz/ s. pl. zábradlí

bank /baenk/ s. břeh, násep, banka, v. u-
  ložit, ukládat /peníze/

bank-bill /baenk-bil/ s. bankovka

bankruptcy /´baenkrapsy/ s. úpadek

baptize /baep´tajz/ v. /po/křtít

bar /bár/ s. tyč, mříž, závora, takt,
  výčep, bar, v. přehradit, uzavřít

barber /´bárber/ s. holič

bare /beer/ adj. holý, nahý, prostý, pouhý,
  v. obnažit, odhalit

barefoot /´beerfut/ adj. bos

barely /ˈbeerly/ adv. sotva, stěží

bargain /ˈbárgin/ s. výhodná koupě, ob-
chod, v. smlouvat, dohadovat se

bark /bárk/ s. kůra, v. štěkat

barley /ˈbárly/ s. ječmen

barn /bárn/ s. stodola

barrel /ˈbaerel/ s. sud, hlaveň /zbraně/

barren /ˈbaeren/ adj. neplodný, neúrodný

barrier /ˈbaerier/ s. ohrada, přehrada,
překážka

barter /ˈbárter/ v. směnit, vyměnit

base /bejs/ s. základ, základna, adj. níz-
ký, podlý, v. zakládat, zakládat se

basement /ˈbejsment/ s. suterén

bashful /ˈbaešful/ adj. stydlivý, ostý-
chavý

basic /ˈbejsik/ adj. základní

basin /ˈbejsn/ s. umyvadlo, nádrž, bazén,
mísa, povodí

basis /ˈbejsis/ s. pl. základ/na/

basket /ˈbáskyt/ s. koš/ík/

bath /báS/ s. koupel, lázeň, /have, take
.../ vykoupat se

bathe /bejdz/ v. /vy/koupat se /venku/

bathing-suit /ˈbejdzing sjút/ s. plavky

bathroom /ˈbáSrum/ s. koupelna

bath-tub /ˈbáStab/ s. vana

battery /'baetery/ s. baterie

battle /'baetl/ s. bitva

be, was, been /bí, woz, bín/ v. být, zna-
menat, stát /kolik/

beach /bíč/ s. pláž

bead /bíd/ s. korálek, zrnko, kapka

beak /bík/ s. zobák

beam /bím/ s. trám, paprsek, v. zářit

bean /bín / s. fazole, bob, zrno

bear, bore, borne /beer, bór, bórn/ v.
nést, snášet, vydržet, /po/rodit, cho-
vat se, vést

bear /beer/ s. medvěd

beard /bierd/ s. vousy

beast /bíst/ s. zvíře, šelma, bestie

beat, beat, beaten /bít, bít, bítn/ v.
bít, tlouci, bušit, šlehat /vejce/, po-
razit, s. úder, tlukot, rytmus

beautiful /'bjútyful/ adj. krásný

beauty /'bjúty/ s. krása, kráska

beaver /'bíver/ s. bobr

because /by'kóz/ conj. protože, poněvadž,
kvůli

beckon /'bekn/ v. /po/kynout

become, became, become /by'kam, by'kejm,
by'kam/ v. stát se, slušet

bed /bed/ s. postel, lůžko, záhon

bedroom /'bedrum/ s. ložnice, pokoj /v
  hotelu/
bedside table /'bedsajd'tejbl/ s. noční
  stolek
bedspread /'bedspred/ s. pokrývka,přehoz
bee /bí/ s. včela
beef /bíf/ s. hovězí maso
beefsteak /'bíf'stejk/ s. biftek, roštěná
beehive /'bíhajv/ s. úl
beer /bier/ s. pivo
beet /bít/ s. řepa
beetle /'bítl/ s. brouk
before /by'fór/ prep., adv. před, dříve,
  předtím, vpředu
beforehand /by'fórhaend/ adv. předem
beg /beg/ v. žebrat, žádat, prosit, dovo-
  lit si, omluvit se
beggar /'beger/ s. žebrák
begin, began, begun /by'gin, by'gaen,
  by'gan/ v. začít
beginner /by'giner/ s. začátečník
beginning /by'ginyng/ s. začátek, počátek
behave /by'hejv/ v. chovat se, pracovat
  /o stroji/
behavior /by'hejvjer/ s. chování, způsoby
behind /by'hajnd/ prep. za, adv. vzadu,
  pozadu, zpět

being /'bíing/ s. bytí, bytost

belief /by'líf/ s. víra, důvěra

believe /by'lív/ v. věřit, domnívat se,
  myslit

bell /bel/ s. zvon/ek/

belly /'bely/ s. břicho, žaludek

belong /by'long/ v. náležet, patřit

below /by'lou/ prep. pod, adv. dole,níže

belt /belt/ s. pás, opasek, řemen v. o-
  pásat, vroubit, spráskat /páskem/

bench /benč/ s. lavice

bend, bent, bent /bend, bent, bent/ v.
  ohnout /se/, shýbnout se, zahýbat
  s. ohyb, zatáčka

beneath /by'nýš/ prep. pod, adv. dole

benefit /'benefit/ s. užitek, prospěch,
  podpora, dobrodiní

benevolence /be'nevelens/ s. laskavost,
  shovívavost, dobročinnost

berry /'bery/ s. bobule

beside /by'sajd/ prep. vedle, u, při

besides /by'sajdz/ prep. kromě, mimo,
  adv. mimoto, kromě toho, ještě

best /best/ adj. nejlepší, adv. nejlépe,
  nejvíc

bet, bet, bet /bet, bet, bet/ v. sázet,
  vsadit /peníze/, s. sázka

betray /by´trej/ v. zradit, oklamat, pro-
    zradit
betrayal /by´trejel/ s. zrada, prozrazení
better /´beter/ adj. lepší, adv. lépe,
    raději, v. zlepšit, zdokonalit
between /by´twín/ prep. mezi, adv. upro-
    střed, mezitím
beverage /´beverydž/ s. nápoj
beware /by´wer/ v. dát si pozor, varovat
    se
bewilder /by´wilder/ v. vyvést z míry,
    zmást
beyond /by´jond/ prep., adv. za, nad, na
    druhé straně
bicycle, bike /´bajsikl, bajk/ s. jízdní
    kolo, v. jezdit na kole
big /big/ adj. velký, silný, ad. hodně,
    pořádně
bile /bajl/ s. žluč
bill /bil/ s. účet, oznámení, plakát,
    bankovka, návrh zákona
bind, bound, bound /bajnd, baund, baund/
    v./s/vázat, zavázat, spojit
binoculars /bi´nokjulerz/s. pl. daleko-
    hled
biography /baj´ogrefy/ s. životopis
biology /baj´oledži/ s. biologie

birch /bérč/ s. bříza

bird /bérd/ s. pták

birth /bérS/ s. narození, vznik, původ

birthday /'bérSdej/ s. narozeniny

biscuit /'biskyt/ s. suchar, sušenka

bit /bit/ s. kousek, trocha, chvilka,
ostří, udidlo

bite, bit, bitten /bajt, bit, 'bitn/ v.
kousat, štípat, leptat, s. sousto,kous-
nutí, štípnutí

bitter /'biter/ adj. hořký, trpký

black /blaek/ adj. černý, tmavý, s. čerň,
černoch

blackberry /'blaekbery/ s. ostružina

blackbird /'blaekbérd/ s. kos

blackboard /'blaekbórd/ s. školní tabule

blackmail /'blaekmejl/ s. vydírání, v.vy-
dírat

blackout /'blaekaut / s. ztráta vědomí,
zatemnění

blacksmith /'blaeksmiS/ s. kovář

bladder /'blaeder/ s. měchýř

blade /blejd/ s. čepel, ostří, žiletka,
stéblo

blame /blejm/ v. obviňovat, dávat vinu,
s. vina, hana

blank /blaenk/ adj. prázdný, nevyplněný,
bezvýrazný, s. prázdné místo, formulář

blanket /ˈblaenkyt/ s. /vlněná/ přikrýv-
  ka, pokrývka

blast /blást/ s. proud vzduchu, závan,
  výbuch, zvuk /trubky,.../

blaze /blejz/ s. plamen, požár, záře,
  výbuch, v. plápolat, hořet

blazer /ˈblejzer/ s. sportovní sako

bleach /blíč/ v. bílit, odbarvit

bleed, bled, bled /blíd, bled, bled/ v.
  krvácet

bless /bles/ v. /po/žehnat, velebit

blind /blajnd/ adj. slepý, s. roleta,
  v. oslepit

blister /ˈblister/ s. puchýř

blizzard /ˈblizerd/s. vánice, sněhová
  bouře

block /blok/ s. špalek, blok, kvádr,
  v. zatarasit, blokovat

blond/e/ /blond/ adj. plavý, světlovla-
  sý, blond, s. blondýn, blondýnka

blood /blad/ s. krev, adj. krevní

blood-vessel /ˈblad-vesl/ s. céva

bloody /ˈblady/ adj. krvácející, krvavý

bloom /blúm/ s. květ, rozkvět, pel, půvab

blossom /ˈblosem/ s. květ/y/, v. kvést,
  rozkvést

blouse /blauz/ s. blúza, halenka

blow /blou/ s. rána, úder

blow, blew, blown /blou, blú, bloun/ v.
   foukat, dout, vanout, zhasit, vybuch-
   nout, vyhodit

blue /blú/ adj. modrý, smutný

blueprint /´blú´prynt/ s. modrotisk, plán

blues /blúz/ s.pl. melancholická nálada

blunder /´blander/ s. chyba, omyl, v.
   /hrubě/ chybit, zmýlit se

blunt /blant/ adj. tupý, nevybíravý,
   v. otupit

blush /blaš/ v. červenat se, stydět se

board /bórd/ s. prkno, deska, lepenka,
   kartón, tabule, stůl, výbor, komise,
   paluba, strava, v. stravovat se, nastou-
   pit /na loď.../

boarding-house /bórdyng-haus/ s. penzión

boarding-school /bórdyng-skúl/ s. inter-
   nátní škola

boast /boust/ s. vychloubání, chvástání,
   v. chlubit se

boat /bout/ s. člun, loď

body /´body/ s. tělo, mrtvola, těleso, trup

Bohemia /bou´hímje/ s. Čechy

Bohemian /bou´hímjen/ adj. bohémský, český

boil /bojl/ v. vařit /se/, vřít, s. vřed

boiler /´bojler/ s. kotel, bojler

bold /bould/ adj. odvážný, smělý, výrazný, drzý

bomb /bom/ s. bomba, puma, v. bombardovat

bond /bond/ s. závazek, smlouva, pouto

bone /boun/ s. kost, v. vykostit

bonus /ˈbounes/ s. prémie, přídavek

book /buk/ s. kniha, sešit, v. zapsat, zaznamenat, předplatit si, rezervovat

bookcase /ˈbukkejs/ s. knihovna

book-keeper /ˈbuk·kíper/ s. účetní

book-keeping /ˈbuk·kíping/ s. účetnictví

booklet /ˈbuklit/ s. knížečka, brožura

boom /búm/ s. rozmach, konjunktura

boot /bút/ s. bota, holinka

booth /búdz/ s. bouda, budka, stánek

border /ˈbórder/ s. okraj, hranice, v. obroubit, ohraničit

bore /bór/ v. nudit, s. nudná osoba, nuda

boredom /ˈbórdem/ s. nuda

born /bórn/ adj. narozen

borrow /ˈborou/ v. vypůjčit si

bosom /ˈbuzem/ s. ňadra, prsa

boss /bos/ s. šéf, pán, v. rozkazovat, poroučet

both /bouS/ pron., adj. oba /dva/, obojí

bother /ˈbodzer/ v. obtěžovat, zlobit, trápit, s. obtíž, nesnáz bottle /ˈbotl/ s. láhev, v. plnit lahve

bottom /ˈbotem/ s. dno, spodek, zadek,
  adj. spodní, dolní

bounce /bauns/ v. skákat, vyskočit, vří-
  tit se, narazit, vychloubat se

boundary /ˈbaundery/ s. hranice

bow /bou/ s. luk, smyčec, oblouk, smyčka,
  stuha, motýlek /kravata/

bow /bau/ v. uklonit se, ohnout, ohýbat
  se, s. poklona, úklona

bowels /ˈbauelz/ s.pl. vnitřnosti, střeva

bowl /boul/ s. mísa, miska, číše v. hrát
  kuželky

box /boks/ s. krabice, bedna, kazeta,
  schránka, budka, v. balit do krabice

boxing /ˈboksing/ s. box

box-office /ˈboks-ofis/ s. pokladna /di-
  vadelní/

boy /boj/ s. chlapec, hoch

boy-friend /boj-frend/ s. mládenec, milý

bra /brá/ s. podprsenka

bracelet /ˈbrejslit/ s. náramek

braces /brejsiz/ s. pl. šle

brain /brejn/ s. mozek, rozum

brake /brejk/ s. brzda, v. brzdit

branch /bránč/ s. větev, odvětví, poboč-
  ka, v. rozvětvovat, rozbíhat se

brand /braend/ s. /vypálené/ znamení,
  značka, druh, v. označit

brass /brás/ s. mosaz

brave /brejv/ adj. statečný, odvážný,
  v. vzdorovat /čemu/

bread /bred/ s. chléb

breadcrumbs /´bredkramz/ s.pl. strouhaná
  houska

breadth /bredS/ s. šíře, velkorysost

break, broke, broken /brejk, brouk, ´brou-
  ken/ v. zlomit, rozbít, prasknout, po-
  rušit, nedodržet, přerušit, s. přeruše-
  ní, přestávka, změna, šance

breakdown /´brejkdaun/ s. zhroucení, ha-
  várie

breakfast /´brekfest/ s. snídaně, v. sní-
  dat

breast /brest/ s. prs, prsa, hruď

breath /breS/ s. dech, šepot

breathe /brídz/ v. dýchat, oddechnout si

breed, bred, bred /bríd, bred, bred/ v.
  plodit, množit se, pěstovat, chovat,
  s. plemeno, rod, rasa, druh

brew /brú/ v. vařit pivo

bribe /brajb/ s. úplatek, v. podplácet

brick /bryk/ s. cihla, adj. cihlový, zdě-
  ný

bricklayer /ˈbryklejr/ s. zedník

bride /ˈbrajd/ s. nevěsta

bridegroom /ˈbrajdgrum/ s. ženich

bridge /brydž/ s. most, lávka, přemostit,
  překlenout

brief /bríf/ adj. krátký, stručný, s. vý-
  tah /z knihy.../, souhrn

brief-case /bríf-kejs/ s. aktovka

bright /brajt/ adj. jasný, světlý, veselý,
  bystrý, chytrý

brilliant /ˈbriljent/ adj. zářivý, skvělý

brim /brym/ s. okraj

bring, brought, brought /bryng, brót,
  brót/ v. přinést, přivést, přimět, vy-
  nášet /kolik/

Britain /ˈbritn/ s. Británie

British /ˈbrityš/ adj. britský

broad /bród/ adj. široký, širý, obsáhlý,
  úplný, všeobecný, hrubý, velkorysý, to-
  lerantní

broadcast /ˈbródkást/ s. vysílání, přenos,
  v. vysílat rozhlasem

broil /brojl/ v. péci na rožni, pražit

broken /ˈbrouken/ adj. rozbitý, zlomený

bronze /bronz/ s. bronz, adj. bronzový

brooch /brouč/ s. brož

brook /bruk/ s. potok

broom /brúm/ s. koště

broth /broS/ s. masový vývar

brother /'bradzer/ s. bratr

brother-in-law /'bradzer-in-ló/ s. švagr

brow /brau/ s. obočí, čelo

brown /braun/ adj. hnědý, /opálený/

bruise /brúz/ s. modřina, podlitina,
   v. pohmoždit /se/

brunch /brančů s. snídaně a oběd dohro-
   mady

brunet, brunette /brú'net/ s. brunet,
   bruneta, adj. tmavovlasý

brush /braš/ s. kartáč, štětec, štětka,
   v. kartáčovat, oprášit

brutal /'brútl/ adj. surový, brutální

bubble /'babl/ s. bublina, v. bublat

bucket /'bakyt/ s. vědro, kbelík

buckle /'bakl/ s. přezka, spona, v. za-
   pínat, sepnout

bud /bad/ s. poupě, pupen, zárodek,
   v. pučet, klíčit, roubovat

budget /'badžit/ s. rozpočet

bug /bag/ s. štěnice, hmyz

build, built, built /byld, bylt, bylt/ v.
   stavět, budovat

builder /'bylder/ s. stavitel, budovatel

building /'byldyng/ s. budova, stavba,
   adj. stavební

bulb /balb/ s. hlíza, žárovka

bulk /balk/ s. /velký/ objem, hromada

bull /bul/ s. býk

bullet /'bulit/ s. kulka, střela

bully /'buly/ s. rváč, surovec, v. tyra-
nizovat

bump /bamp/ s. rána, náraz, boule, v. u-
hodit, narazit

bumper /'bamper/ s. nárazník /auta/

bun /ban/ s. žemle, malý bochánek

bunch /banč/ s. svazek, chomáč, kytice

bundle /'bandl/ s. ranec, uzel, balík,
v. svázat do rance, nacpat

burden /'bérdn/ s. břemeno, přítěž, v.ob-
tížit, naložit

burglar /'bérgler/ s. /bytový/ lupič

burglary /'bérglery/ s. vloupání

burial /'beriel/ s. pohřeb

burn, burnt, burnt /bérn, bérnt, bérnt/
v. /s/pálit, /s/hořet, propálit, s. po-
pálenina

burst, burst, burst /bérst, bérst, bérst/

v. prasknout, puknout, roztrhnout, pro-
razit, vrazit, propuknout, s. výbuch

bury /'bery/ v. pohřbít, pochovat, zako-
pat

bus /bas/ s. autobus

bush /buš/ s. keř, křoví

business /´byznys/ s. zaměstnání, povo-
lání, záležitost, řízení, obchod, úkol

businessman /´byznysmen/ s. obchodník

bus-stop /bas-stop/ s. stanice autobusu

busy /´byzy/ adj. zaměstnaný, zanepráz-
něný, živý, rušný, čilý

but /bat, bet/ conj., prep. ale, avšak,
kromě, jenom, jen, aspoň

butcher /´bučer/ s. řezník

butter /´bater/ s. máslo, v. namazat
máslem

butterfly /´baterflaj/ s. motýl

buttermilk /´batermilk/ s. podmáslí, ky-
selé mléko

button /´batn/ s. knoflík, tlačítko,
v. zapnout

buy, bought, bought /baj, bót, bót/ v.
koupit /si/, nakupovat, s. koupě

buyer /´bajer/ s. kupující, kupec

buzz /baz/ v. bzučet, hučet, s. bzukot

by /baj/ prep. vedle, u, blízko, pomocí,
do, podle, za, po, kolem

bye-bye /´baj´baj/ int. sbohem, nashle-
danou

by-pass /´baj-pás/ s. objížďka, v. ob-
jet

cab /kaeb/ s. taxík, drožka

cabbage /ˊkaebydž/ s. hlávkové zelí, kapusta

cabin /ˊkaebin/ s. kabina, kajuta, chata

cabinet /ˊkaebinet/ s. skříň, skříňka, kabinet

cable /ˊkejbl/ s. lano, kabel, telegram, v. telegrafovat

cactus /ˊkaektes/ s. kaktus

café /ˊkaefej/ s. kavárna

cafeteria /ˏkaefiˊtyerje/ s. automat, restaurace /se samoobsluhou/

cage /kejdž/ s. klec, v. zavřít do klece

cake /kejk/ s. dort, koláč, buchta

calamity /keˊlaemity/ s. pohroma,neštěstí

calculate /ˊkaelkjulejt/ v. /vy/počítat, kalkulovat

calculation /ˏkaelkjuˊlejšn/ s. počítání, uvažování, výpočet

calendar /ˊkaelinder/ s. kalendář

calf /káf/ s. tele, lýtko

call /kól/ v. volat, zavolat, nazývat, jmenovat /se/, svolat, telefonovat, přijít /kam/, s. volání, rozhovor, návštěva

calm /kám / adj. tichý, klidný, s. ticho, klid, v. uklidnit se, utišit se

calorie /ˈkaelery/ s. kalorie
camel /ˈkaeml/ s. velbloud
camera /ˈkaemere/ s. kamera, fotoaparát
camp /kaemp/ s. tábor, v. tábořit
can, could /kaen, kud/ v. moci, smět,
  umět
can /kaen/ s. plechovka, konzerva, konev,
  v. konzervovat
canal /keˈnael/ s. kanál, průplav
cancel /ˈkaensl/ v. odvolat, zrušit, pře-
  škrtnout
cancer /ˈkaenser/ s. rakovina
candle /ˈkaendl/ s. svíčka
candy /ˈkaendy/ s. cukroví
cane /kejn/ s. třtina, rákos, rákoska
cannon /ˈkaenen/ s. dělo, kanón
cap /kaep/ s. čepice, čepec, víčko,
  přikrýt, zavřít /víčkem/
capable /ˈkejpebl/ adj. schopný, způso-
  bilý
capacity /keˈpaesity/ s. kapacita, obsah,
  objem, chápavost, schopnost, postavení
cape /kejp/ s. kapuce, pláštěnka, mys
capital /ˈkaepitl/ adj. hlavní, důležitý,
  velký /u písmene/, s. hlavní město, ka-
  pitál, velké písmeno
capitalism /ˈkaepitelizm/ s. kapitalismus

captain /ˈkaeptyn/ s. kapitán

captive /ˈkaeptyv/ adj. zajatý, s. zaja-
tec

capture /ˈkaepčer/ v. zajmout, dopadnout,
dobýt, zaujmout, s. zajetí, dobytí, ko-
řist

car /kár/ s. auto, vůz

caravan /ˈkaereˈvaen/ s. přívěs, karavana

caraway /ˈkaerewej/ s. kmín

card /kárd/ s. karta, lístek, pohlednice,
průkaz

care /keer/ s. péče, opatrnost, dohled,
starost, pozor, v. pečovat, starat se,
dbát, zajímat se o

career /keˈrier/ s. povolání, zaměstnání,
kariéra

careful /ˈkeerful/ adj. opatrný, pečlivý

careless /ˈkeerles/ adj. neopatrný, ned-
balý,

caretaker /ˈkeertejker/ s. správce domu,
domovník, hlídač

carnation /kárˈnejšn/ s. karafiát

carol /ˈkaerel / s. koleda

carp /kárp/ s. kapr

carpenter /ˈkárpenter/ s. tesař, truhlář

carpet /ˈkárpit/ s. koberec, v. pokrýt
/kobercem/

carriage /ˈkaerydž/ s. vůz, kočár, vagón

carrier /ˈkaerier/ s. nosič, nositel, dopravce

carrot /ˈkaeret/ s. mrkev

carry /ˈkaery/ v. nést, nosit, vézt, dopravit, prosadit, provést, odnést,unést

cart /kárt/ s. vozík, kára

cartridge /ˈkártrydž/ s. náboj, náplň do pera

carve /kárv/ v. vyřezávat, krájet /maso/

case /kejs/ s. případ, proces, důvod, krabice, bedna, kufr, skříň, pouzdro

cash /kaeš/ s./hotové/peníze, hotovost, v. proplatit, inkasovat /hotově/

cast, cast, cast /kást, kást, kást/ v. házet, vrhat, shodit, /od/lít, s. odlitek, forma, hod, vrh

castle /ˈkásl/ s. hrad, zámek

casual /ˈkaežjuel/ adj. náhodný, nedbalý, neformální /oblečení/

casualty /ˈkaežjuelty/ s. nehoda, neštěstí, oběť nehody

cat /kaet/ s. kočka

catalogue /ˈkaetelog/ s. katalog, ceník

catastrophe /keˈtaestrefy/ s. katastrofa

catch, caught, caught /kaeč, kót, kót/ v. chytit, dohonit, uchopit, pochopit, porozumět, s. úlovek, kořist, chyták

caterpillar /ˈkaeterpiler/ s. housenka,
  pásové vozidlo

Catholic /ˈkaeSelik/ s. katolík, adj. ka-
  tolický

cattle /ˈkaetl/ s. dobytek

cauliflower /ˈkoliflauer/ s. květák

cause /kóz/ s. příčina, důvod, /soudní/
  spor, pře, věc, v. způsobit, vyvolat,
  přimět

caution /ˈkóšn/ s. opatrnost, výstraha,
  v. varovat /před/

cautious /ˈkóšes/ adj. opatrný, obezřelý

cave /kejv/ s. jeskyně, v. propadnout se,
  povolit

cease /sís/ v. přestat, zastavit

ceiling /ˈsíling/ s. strop

celebrate /ˈselibrejt/ v. slavit,oslavovat

celebration /ˌseliˈbrejšn/ s. oslava,
  slavnost

celery /ˈselery/ s. celer /nať/

cell /sel/ s. cela, buňka

cellar /ˈseler/ s. sklep

cement /siˈment/ s. cement, v. tmelit, u-
  pevnit

cemetary /ˈsemitry/ s. hřbitov

censorship /ˈsenseršip/ s. cenzura

cent /sent/ s. cent /setina dolaru/

center /´sent__er/ s. střed, centrum, stře-
disko, v. soustředit se

centimeter /´senty·mít__er/ s. centimetr

central /´sentr__el/ adj. střední, ústřed-
ní, centrální

century /´senčury/ s. století

ceramics /si´raemiks/ s. pl. keramika

cereals /´sierielz/ s. pl. obilniny, /o-
bilní snídaně/

ceremony /´ser__emeny/ s. obřad, ceremonie

certain /´sétn/ adj. jistý, zaručený,
určitý, jakýsi

certainly /´sétnly/ adv. jistě, určitě,
zajisté, prosím

certificate /se´tyfikyt/ s. vysvědčení,
potvrzení, průkaz

certify /´sertyfaj/ v. potvrdit, ověřit

chain /čejn/ s. řetěz, řetízek, v. spou-
tat, přivázat /na řetěz/

chair /čeer/ s. židle, křeslo, stolice,
katedra, v. /take a .../ posadit se,
/take the .../ předsedat

chairman /´čeermen/ s. předseda

chalet /´šaelej/ s. chata, horská bouda

chalk /čók/ s. křída

challenge /´čaelendž/ s. výzva, vybídnu-
tí, úkol, problém, v. vyzvat, namítat

chance /čáns/ s. náhoda, možnost, příle-
žitost, v. riskovat, zkusit, adj. ná-
hodný

change /čejndž/ s. změna, výměna, drobné
peníze, v. /z/měnit /se/, vyměnit, pře-
vléci se

channel /ˇčaenl/ s. průliv, kanál, cesta

chapel /ˇčaepl/ s. kaple, modlitebna

chapter /ˇčaepter/ s. kapitola

character /ˇkaerykter/ s. charakter, po-
vaha, postava, znak, písmeno

characteristic /ˑkaerekteˇrystyk/ adj.
typický, charakteristický, s. rys,
vlastnost

charge /čárdž/ s. nálož, náboj, úkol, ce-
na, poplatek, péče, dohled, obvinění,
výpad, útok, v. nabít /pušku/, pověřit,
obvinit, účtovat, počítat, napadnout

charity /ˇčaeryty/ s. dobročinnost

charm /čárm/ s. půvab, kouzlo, v. okouz-
lit

charming /ˇčárming/ adj. půvabný, kouzelný

chase /čejs/ v. honit, lovit, pronásledo-
vat, s. lov, hon, pronásledování

chat /čaet/ s. povídání, hovor, v. noví-
dat si, hovořit

cheap /číp/ adj. levný, laciný

cheat /čít/ v. napálit, podvést, s. podvod, podvodník

check /ček/ s. zadržení, překážka, kontrola, revize, šek, lístek, účet, kostka /vzorek/, v. zastavit, zarazit, kontrolovat, přezkoušet, ověřit si

checked /čekt/ adj. kostkovaný

cheek /čík/ s. tvář, líce, /drzost/

cheer /čier/ s. volání slávy, hurá, dobrá mysl, radost, v. povzbudit, potěšit

cheerful /ˊčierful/ adj. veselý, radostný

cheese /číz/ s. sýr

chef /šef/ s. vrchní kuchař

chemist /ˊkemist/ s. chemik, lekárník

chemistry /ˊkemistry/ s. chemie

cherry /ˊčery/ s. třešně, višně

chess /čes/ s. šachy

chest /čest/ s. bedna, truhla, skříň, hruď, prsa

chesnut /ˊčesnat/ s. kaštan

chew /čú/ v. žvýkat

chewing-gum/ˊčúin gam/ s. žvýkačka

chicken /ˊčikyn/ s. kuře

chicken-pox /ˊčikyn poks/ s. plané neštovice

chief /číf/ s. náčelník, velitel, vůdce, adj. hlavní, nejvyšší child /čajld/ s. dítě

childhood /ˈčajldhud/ s. dětství

childish /ˈčajldyš/ adj. dětský, dětin-
ský, naivní

chill /čil/ s. chlad, zima, nachlazení,
adj. chladný, studený, mrazivý

chimney /ˈčimny/ s. komín

chin /čin/ s. brada

china /ˈčajne/ s. porcelán

chip /čip/ s. odštěpek, úlomek, tříska,
v. štípat, urazit, otlouci

chips /čips/ s. pl. smažené brambůrky

chocolate /ˈčoklit/ s. čokoláda, adj. čo-
koládový

choice /čojs/ s. volba, výběr

choir /ˈkwajer/ s. pěvecký sbor, kůr

choke /čouk/ v. dusit se, škrtit, ucpat

choose, chose, chosen /čúz, čouz, čouzn/
v. vybrat si, zvolit, rozhodnout se

chop /čop/ v. sekat, štípat, s. kotleta

christening /ˈkrysnyng/ s. křest

Christian /ˈkrystjen/ s. křesťan

Christmas /ˈkrysmes/ s. vánoce

Christmas Eve /ˈkrysmes ív/ s. Štědrý ve-
čer

chubby /ˈčaby/ adj. buclatý, tlusťounký

chunk /čank/ s. kus, špalek

church /čérč/ s. kostel, církev

cider /sajder/ s. mošt

cigar /si gár/ s. doutník

cigarette / sige ret/ s. cigareta

cinema / sineme/ s. biograf, kino

cinnamon / sinemen/ s. skořice

circle / sérkl/ s. kruh, kroužek, kolo, okruh, v. kroužit, obíhat

circuit / sérkyt/ s. obvod, okruh

circular / sérkjuler/ adj. kruhový, okružní, s. oběžník

circulate / sérkjulejt/ v. obíhat, kolovat, dát do oběhu, rozšiřovat

circulation / sérkju lejšn/ s. oběh, náklad /novin/

circumstance / sérkemstens/ s. okolnost

citizen / sityzn/ s. občan

citizenship / sityznšip/ s. občanství

city / sity/ s. město, velkoměsto

civil / sivil/ adj. občanský, civilní, zdvořilý, ochotný

civilization / sivilaj zejšn/ s. civilizace

claim /klejm/ v. požadovat, vymáhat, urgovat, vyžádat, tvrdit, s. nárok, požadavek, tvrzení

clam /klaem/ s. škeble

clamp /klaemp/ s. svěrák, v. sevřít

clap /klaep/ v. klepat, tleskat, plácat,
   s. rána, tleskání, klapot

clarify /´klaeryfaj/ v. vyjasnit /se/,
   objasnit, vyčistit

clash /klaeš/ s. srážka, střetnutí, řin-
   kot, v. srazit se, kolidovat, bít se
   /o barvách/

clasp /klásp/ s. spona, sponka, sevření,
   stisk, v. sevřít, sepnout

class /klás/ s. třída, ročník, /vyučova-
   cí/ hodina

class-mate /´klásmejt/ s. spolužák

classify /´klaesifaj/ v. klasifikovat,
   třídit

classroom /´klásrum/ s. třída /místnost/

claw /kló/ s. dráp, spár, klepeto, v.škrá-
   bat, drápat, chňapnout

clay /klej/ s. jíl, hlína

clean /klín/ adj. čistý, čistotný, adv.
   úplně, nadobro, v. čistit, uklidit

clear /klier/ adj. jasný, čistý, zřetel-
   ný, zřejmý, adv. jasně, zřejmě, v. vy-
   čistit, uklidit, vyjasnit /se/ vysvět-
   lit

clearance /´klierens/ s. vyprázdnění, vy-
   klizení, výprodej

clearly /'klierly/ adv. jasně, samozřej-
mě, zřetelně

clerical /'klerykl/ adj. kněžský, kance-
lářský, písařský

clerk /klárk/ s. úředník, příručí

clever /'klever/ adj. chytrý, bystrý, ši-
kovný, dovedný

client /'klajent/ s. zákazník, klient

cliff /klif/ s. útes, sráz

climate /'klajmit/ s. podnebí, klima

climax /'klajmaeks/ s. nejvyšší bod, vy-
vrcholení

climb /klajm/ v. šplhat, vylézt, stoupat,
s. výstup, stoupání

clinic /'klinyk/ s. klinika, lékařské
středisko

clip /klip/ s. svorka, v. sepnout, při-
střihnout, proštípnout

cloak /klouk/ s. pláštěnka, plášť

cloak-room /'kloukrum/ s. šatna, toaleta

clock /klok/ s. hodiny

close /klous/ adj. blízký, těsný, důklad-
ný, dusný /vzduch/, uzavřený, tajný,
adv. blízko, těsně, skoro

close /klouz/ v. /u/zavřít /se/, skončit,
s. závěr, konec

closet /'klozet/ s. komůrka, kumbál, klo-
zet

cloth /kloS/ s. látka, sukno, plátno

clothe /kloudz/ v. obléknout, odít

clothes /kloudz/ s.pl. šaty, prádlo

clothing /ˊkloudzing/ s. šatstvo, oděv

cloud /klaud/ s. mrak, oblak, v. zastínit, zatáhnout se /mraky/

club /klab/ s. klacek, hůl, kyj, klub, /zájmový/ kroužek

clue /klú/ s. náznak, stopa

clumsy /ˊklamzy/ adj. neobratný, neohrabaný

clutch /klač/ v. uchopit, sevřít, s. sevření, spojka /u auta/

clutter /ˊklater/ s. zmatek, nepořádek, v. přeplnit, rozházet

coach /kouč/ s. kočár, vagón, autokar, trenér, v. trénovat, připravovat

coal /koul/ s. uhel, uhlí

coal-mine /ˊkoulmajn/ s. uhelný důl

coarse /kórs/ adj. hrubý, drsný, sprostý

coast /koust/ s. břeh /mořský/, pobřeží

coat /kout/ s. kabát, plášť, nátěr, v.natřít, pokrýt, potáhnout

coat-hanger /ˊkouthaenger/ s. ramínko na šaty, věšák

cobbler /ˊkobler/ s. švec, příštipkář

cock /kok/ s. kohout, v. vztyčit, stočit

cockroach /ˈkokrouč/ s. šváb

cocoa /ˈkoukou/ s. kakao

coconut /ˈkoukenat/ s. kokosový ořech

cod /kod/ s. treska

coffee /ˈkofi/ s. káva

coffee-bar /ˈkofibár/ s. kavárna

coffee-pot /ˈkofipot/ s. kávová konvice

coffin /ˈkofin/ s. rakev

coherence /kouˈhierens/ s. souvislost, soudržnost

coherent /kouˈhierent/ adj. souvislý

coil /kojl/ s. kotouč, závit, v. svinout, stočit /se/

coin /kojn/ s. peníz, mince, v. razit

coincidence /kouˈinsidens/ s. náhoda, shoda okolností

cold /kould/ adj. studený, chladný, upjatý, s. chlad, zima, nachlazení

collapse /keˈlaeps/ s. zřícení, zhroucení, v. zhroutit se, zřítit se

collar /ˈkoler/ s. límec, obojek

collect /keˈlekt/ v. sbírat, vybírat, vyzvednout, soustředit se

collection /keˈlekšn/ s. sbírka, souprava, vybírání, soustředění

collective /keˈlektyv/ adj. souhrnný, hromadný, kolektivní

college /ˈkolydž/ s. vysoká škola, fakulta, kolej

collide /keˈlajd/ v. srazit se, střetnout se

collision /keˈližn/ s. srážka, střetnutí

colony /ˈkoleny/ s. kolonie

color /ˈkaler/ s. barva, v. vy-, na-,barvit, červenat se

colored /ˈkalerd/ adj. barevný, barevné pleti

column /ˈkolem/ s. sloup, sloupec, oddíl

comb /koum/ s. hřeben, v. česat

combination /ˌkombiˈnejšn/ s. spojení, kombinace

combine /kemˈbajn/ v. spojovat /se/, slučovat

come, came, come /kam, kejm, kam/ v. přijít, přijet, pocházet, stát se, přihodit se

come back /ˈkamˈbaek/ v. vrátit se

comedy /ˈkomedy/ s. komedie

comfort /ˈkamfert/ s. pohodlí, útěcha, v. utěšit

comfortable /ˈkamfertebl/ adj. pohodlný, příjemný

comic /ˈkomik/ adj. komický, směšný, s. komik

command /ke mánd/ v. poroučet, rozkazo-
vat, velet, ovládat, vládnout, s. roz-
kaz, velení, ovládání

commander /ke mánder/ s. velitel

comment /´koment/ s. poznámka, vysvětliv-
ka, v. komentovat

commentary /´komentery/ s. komentář, re-
portáž, výklad

commerce /´komers/ s. obchod

commercial /ke méršl/ adj. obchodní,
s. reklama /v rozhlase, televizi/

commission /ke mišn/ s. pověření, úkol,
komise, provize, v. pověřit

commit /ke mit/ v. spáchat, dopustit se,
svěřit, zavázat se

commitment /ke mitment/ s. závazek

committee /ke mity/ s. výbor, komise

common /´komen/ adj. společný, obecný,
obyčejný, běžný, prostý, /sprostý/

commotion /ke moušn/ s. otřes, zmatek,
rozruch

communicate /ke mjúnykejt/ v. sdělit, oz-
námit, být ve styku, dorozumívat se

communication /ke mjúny kejšn/ s. styk,
sdělení, zpráva, spojení, komunikace

communist /´komjunyst/ s. komunista

community /ke mjúnyty/ s. společenství,
obec, společnost

commute /ke̱ mjút/ v. změnit, zaměnit, do-
jíždět do zaměstnání

companion /ke̱m paenje̱n/ s. druh, společ-
ník, spolucestující, průvodce

company /ˈkampe̱ny/ s. společnost, náv-
štěva

compare /ke̱m pee̱r/ v. srovnávat, přirov-
nat

comparison /ke̱m paerysn/ s. srovnání

compartment /ke̱m pártme̱nt/ s. oddělení,
kupé

compel /ke̱m pel/ v. přinutit, dohnat

compensate /ˈkompensejt/ v. nahradit, od-
škodnit, vyrovnat /se/

compensation /ˌkompenˈsejšn/ s. náhrada,
odškodné

compete /ke̱m pít/ v. soutěžit, konkurovat

competence /ˈkompe̱tens/ s. schopnost, způ-
sobilost, kvalifikace

competent /ˈkompe̱tent/ adj. schopný, pří-
slušný, vhodný

competition /ˌkompe̱ˈtyšn/ s. soutěž, kon-
kurence, konkurs

competitor /ke̱m pe̱tyte̱r/ s. závodník,
soutěžící, konkurent

complain /ke̱m plejn/ v. stěžovat si /na/

complaint /ke̱m plejnt/ s. stížnost, potí-
že,

complete /kem'plít/ adj. úplný, naprostý,
  dokončený, v. doplnit, dokončit

completely /kem'plítly/ adv. úplně, na-
  prosto

complexion /kem'plekšn/ s. pleť

complicate /'komplikejt/ v. komplikovat

complicated /'komplikejtyd/ adj. složitý,
  komplikovaný

complication /.kompli'kejšn/ s. komplikace

compliment /'kopliment/ s. poklona, po-
  chvala, v. blahopřát

comply /kem'plaj/ v. přizpůsobit se, vy-
  hovět

compose /kem'pouz/ v. skládat, tvořit,
  komponovat, ovládnout, urovnat

composer /kem'pouzer/ s. skladatel

composition /.kompe'zišn/ s. skladba,
  složení, kompozice

composure /kem'použer/ s. klid, vyrovna-
  nost

comprehend /.kompri'hend/ v. pochopit,
  zahrnout

comprehensible /.kompri'hensebl/ adj.
  srozumitelný, pochopitelný

comprehensive /.kompri'hensiv/ adj. sou-
  hrnný, celkový, chápavý

compress /kem'pres/ v. stlačit, s. obvaz,
  obklad

compromise /'kompremajz/ s. dohoda, u-
   rovnání, kompromis, v. udělat ústupky,
   kompromitovat se

compulsory /kem'palsery/ adj. povinný

compute /kem'pjút/ v. /vy/počítat, kal-
   kulovat

computer /kem'pjúter/ s./automatický/po-
   čítač

comrade /'komryd/ s. soudruh

conceal /ken'síl/ v. skrýt, zatajit

concede /ken'síd/ v. připustit, přiznat

conceit /ken'sít/ s. domýšlivost, ješit-
   nost

conceited /ken'sítyd/ adj. domýšlivý

concentrate /'konsentrejt/ v. soustředit
   se, koncentrovat

concept /'konsept/ s. pojem, představa,
   pojetí

concern /ken'sérn/ v. týkat se, zajímat
   se o, znepokojovat se, s. zájem, zále-
   žitost, starost, podnik, firma

concert /'konsert/ s. koncert

concession /ken'sešn/ s. ústupek, úleva

conciliate /ken'siliejt/ v. smířit

concise /ken'sajs/ adj. stručný, zhuštěný

conclude /ken'klúd/ v. skončit, uzavřít,
   učinit závěr

conclusion /ken´klúžn/ s. závěr, zakonče-
ní, uzavření, rozhodnutí

concrete /´konkrýt/ adj. konkrétní, pevný,
betonový, s. beton

condemn /ken´dem/ v. odsoudit, zavrhnout

condense /ken´dens/ v. zhustit, srazit

condition /ken´dyšn/ s. podmínka, předpo-
klad, stav, situace, v. podmínit, upra-
vit, stanovit

condolence /ken´doulens/ s. projev sou-
strasti

conduct /kondekt/ s. chování, vedení,
v. vést, provádět, dirigovat

conductor /ken´dakter/ s. dirigent, prů-
vodčí

cone /koun/ s. kužel, šiška /smrku/

confectionery /ken´fekšenery/ s. cukrář-
ské zboží, cukrářství

confess /ken´fes/ v. přiznat se, dosvěd-
čit, zpovídat se

confession /ken´fešn/ s. přiznání, dozná-
ní, zpověď

confide /ken´fajd/ v. svěřit, důvěřovat

confidence /´konfidens/ s. důvěra, důvěr-
nost, jistota

confident /´konfident/ adj. přesvědčen,
důvěřivý, sebejistý, smělý

confidential /·konfi'denšl/ adj. důvěrný

confine /ken'fajn/ v. omezit, uvěznit, upoutat /na lůžko/

confirm /ken'férm/ v. upevnit, potvrdit

confirmation /·konfer'mejšn/ s. potvrze- ní, schválení

confiscate /'konfiskejt/ v. zabavit

conflict /'konflikt/ s. spor, rozpor, v. odporovat si, být v rozporu

conform /ken'form/ v. přizpůsobit se

conformity /ken'formity/ s. přizpůsobení, souhlas, shoda

confront /ken'frant/ v. čelit /čemu/, po- stavit proti, konfrontovat

confuse /ken'fjúz/ v. splést, zmást

confusion /ken'fjúžn/ s. zmatek

congratulate /ken'graetjulejt/ v. blaho- přát, gratulovat

congress /'kongres/ s. sjezd, kongres

connect /ke'nekt/ v. spojit, připojit

connection /xion/ /ke'nekšn/ s. spojení, vztah, známost

conquer /'konker/ v. přemoci, dobýt, pod- robit

conquest /'konkwest/ s. podrobení, dobytí

conscience /'konšens/ s. svědomí

conscientious /·konši'enšes/ adj. svědo- mitý, zásadový

conscious /'konšes/ adj. vědomý, vědom,
  při vědomí

consciousness /'konšesnes/ s. vědomí,
  uvědomění

consent /ken'sent/ s. souhlas, svolení,
  v. souhlasit, dovolit

consequence /'konsikwens/ s. následek,
  důsledek, význam

consequently /'konsikwently/ adv. tudíž,
  proto, tedy

conservation /·konser'vejšn/ s. zachová-
  ní, udržování

conservative /ken'servetyv/ adj. konzer-
  vativní

conserve /ken'serv/ v. zachovat, konzer-
  vovat

consider /ken'sider/ v. uvažovat, vzít
  v úvahu, považovat

considerable /ken'siderebl/ adj. značný

considerate /ken'sideryt/ adj. ohleduplt-
  ný, šetrný, pozorný

consideration /ken·side'rejšn/ s. ohled,
  úvaha

consist /ken'sist/ v. skládat se, spočí-
  vat v /čem/

consistent /ken'sistent/ adj. důsledný,
  pevný

consolation /·konse'lejšn/ s. útěcha

conspicuous /ken'spikjues/ adj. nápadný

conspiracy /ken'spiresy/ s. spiknutí

constant /'konstent/ adj. neustálý, stá-
lý, věrný

constantly /'konstently/ adv. neustále

constipation /·konsty'pejšn/ s. zácpa

constitute /'konstytjút/ v. ustanovit,
ustavit, utvořit

constitution /·konsty'tjúšn/ s. ústava,
tělesná konstituce, složení

construct /ken'strakt/ v. stavět, vybudo-
vat, sestrojit

construction /ken'strakšn/ s. stavba,
budování, konstrukce, výklad

consulate /'konsjulet/ s. konzulát

consult /ken'salt/ v. poradit se, infor-
movat se

consultation /·konsel'tejšn/ s. porada,
konzultace

consumption /ken'sampšn/ s. spotřeba, od-
byt

contact /'kontaekt/ s. styk, kontakt,
v. stýkat se, navázat spojení

contagious /ken'tejdžes/ adj. nakažlivý

contain /ken'tejn/ v. obsahovat, zdržet
se, ovládnout se

container /ken'tejner/ s. nádoba

contaminate /kən'taeminejt/ v. znečistit, nakazit, zamořit

contemporary /kən'tempərəry/ adj. současný, dnešní, s. současník

contempt /kən'temt/ s. pohrdání, opovržení

contend /kən'tend/ v. přít se, zápasit, tvrdit

content /kən'tent/ adj. spokojený, s.spokojenost, v. uspokojit

content /'kontent/ s. obsah, objem

contention /kən'tenšn/ s. svár, spor

contest /kən'test/ v. bojovat, zápasit, soutěžit, popírat

continent /'kontynent/ s. pevnina, světadíl

continual /kən'tynjuel/ adj. ustavičný, trvalý

continuation /kən-tynju'ejšn/ s. pokračování, trvání

continue /kən'tynjú/ v. pokračovat, trvat

continuity /konty'njuity/ s. souvislost

continuous /kən'tynjues/ adj. souvislý, nepřetržitý

contract /'kontraekt/ s. smlouva,kontrakt

contract /kən'traekt/ v. uzavřít smlouvu, stáhnout se, smrštit se, chytit, dostat /nemoc/

contradict /·kontre῾dykt/ v. popírat,
odporovat /si/, odmlouvat

contrary /῾kontrery/ adj. opačný, v roz-
poru, s. opak, naopak

contrast /῾kontraest/ s. rozdíl, proti-
klad, opak

contribute /ken῾trybjút/ v. přispět

contribution /·kontry῾bjúšn/ s. příspěvek

control /ken῾troul/ s. dozor, vláda, ří-
zení, kontrola, v. řídit, ovládat, kon-
trolovat

controversial /·kontre῾véršl/ adj. sporný

convenience /ken῾vínjens/ s. pohodlí,
výhoda

convenient /ken῾vínjent/ adj. vhodný, vý-
hodný

convention /ken῾venšn/ s. sjezd, konfe-
rence, dohoda

conversation /·konver῾sejšn/ s. rozhovor,
konverzace

conversion /ken῾véržn/ s. přeměna, obrat

convert /ken῾vért/ v. přeměnit, přesta-
vět, obrátit

convict /῾konvikt/ s. trestanec, v. u-
svědčit, odsoudit

conviction /ken῾vikšn/ s. usvědčení, pře-
svědčení, rozsudek

convince /kən'vins/ v. přesvědčit

cook /kuk/ s. kuchař/ka/, v. vařit

cooker /'kukər/ s. vařič, sporák

cool /kúl/ adj. chladný, klidný, chlad-
nokrevný, s. chlad

co-operate /kou'operejt/ v. spolupracovat

cope /koup/ v. zdolat, stačit na, vyrov-
nat se

copper /'kopər/ s. měď

copy /'kopy/ s. opis, kopie, výtisk,
v. opsat, kopírovat, napodobit

cord /kórd/ s. šňůra, provaz, lano

cordial /'kórdjel/ adj. srdečný

core /kór/ s. jádro

cork /kórk/ s. korek, zátka

corkscrew /'kókskrú/ s. vývrtka

corn /kórn/ s. zrno, kukuřice

corner /'kórner/ s. roh, kout

corpse /kórps/ s. mrtvola

correct /kə'rekt/ adj. správný, přesný,
v. opravit, napomenout

correction /kə'rekšn/ s. oprava

correspond /·koris'pond/ v. odpovídat,
shodovat se, dopisovat si

correspondence /·koris'pondens/ s. shoda,
korespondence

corridor /'korydór/ s. chodba

corrupt /ke'rapt/ adj. zkažený, úplatný,
  v. /z/kazit, podplatit

cosmetic /koz'metyk/ adj. kosmetický
  s. kosmetický prostředek

cost, cost, cost /kost, kost, kost/ v.
  stát, mít cenu, s. cena, náklad, výdaje

costume /'kostjúm/ s. kostým

cottage /'kotydž/ s. chaloupka, domek,
  chata, vilka

cotton /'kotn/ s. bavlna, bavlněná látka,
  nit

cotton-wool /'kotn'wul/ s. vata

cough /kof/ s. kašel, v. kašlat

council /'kaunsl/ s. rada

count /kaunt/ v. počítat, spoléhat se,
  s. sčítání, počet

counter /'kaunter/ s. pult, přepážka

country /'kantry/ s. země, kraj, vlast,
  venkov

countryside /'kantry'sajd/ s. venkov,
  krajina

couple /'kapl/ s. pár, dvojice

coupon /'kúpon/ s. ústřižek, lístek

courage /'karydž/ s. odvaha

courageous /ke'rejdžs/ adj. odvážný, sta-
  tečný

course /kórs/ s. běh, chod, dráha, směr,
  kurs, v. honit, hnát se

court /kórt/ s. dvůr, soud, hřiště, v. u-
cházet se, dvořit se

courtesy /'kértesy/ s. zdvořilost, laska-
vost

cousin /'kazn/ s. bratranec, sestřenice

cover /'kaver/ s. pokrývka, obal, víko,
poklička, úhrada, úkryt, záminka,
v. při-, za-, krýt, hradit, týkat se

cow /kau/ s. kráva

coward /'kauerd/ s. zbabělec

crack /kraek/ v. prasknout, rozbít,zlomit,
s. rána, trhlina, puklina, vtip

cracker /'kraeker/ s. suchar, sušenka

cradle /'krejdl/ s. kolébka

craft /kráft/ s. řemeslo, dovednost, pro-
hnanost

craftsman /'kráftsmen/ s. řemeslník

cramp /kraemp/ s. křeč

cranberry /'kraenbery/ s. brusinka

crash /kraeš/ s. pád, rachot, praskot,
havarie, zhroucení, katastrofa

crave /krejv/ v. toužit, dychtit po

crawl /król/ v. plazit se, lézt

crazy /'krejzy/ adj. potřeštěný, bláznivý

creak /krík/ v. skřípat, vrzat

cream /krím/ s. smetana, krém

crease /krís/ s. záhyb, v. mačkat /se/

create /kri´ejt/ v. tvořit, vyvolat

creation /kri´ejšn/ s. stvoření, tvorba,
  výtvor

creature /´kríčer/ s. tvor, bytost, ne-
  stvůra

credit /´kredyt/ s. důvěra, zásluha,úvěr,
  v. připsat k dobru, dát na úvěr

creep, crept, crept /kríp, krept, krept/
  v. lézt, pížit se, plazit se

crew /krú/ s. posádka, mužstvo

crib /kryb/ s. jesle, dětská postýlka

crime /krajm/ s. zločin

criminal /´kryminl/ adj. zločinný, trest-
  ní, s. zločinec

cripple /´krypl/ s. mrzák, v. zmrzačit

crisis /´krajsis/ s. krize

critik /´krytyk/ s. kritik

critical /´krytykl/ adj. kritický, rozho-
  dující

criticize /´krytysajz/ v. kritizovat

crockery /´krokery/ s. nádobí, příbory

crook /kruk/ s. hák, zákrut, podvodník,
  darebák, v. ohnout

crooked /´krukyd/ adj. ohnutý, křivý, ne-
  čestný

crop /krop/ s. sklizeň, úroda, výnos,
  v. sklízet, urodit se, přistřihnout

cross /kros/ s. kříž, křížení, v. pře-,
z-, křížit, pokřižovat se, přejít, pře-
jet, přeškrtnout, zlobit se, adj. roz-
zlobený, mrzutý

crossing /ˈkrosing/ s. křižovatka, pře-
chod, přejezd

crow /krou/ s. vrána, v. kokrhat

crowd /kraud/ s. zástup, dav, množství,
v. nacpat, tlačit se, shromáždit se

crowded /ˈkraudyd/ adj. přeplněný, nacpa-
ný, plný lidí

crown /kraun/ s. koruna, věnec, vrchol,
v. korunovat, věnčit, dovršit

crucial /ˈkrúšl/ adj. rozhodující, kri-
tický

cruel /kruel/ adj. krutý, surový

crumb /kram/ s. drobek /chleba/, v. na-
drobit, obalit strouhankou

crush /kraš/ v. /roz/mačkat, drtit

crust /krast/ s. kůrka, škraloup

crutch /krač/ s. berla

cry /kraj/ v. křičet, plakat, s. volání,
křik, výkřik, pláč

crystal /ˈkrystl/ s. krystal, křišťálové
sklo

cube /kjúb/ s. krychle, kostka

cucumber /ˈkjúkember/ s. salátová okurka

cuddle /ˈkadl/ v. hýčkat, chovat

cuff /kaf/ s. manžeta

cuff-links /kafˈlinks/ s. pl. knoflíčky
do manžet

cultivate /ˈkaltyvejt/ v. pěstovat, ob-
dělávat

cultural /ˈkalčerl/ adj. kulturní

culture /ˈkalčer/ s. kultura

cup /kap/ s. šálek, pohár, číše

cupboard /ˈkaberd/ s. skříňka, kredenc

curb /kérb/ s. okraj chodníku, uzda

curd /kérd/ s. tvaroh

cure /kjuer/ s. léčba, vyléčení, lék,
v. vyléčit, léčit, udit /maso/

curfew /ˈkérfjú/ s. zákaz vycházení z do-
mu, policejní hodina

curiosity /ˌkjuriˈosity/ s. zvědavost,
kuriozita

curious /ˈkjuerjes/ adj. zvědavý, podivný

curly /ˈkérly/ adj. kudrnatý, kadeřavý

currency /ˈkarensy/ s. oběživo, měna,
valuta, oběh

current /ˈkarent/ adj. běžný, obvyklý,
s. proud, směr

curse /kérs/ s. klatba, klení, v. proklí-
nat, rouhat se

curtain /ˈkértn/ s. záclona, opona

curve /kérv/ s. křivka, zatáčka, v. za-
křivit, zatáčet se

cushion /ˈkušn/ s. poduška, polštář

custody /ˈkastedy/ s. péče, opatrování,
úschova, /vyšetřovací/ vazba

custom /ˈkastem/ s. zvyk, obyčej

customer /ˈkastemer / s. zákazník

customs /ˈkastems/ s. pl. clo, celnice

cut, cut, cut /kat, kat, kat/ v. řezat,
krájet, stříhat, sekat, ukrojit, zkrá-
tit, přerušit, snížit /ceny/, s. říznu-
tí, stříhání, škrábnutí, snížení /cen/,
přeškrtnutí, střih, přerušení

cute /kjút/ adj. rozkošný, roztomilý

cutlet /ˈkatlit/ s. kotleta, řízek

cutting /ˈkatyng/ adj. bolestný, pronika-
vý, s. výstřižek

cycle /ˈsajkl/ s. cyklus, v. jet na kole

cyclist /ˈsajklist/ s. cyklista

Czech /ček/ s. Čech, čeština, adj. český

Czechoslovak /ˈčekoˈslouvaek/ s. Čecho-
slovák, adj. československý

Czechoslovakia /ˈčekosloˈvaekje/ s. Čes-
koslovensko

- . -

dad, daddy /daed, daedy/ s. táta, tatínek

daft /dáft/ adj. hloupý, pošetilý

daily /ˈdejly/ adj. denní, adv. denně

dairy /´deɘry/ s. mlékárna

daisy /´dejzy/ s. sedmikráska,chudobka

dam /daem/ s. hráz, přehrada, v. přehra-
dit

damage /´daemidž/ s. škoda, ztráta,
v. poškodit, zničit, zkazit

damned /´daemd/ adj. zatracený, prokletý

damp /daemp/ adj. vlhký, s. vlhkost,
v. navlhčit, ztlumit

dance /dáns/ s. tanec, taneční zábava,
v. tančit

dancer /´dánsɘr/ s. tanečník, tanečnice

dandelion /´daendylajɘn/ s. pampeliška

dandruff /´daendrɘf/ s. lupy

danger /´dejndžɘr/ s. nebezpečí

dangerous /´dejndžɘrɘs/ adj. nebezpečný

dare /deɘr/ v. odvážit se, smět,   vyzvat

dark /dárk / adj. tmavý, temný, tajemný,
ponurý, s. tma, nevědomost

darkness /´dárknys/ s. tma, temnota

darling /´dárling/ s. miláček, adj. milo-
vaný, drahý

date /dejt/ s. datum, schůzka, v. datovat,
mít schůzku, zastarávat

date /dejt/ s. datle

daughter /´dótɘr/ s. dcera

daughter-in-law /´dótɘr in´ló/ s. snacha

dawn /dón/ s. úsvit, svítání, v. svítat

day /dej/ s. den, doba

dazzle /ˈdaezl/ v. oslnit

dead /ded/ adj. mrtvý, neživý, adv. naprosto, úplně

dead-line /dedlajn/ s. /konečný/ termín

deaf /def/ adj. hluchý

deal, dealt, dealt /dýl, delt, delt/ v. rozdělit, rozdat, jednat, vyjednat, obchodovat, s. dohoda, množství, díl

dealer /ˈdýler/ s. obchodník

dear /dyer/ adj. drahý, milý, adv. draho, s. drahoušek, miláček

death /deS/ s. smrt, úmrtí

debate /dyˈbejt/ s. debata, diskuse, v. debatovat, uvažovat

debt /det/ s. dluh

decade /ˈdekejd/ s. desetiletí

decay /dyˈkej/ v. rozkládat se, kazit se, hnít, rozpadat se, chátrat, s. rozklad, úpadek, kažení /zubů/

decease /dyˈsís/ s. skon, úmrtí, v. zemřít

deceit /dyˈsít/ s. klam, podvod

deceive /dyˈsív/ v. klamat, podvádět

December /dyˈsember/ s. prosinec

decency /ˈdýsnsy/ s. slušnost

decent /ˈdýsnt/ adj. slušný, pořádný, patřičný

decide /dy'sajd/ v. rozhodnout /se/

decision /dy'sižn/ s. rozhodnutí, usne-
sení, rozhodnost

decisive /dy'sajsiv/ adj. rozhodný, roz-
hodující

deck /dek/ s. paluba, plošina

declaration /·dekle'rejšn/ s. prohlášení,
vyhlášení, deklarace

declare /dy'klér/ v. prohlásit, vyhlásit,
proclít

decline /dy'klajn/ v. naklánět se, kles-
nout, upadat, chátrat, odmítnout, s. ú-
padek, pokles

decorate /'dekerejt/ v. ozdobit, vyzdobit,
vymalovat, vyznamenat, dekorovat

decoration /·deke'rejšn/ s. výzdoba, řád,
vyznamenání

decrease /dy'krís/ v. zmenšit, ubývat,
s. úbytek, pokles

dedicate /'dedykejt/ v. věnovat, zasvětit

dedication /·dedy'kejšn/ s. věnování

deduct /dy'dakt/ v. odečíst, slevit

deduction /dy'dakšn/ s. srážka, sleva,
usozování, závěr, dedukce

deed /dýd/ s. čin, skutek, smlouva, lis-
tina, v. upsat, postoupit

deep /dýp/ adj. hluboký, adv. hluboko

deer /dyer/ s. jelen, srna, vysoká zvěř

defeat /dy'fít/ v. porazit, zničit, s.po-
rážka

defect /dy'fekt/ s. nedostatek, vada ,
v. dezertovat

defective /dy'fektyv/ adj. chybný, vadný

defend /dy'fend/ v. bránit, hájit

defense /dy'fens/ s. obrana, obhajoba

defiance /dy'fajens/ s. vzdor, odpor

deficiency /dy'fišensy/ s. nedostatek,
deficit

define /dy'fajn/ v. vymezit, určit, ujas-
nit, definovat

definite /'definyt / adj. určitý, nespor-
ný

definitely /'definytly/ adv. rozhodně,
určitě

deform /dy'fórm/ v. znetvořit, zmrzačit

defrost /dy'frost/ v. rozmrazit

degree /dy'grí/ s. stupeň, akademická
hodnost

delay /dy'lej/ v. zdržet /se/, odložit,
odsunout, váhat, otálet, s. odklad,
zdržení, zpoždění

delegate /'deliget/ s. zástupce, delegát,
v. pověřit, delegovat

delete /dy'lít/ v. škrtnout, odstranit

deliberate /dy'liberyt/ adj. úmyslný, zá-
měrný, rozvážný, v. radit se, uvažovat

delicate /´delikyt/ adj. jemný, choulos-
tivý, citlivý, křehký, chutný, lahodný

delicatessen /´delike´tesn/ s. pl. la-
hůdky, lahůdkářství

delicious /dy´lišes/ adj. lahodný, báječ-
ný /o jídle/

delight /dy´lajt/ s. potěšení, radost,
rozkoš, v. potěšit, mít radost

delightful /dy´lajtful/ adj. rozkošný

deliver /dy´liver/ v. doručit, dodat,
odevzdat, sdělit, pronést, vysvobodit z
dát, zasadit

delivery /dy´livery/ s. dodání, dodávka,
přednesení, doručení, porod

demand /dy´mánd/ v. žádat, požadovat, vy-
žadovat, tázat se, s. požadavek, žádost,
poptávka

democracy /dy´mokresy/ s. demokracie

demolish /dy´moliš/ v. zničit, zbourat

demolition /´deme´lišn/ s. zbourání, zni-
čení

demonstrate /´demenstrejt/ v. ukázat, do-
kázat, znázornit, demonstrovat

demonstration /´demen´strejšn/ s. důkaz,
projev, ukázka, demonstrace

denial /dy´najel/ s. popření, odmítnutí

denounce /dy´nauns/ v. hrozit, udat, vy-
povědět

dense /dens/ adj. hustý

density /'density/ s. hustota

dental /'dentl/ adj. zubní

dentist /'dentyst/ s. zubní lékař

deny /dy'naj/ v. popřít, zapřít, odepřít, zamítnout

depart /dy'párt/ v. odejít, odjet, odchýlit se, lišit se

department/dy'pártment/ s. oddělení, ministerstvo

department store /dy'pártment'stór/ s. obchodní dům

departure /dy'párčer/ s. odjezd, odchod, odchylka

depend /dy'pend/ v. záviset, spoléhat se

dependent /dy'pendent/ adj. závislý

deposit /dy'pozit/ s. vklad, záloha, v. uložit, vložit, složit /zálohu/

depreciate /dy'príšiejt/ v. podceňovat, klesnout v ceně

depress /dy'pres/ v. stlačit, sklíčit, pokořit

depression /dy'prešn/ s. stlačení, sklíčenost, deprese, krize

deprive /dy'prajv/ v. zbavit /čeho/

depth /depS/ s. hloubka

deputy /'depjuty/ s. zástupce, náměstek, poslanec

descend /dy'send/ v. sestoupit, klesat, napadnout, pocházet

descendant /dy'sendent/ s. potomek

descent /dy'sent/ s. sestup, klesání, původ, nájezd

describe /dys'krajb/ v. popsat, vylíčit

description /dys'krypšn/ s. popis, líčení, druh

desert /dy'zért/ v. opustit, zběhnout

desert /'dezert/ adj. pustý, opuštěný, s. poušť

deserve /dy'zérv/ v. zasloužit /si/, být hoden

design /dy'zajn/ v. plánovat, navrhnout, určit, projektovat, s. návrh, nárys, projekt, vzor, záměr

desire /dy'zajer/ s. touha, přání, žádost, v. toužit, přát si, žádat

desk /desk/ s. psací stůl, školní lavice

desolate /'desolyt/ adj. bezútěšný, opuštěný, pustý

despair /dys'peer/ s. zoufalství, beznaděj, v. zoufat si

desperate /'desperyt/ adj. zoufalý

despise /dys'pajz/ v. pohrdat, opovrhovat

despite /dys'pajt/ s. vzdor,/...of/ přes, navzdory

dessert /dy'ze̱rt/ s. moučník, zákusek,
   dezert

destination /.desty'nejšn/ s. určení, cíl

destiny /'destyny/ s. osud

destroy /dys'troj/ v. zničit, zbořit

destruction /dys'trakšn/ s. zničení, zká-
   za, zboření

detach /dy'taeč/ v. oddělit

detail /'dýtejl/ s. podrobnost, detail

detain /dy'tejn/ v. zdržet, zadržet /ve
   vazbě/

detect /dy'tekt/ v. odkrýt, vypátrat

detergent /dy'te̱rdžent/ s. mycí prostře-
   dek, saponát

deteriorate /dy'týrie̱rejt/v. zhoršit /se/

determine /dy'te̱rmin/ v. určit, rozhod-
   nout se

determined /dy'te̱rmind/ adj. rozhodný,
   odhodlaný

detest /dy'test/ v. ošklivit si, štítit
   se, nenávidět

devastate /'deve̱stejt/ v. zpustošit,zničit

develop /dy'vele̱p/ v. vyvinout, vyvolat

development /dy'velepme̱nt/ s. vývoj, roz-
   voj

device /dy'vajs/ s. zařízení, přístroj,
   plán, prostředek

devil /'devl/ s. ďábel, čert

devote /dy'vout/ v. věnovat, zasvětit

devoted /dy'voutyd/ adj. oddaný, nadšený

devotion /dy'voušn/ s. oddanost, úcta

devour /dy'vauer/ v. hltat, žrát

dew /djú/ s. rosa

dial /'dajel/ s. ciferník, v. vytočit
  číslo telefonu

dialect /'dajelekt/ s. nářečí, dialekt

diameter /daj'aemiter/ s. průměr

diamond /'dajemend/ s. diamant, kosočtve-
  rec

diaper /'dajeper/ s. plenka

diarrhea /'daje'rie/ s. průjem

diary /'dajery/ s. deník, kalendář

dictate /dyk'tejt/ v. diktovat, nařídit,
  s. příkaz, diktát

dictator /dyk'tejter/ s. diktátor

dictionary /'dykšenery/ s. slovník

die /daj/ v. zemřít, umřít, mřít /touhou/,
  s. kostka

diet /'dajet/ s. strava, dieta

differ /'dyfer/ v. lišit se, nesouhlasit

difference /'dyfrens/ s. rozdíl

different /'dyfrent/ adj. různý, odlišný,
  jiný, nezvyklý

difficult /'dyfiklt/ adj. těžký, obtížný

difficulty /'dyfiklty/ s. obtíž, nesnáz

dig, dug, dug /dyg, dag, dag/ v. kopat,
rýt, pátrat, dloubnout, s. rýpnutí,
dloubnutí

digest /´dajdžest/ v. strávit, zestručnit,
s. výtah /z knihy/, zhuštění

digestion /daj´džesčen/ s. trávení, zažívání

dignity /´dygnyty/ s. důstojnost,vážnost

diligent /´dylidžent/ adj. pilný, horlivý

dill /dyl/ s. kopr

dilute /daj´ljút/ v. zředit

dim /dym/ adj. šerý, nejasný, matný, přihlouplý, v. zakalit, ztlumit /světla/

dimension /dy´menšn/ s. rozměr

diminish /dy´minyš/ v. zmenšit /se/,snížit

dine /dajn/ v. večeřet, jíst

dining-room /´dajnyngrum/ s. jídelna

dinner /´dyner/ s. hlavní jídlo dne, večeře,/někdy oběd/

dip /dyp/ v. namočit, ponořit, potopit se

diphtheria /dyf´Syrje/ s. záškrt

diplomat /´dyplemaet/ s. diplomat

direct /dy´rekt/ adj. přímý, rovný,
adv. přímo, v. řídit, vést, namířit, u-
kázat směr, adresovat, zaměřit

direction /dy´rekšn/ s. řízení, vedení,
směr, návod

directly /dy'rektly/ adv. přímo, ihned

director /dy'rekter/ s. ředitel, režisér

directory /dy'rektery/ s. telefonní
seznam, adresář

dirt /dért/ s. špína, sprostota

dirty /dérty/ adj. špinavý, nečistý,
sprostý

disadvantage /·dysed'vántydž/ s. nevý-
hoda, škoda, ztráta

disagree /·dyse'grí/ v. nesouhlasit, od-
porovat, nesvědčit /komu/

disappear /·dyse'pier/ v. zmizet

disappearance /·dyse'pierens/ s. zmizení

disappoint /·dyse'pojnt/ v. zklamat

disappointment /·dyse'pojntment/ s. zkla-
mání

disapprove /·dyse'prúv/ v. neschválit,
odsoudit

disaster /dy'záster/ s. neštěstí, pohroma

discard /dys'kárd/ v. odložit, vyhodit

discharge /dys'čárdž/ v. vyložit /náklad/,
vyprázdnit, propustit, vystřelit,
s. vyložení, propuštění, výstřel, výtok

discipline /'dysiplin/ s. kázeň, disciplí-
na, v. cvičit, trestat

disclose /dys'klouz/ v. odhalit, objevit,
prozradit

discomfort /dys´kamf<u>e</u>rt/ s. nepohodlí,
nepokoj, v. znepokojovat

disconnect /´dyske´nekt/ v. vypnout, pře-
rušit /spojení/

discontent /´dysk<u>e</u>n´tent/ sdj. nespokoje-
ný, s. nespokojenost

discount /´dyskaunt/ s. srážka, sleva

discover /dys´kav<u>e</u>r/ v. objevit, odkrýt,
zjistit

discovery /dys´kav<u>e</u>ry/ s. objev, objevení

discreet /dys´krít/ adj. taktní,diskrétní

discuss /dys´kas/ v. hovořit, diskutovat

discussion /dys´kašn/ s. rozhovor, deba-
ta, diskuse

disease /dy´zíz/ s. nemoc, nákaza

disengage /´dysin´gejdž/ v. vyprostit se,
zbavit /se/

disgrace /dys´grejs/ s. nemilost, hanba,
ostuda

disguise /dys´gajz/ v. přestrojit se, pře-
měnit, s. přestrojení, přetvářka

disgust /dys´gast/ s. odpor, ošklivost,
v. znechutit, zhnusit

disgusting /dys´gastyn<u>g</u>/ adj. odporný,
hnusný

dish /dyš/ s. mísa, jídlo, chod

dish-cloth /´dyškloS/ s. utěrka

dishonest /dys´onyst/ adj. nepoctivý, ne-
čestný

dishonor /dys´oner/ s. hanba, v. potupit,
zneuctít

dislike /dys´lajk/ s. odpor, nechuť,v.ne-
mít rád, nelíbit se

dismay /dys´mej/ s. hrůza, zděšení, v.po-
lekat, vyděsit

dismiss /dys´mis/ v. propustit, zanechat,
rozpustit

disobey /´dyse´bej/ v. neposlechnout

disorder /dys´order/ s. nepořádek, poru-
cha, zmatek

dispatch /dys´paeč/ v. odeslat, vypravit,
s. odeslání, depeše, zpráva

display /dys´plej/ v. vystavit, ukazovat,
projevit, s. výstava, výloha, podívaná

displease /dys´plíz/ v. urazit, nelíbit
se, rozhněvat

dispose /dys´pouz/ v. rozdělit, uspořá-
dat, naladit /dobře, špatně/, naklonit,
/...of/ zbavit se

disposition /´dyspe´zišn/ s. uspořádání,
nálada, povaha, dispozice

dispute /dys´pjút/ v. přít se, popírat,
s. spor, hádka

disregard /´dysry´gárd/ v. nedbat, nevší-
mat si, s. nedbání, přehlížení

disrupt /dys´rapt/ v. roztrhnout, roz-
vrátit, rozbít

dissatisfied /dys´saetysfajd/ adj. ne-
spokojený

dissolve /dy´zolv/ v. rozpustit /se/

distance /´dystens/ s. vzdálenost, dálka

distant /´dystent/ adj. vzdálený, zdr-
želivý

distinct /dys´tynkt/ adj. rozdílný, od-
lišný, zřetelný

distinction /dys´tynkšn/ s. rozdíl, před-
nost, zvláštnost, vyznamenání

distinguish /dys´tyngwiš/ v. rozlišovat,
rozeznat, vyznamenat /se/

distinguished /dys´tyngwišt/ adj. význam-
ný, vynikající

distort /dys´tórt/ v. zkřivit, překrou-
tit, zkreslit /smysl/

distract /dys´traekt/ v. odvrátit, odvést

distraction /dys´traekšn/ s. rozptýlení,
vyrušování, zmatek

distress /dys´tres/ s. úzkost, tíseň,
nouze, vyčerpání v. rozrušit, soužit,
vyčerpat

distribute /dys´trybjút/ v. rozdělit, roz-
třídit

distribution /dystry´bjúšn/ s. rozdělení,
distribuce

district /ˈdystrykt/ s. okres, obvod,
  oblast

distrust /dysˈtrast/ s. nedůvěra, v. ne-
  důvěřovat, nevěřit

disturb /dysˈtérb/ v. rušit, vyrušovat,
  znepokojovat

disturbance /dysˈtérbens/ s. /po/rušení,
  výtržnost, nepokoj

ditch /dyč/ s. příkop, strouha

dive /dajv/ v. potopit se, skákat do vo-
  dy, s. potopení, skok do vody

diver /ˈdajver/ s. potápěč, skokan

diversion /dyˈvéržn/ s. objížďka, roz-
  ptýlení /mysli/, odchylka

divert /dyˈvért/ v. odchýlit, odvrátit,
  rozptýlit, pobavit

divide /dyˈvajd/ v. dělit, rozdělit /se/

division /dyˈvižn/ s. dělení, rozdělení,
  oddělení, divize

divorce /dyˈvórs/ s. rozvod, v. rozvést

do, did, done /dú, dyd, dan/ v. dělat,
  činit, vykonat, způsobit

do with /·dúˈwidz/ v. spokojit se, vystačit

do without /·dúˈwidzaut/ v. obejít se bez

doctor /ˈdokter/ s. lékař, doktor

document /ˈdokjument/ s. dokument, doklad

dog /dog/ s. pes

doll /dol/ s. panenka, loutka

dollar /'doler/ s. dolar

domestic /de'mestyk/ adj. domácí

dominant /'dominent/ adj. vládnoucí, pře-
vládající

dominate /'dominejt/ v. ovládat, převyšo-
vat, vládnout

donate /dou'nejt/ v. darovat, věnovat

donkey /'donky/ s. osel

door /dór/ s. dveře

doorway /'dórwej/ s. vchod

dope /doup/ s. narkotikum

dose /dous / s. dávka

dot /dot/ s. bod, tečka, skvrna

double /'dabl/ adj. dvojí, dvojitý, dvoj-
násobný, adv. dvakrát, s. dvojnásobek,
dvojník, v. zdvojnásobit

doubt /daut/ s. pochybnost, nejistota,
v. pochybovat

doubtful /'dautful/ adj. pochybný

dough /dou/ s. těsto

doughnut /'dounat/ s. kobližka

dove /dav/ s. holubice, holub

down /daun/ adv. dolů, dole, adj. dolej-
ší, nízký

downfall /'daunfól/ s. pád, úpadek

downstairs /'daun'steerz/ adv. dolů /po
schodech/, dole

dowry /ˊdaury/ s. věno

doze /douz/ v. dřímat, klímat

dozen /dazn/ s. tucet

drag /draeg/ v. táhnout, vléci, s. vleče-
ní, přítěž

drain /drejn/ s. odtok, v. odvodnit, vy-
sušit, vymačkat

draught, draft /dráft/ s. tah, průvan,
nákres, odvod

draw, drew, drawn /dró, drú, drón/ v.
tahat, vy-, za-, táhnout, přitahovat,
vyzvednout /peníze/, kreslit, s. neroz-
hodná hra

drawback /ˊdróbaek/ s. nedostatek, nevý-
hoda, vada

drawer /ˊdróer/ s. zásuvka

drawing /ˊdróing/ s. kreslení, kresba

dread /dred/ s. strach, v. bát se, hrozit se

dreadful /ˊdredful/ adj. hrozný, strašný

dream, dreamt, dreamt /drím, dremt, dremt/
v. snít, zdát se, mít sen, s. sen, snění

dreary /ˊdriery/ adj. chmurný, bezútěšný,
únavný

dress /dres/ s. šaty, oblek, v. obléci se,
upravit, ošetřit /ránu/

dresser /ˊdreser/ s. kredenc, prádelník

dressing-gown /ˊdresingaun/ s. župan

dressmaker /ˊdres-mejker/ s. švadlena

drink, drank, drunk /drynk, draenk,drank/
   v. pít, připít, s. nápoj
drip /dryp/ v. kapat, s. kapka
drive, drove, driven /drajv, drouv, dryvn/
   v. hnát, řídit /auto/, jet, vézt,
   s. jízda, projížďka, vjezd, energie
driver /´drajver/ s. řidič, šofér
driving-licence /´drajving´lajsens/ s.
   řidičský průkaz
drizzle /´dryzl/ s. mžení, v. mrholit
drop /drop/ s. kapka, pokles, v. padat,
   upustit, klesat, ustat, zanechat
drought /draut/ s. /velké/ sucho
drown /draun/ v. utopit se, tonout
drowsy /´drauzy/ adj. ospalý
drug /drag/ s. lék, droga, v. omámit,
   otrávit
drug-store /drag stór/ s. drogerie, pro-
   dejna drobného zboží
drum /dram/ s. buben, v. bubnovat
drunk /drank/ adj. opilý, s. opilec
dry /draj/ adj. suchý, v. sušit, uschnout
dry-cleaner´s /´draj´klínerz/ s. čistírna
dryness /´drajnes/ s. sucho
duck /dak/ s. kachna, v. sehnout se, vy-
   hnout se
due /djú/ adj. patřičný, náležitý, splat-
   ný, mající přijet, přijít

dull /dal/ adj. tupý, nechápavý, mdlý,
  nudný

dumb /dam/ adj. němý

dumpling /'dampling/ s. knedlík

durable /'djurebl/ adj. trvanlivý

duration /dju'rejšn/ s. trvání

during /'djueryng/ prep. během, za

dust /dast/ s. prach, v. poprášit, oprá-
  šit, utřít prach

dustpan /'dastpaen/ s. lopatka na smetí

duty /'djúty/ s. povinnost, služba, clo,
  poplatek

dwarf /dwórf/ s. trpaslík

dye /daj/ s. barva, v. barvit

- . -

each /íč/ pron. každý

eager /'íger/ adj. dychtivý, horlivý

eagle /'ígl/ s. orel

ear /ier/ s. ucho, sluch

early /'érly/ adj. časný, raný, adv. čas-
  ně, brzy

earn /érn/ v. vydělat si, zasloužit si

earnest /'érnyst/ adj. vážný, s. vážnost,
  naléhavost

ear-ring /'ieryng/ s. náušnice

earth /érS/ s. země, hlína, svět

earthly /ˈérSly/ adj. pozemský, světský

earthquake /ˈérSkwejk/ s. zemětřesení

ease /íz/ s. klid, pohoda, lehkost, nenucenost, v. ulevit, ulehčit, uspokojit, povolit

easily /ˈízily/ adv. lehce, snadno

east /íst/ s. východ, adj. východní, adv. na východ

Easter /ˈíster/ s. velikonoce

eastern /ˈístern/ adj. východní

easy /ˈízy/ adj. snadný, lehký, nenucený, adv. lehce, nenuceně

eat, ate, eaten /ít, ejt, ítn/ v. jíst, sníst

eccentric /ikˈsentryk/ adj. výstřední

echo /ˈekou/ s. ozvěna, v. opakovat, ozývat se

economic /ˌíkeˈnomik/ adj. ekonomický, hospodářský

economy /íˈkonomy/ s. ekonomie, hospodářství, hospodaření

edge /edž/ s. ostří, hrana, okraj, v. naostřit, hraničit

edible /ˈedybl/ adj. jedlý

edition /eˈdyšn/ s. vydání /knihy/

editor /ˈedyter/ s. radaktor

educate /´edjukejt/ v. vychovávat, vzdě-
lávat

education /´edju´kejšn/ s. výchova, vzdě-
lání, školství

effect /i´fekt/ s. účinek, výsledek, ná-
sledek, dojem, v. způsobit, vykonat

effective /i´fektyv/ adj. působivý, účin-
ný, efektní

efficiency /i´fišensy/ s. výkonnost,
zdatnost

efficient /i´fišnt/ adj. výkonný, zdatný,
hospodárný

effort /´efert/ s. úsilí, snaha, výkon

egg /eg/ s. vejce

egoist /´egouist/ s. sobec

eiderdown /´ajderdaun/ s. peřina

eight /ejt/ num. osm

eighteen /´ej´týn/ num. osmnáct

eighty /´ejty/ num. osmdesát

either /´ajdzer/ adj., pron. každý ze
dvou, jeden nebo druhý, oba

elastic /i´laestyk/ adj. pružný, ohebný,
s. guma

elbow /´elbou/ s. loket, ohbí

elder /´elder/ adj. starší /člen rodiny/

eldest /´eldyst/ adj. nejstarší /člen ro-
diny/

elect /i lekt/ v. /z/volit, vybrat,
  adj. zvolený

election /i lekšn/ s. volby

electric /i lektryk/ adj. elektrický

electricity /ilek trysity/ s. elektřina

elegant /'elegent/ adj. elegantní, vkusný

element /'element/ s. prvek, živel

elementary /'ele mentery/ adj. základní

elephant /'elefent/ s. slon

elevate /'elevejt/ v. zvednout, povýšit

elevator /'elevejter/ s. výtah, zdviž

eleven /i levn/ num. jedenáct

eliminate /i liminejt/ v. vyloučit, od-
  stranit

else /els/ adj. jiný, adv. jinak, sice,
  mimoto, ještě

elsewhere /'els weer/ adv. /někde/ jinde,
  jinam

embankment /im baenkment/ s. nábřeží,hráz

embark /im bárk/ v. nalodit se

embarrass /im baeres/ v. zmást, uvést do
  rozpaků

embarrassment /im baeresment/ s. rozpaky

embassy /'embesy/ s. velvyslanectví

embrace /im brejs/ v. objímat /se/, obsa-
  hovat, s. objetí

embroider /im brojder/ v. vyšívat

emerge /i'mérdž/ v. vynořit se, vyjít
najevo

emergency /i'mérdžensy/ s. případ nut-
nosti, vyjímečný stav

emigrant /'emigrent/ s. emigrant, vystě-
hovalec

emigrate /'emigrejt/ v. vystěhovat /se/

emotion /i'moušn/ s. dojetí, pohnutí, cit

emphasize /'emfesajz/ v. zdůraznit

empire /'empajer/ s. říše, císařství

employ /im'ploj/ v. zaměstnávat, použít

employee /,emploj'í/ s. zaměstnanec

employer /im'plojer/ s. zaměstnavatel

employment /im'plojment/ s. zaměstnání

empty /'empty/ adj. prázdný, pustý, bez-
výrazný, v. vyprázdnit, vylít, vysypat

enable /i'nejbl/ v. umožnit,dát možnost

enclose /in'klouz/ v. ohradit, uzavřít,
obklopit, přiložit

enclosure /in'kloužer/ s. ohrazení, uza-
vření, příloha

encourage /in'karydž/ v. povzbudit, dodat
odvahy

encouragement /in'karydžment/ s. povzbu-
zení, podpora

end /end/ s. konec, závěr, v. ukončit,
skončit

endanger /in'dejndžer/ v. ohrozit

endearment /in'dyerment/ s. láska, zalíbení

endeavor /in'dever/ v. snažit se, usilovat, s. snaha, úsilí

endless /'endlys/ adj. nekonečný, ustavičný

endurance /in'djuerens/ s. vytrvalost, trpělivost

endure /in'djuer/ v. vydržet, snést, trvat

enemy /'enemy/ s. nepřítel

energetic /·ener'džetyk/ adj. energický, rázný

energy /'enerdži/ s. energie, síla

enforce /in'fórs/ v. vynutit, získat násilím, uvést v platnost

engage /in'gejdž/ v. najmout, zaměstnat, zavázat se, zúčastnit se, zasnoubit

engagement /in'gejdžment/ s. zasnoubení, závazek, ujednání, schůzka, zaměstnání

engine /'endžin/ s. stroj, motor,lokomotiva

engineer /·endži'nyer/ s. inženýr, technik

England /'inglend/ s. Anglie

English /'ingliš/ adj. anglický, s. /the.../ Angličané

engrave /in´grejv/ v. vyrýt, vyřezat

enhance /in´háns/ v. zvýšit, zvětšit,
přehánět

enjoy /in´džoj/ v. těšit se, mít potěše-
ní, požitek, bavit se

enjoyment /in´džojment/ s. potěšení, po-
žitek, radost, zábava

enlarge /in´lárdž/ v. zvětšit, rozšířit

enmity /´enmity/ s. nepřátelství

enormous /i´nórmes/ adj. obrovský, ohrom-
ný

enough /i´naf/ adj. dostatečný, adv.dosti,
s. dostatek

enrol /in´roul/ v. zapsat /se/

entangle /in´taengl/ v. zamotat, zaplést

enter /´enter/ v. vstoupit, vejít,vložit

enterprise /´enterprajz/ s. podnik, pod-
nikání

entertain /´enter´tejn/ v. bavit, hostit,
chovat

entertainment /´enter´tejnment/ s. zábava

enthusiastic /in٠Sjúzi´aestyk/ adj. zaní-
cený, nadšený

entire /in´tajer/ adj. veškerý, celý, na-
prostý

entirely /in´tajerly/ adv. naprosto, ú-
plně

entrance /'entrens/ s. vchod, vstup

entry /'entry/ s. vchod, vjezd, vstup, záznam, položka

envelope /'enveloup/ s. obálka

envious /'envies/ adj. závistivý

environment /in'vajerenment/ s. okolí, prostředí

envy /'envy/ s. závist, v. závidět

epoch /'ípok/ s. epocha

equal /'íkwl/ adj. rovný, stejný, v. rovnat se

equality /í'kwolity/ s. rovnost

equally /'íkwely/ adv. stejně, rovněž

equator /i'kwejter/ s. rovník

equip /i'kwip/ v. vybavit, vyzbrojit

equipment /i'kwipment/ s. vybavení, výstroj, výzbroj

equivalent /i'kwivelent/ adj. rovnocenný, rovný, shodující se

era /'iere/ s. éra, věk, období

erase /i'rejz/ v. vymazat, vyškrtnout, vyhladit

eraser /i'rejzer/ s. guma

erect /i'rekt/ adj. vzpřímený, vztyčený, v. vztyčit, založit, zbudovat

error /'erer/ s. omyl, chyba

eruption /i'rapšn/ s. výbuch, vyrážka

escape /is'kejp/ v. utéci, uniknout,
  s. únik, útěk

especial /is'pešl/ adj. zvláštní

especially /is'pešely/ adv. obzvláště,
  zejména

essence /'esns/ s. podstata, základ,
  esence

essential /i'senšl/ adj. podstatný, nez-
  bytný, s. základ, podstata

establish /is'taebliš/ v. založit, zří-
  dit, usadit /se/, prokázat

establishment /is'taeblišment/ s. založe-
  ní, zřízení, podnik, domácnost

estate /is'tejt/ s. majetek, panství,
  stav

estimate /'estymet/ s. odhad, ocenění,
  /'estymejt/ v. odhadnout, ocenit

estray /is'trej/ adj. toulavý, zaběhlý

eternal /i'térnl/ adj. věčný, nekonečný

eternity /i'térnyty/ s. věčnost

Europe /'juerep/ s. Evropa

European /•juere'pien/ adj. evropský,
  s. Evropan

evacuate /i'vaekjuejt/ v. vystěhovat,
  evakuovat

evaluate /i'vaeljuejt/ v. hodnotit, oce-
  nit

evaporate /i'vaeperejt/ v. vypařit /se/

even /´ívn/ adj. rovný, plochý, stejný,
rovnocenný, sudý, adv. dokonce, stejně,
ještě, právě, v. vyrovnat /se/

evening /´ívnyng/ s. večer

event /i´vent/ s. událost, případ

eventual /i´venčuel/ adj. možný, konečný

eventually /i´venčuely/ adv. nakonec

ever /´ever/ adv. vždy, kdy, někdy, stále

every /´evry/ adj. každý

everybody /´evrybody/ pron. každý

everyone /´evrywan/ pron. každý

everything /´evrySing/ pron. všechno

everywhere /´evryweer/ adv. všude

evidence /´evidns/ s. důkaz, svědectví

evident /´evidnt/ adj. /samo/zřejmý, jasný

evil /´ívl/ adj. zlý, špatný, s. zlo

evolution /·íve´lúšn/ s. vývoj

exact /ig´zaekt/ adj. přesný, určitý,
v. vymáhat, požadovat

exactly /ig´zaektly/ adv. přesně, správně

exaggerate /ig´zaedžerejt/ v. přehánět

examination /ig´zaemi´nejšn/ s. zkouška,
výslech, vyšetření, prohlídka

examine /ig´zaemin/ v. zkoušet, vyšetřo-
vat, prohlížet, zkoumat

example /ig´zámpl/ s. příklad, vzor

excavation /·ekske´vejšn/ s. vykopávka

exceed /ik´síd/ v. překročit, převýšit,
přesáhnout míru

excel /ik´sel/ v. vynikat

excellent /´ekselent/ adj. vynikající,
výborný, znamenitý

except /ik´sept/ prep. kromě, mimo,
v. vyjmout, vyloučit

exception /ik´sepšn/ s. výjimka, námitka

exceptional /ik´sepšnl/ adj. vyjímečný

excess /ik´ses/ s. přemíra, hojnost, pře-
bytek

excessive /ik´sesiv/ adj. nadměrný, pří-
lišný

exchange /iks´čejndž/ s. výměna, burza,
v. vyměnit

excite /ik´sajt/ v. vzbudit, vzrušit, roz-
čílit, vyvolat

excitement /ik´sajtment/ s. vzrušení, roz-
čilení

exclaim /iks´klejm/ v. zvolat, vykřiknout

exclude /iks´klúd/ v. vyloučit, vyhodit

excursion /iks´kéršn/ s. výlet, výprava

excuse /iks´kjúz/ v. omluvit, odpustit
s. omluva

execute /´eksikjút/ v. provést, vykonat,
vyřídit, popravit

execution /´eksi´kjúšn/ s. vyřízení, pro-
vedení, poprava

exempt /ig´zempt/ adj. vyňatý, osvobozený, vyloučený

exercise /´eksesajz/ s. cvičení, provádění, vykonávání, pohyb, úkol, v. cvičit, použít, uplatňovat

exhausted /ig´zóstyd/ adj. vyčerpaný

exhaustion /ig´zóščn/ s. vyčerpání, vysílení

exhibit /ig´zibyt/ v. vystavit, ukázat, projevit, s. vystavený předmět, exponát

exhibition /·eksi´bišn/ s. výstava, ukázka, expozice

exile /´eksajl/ s. vyhnanství, exil, vyhnanec, v. vypovědět

exist /ig´zist/ v. být, žít, existovat, trvat

existence /ig´zistens/ s. bytí, život, existence

exit /´eksit/ s. východ /odkud/

expand /iks´paend/ v. rozšířit, rozpínat /se/

expansion /iks´paenšn/ s. rozpětí, zvětšení, rozpínavost, expanze

expect /iks´pekt/ v. očekávat, předpokládat, doufat

expectation /·ekspek´tejšn/ s. očekávání, naděje

expedition /·ekspi´dyšn/ s. výprava, o-
deslání

expel /iks´pel/ v. vyhnat, vyloučit

expense /iks´pens/ s. výdaj, útrata

expensive /iks´pensiv/ adj. drahý, ná-
kladný

experience /iks´piriens / s. zkušenost,
zážitek, v. zažít, zakusit

experiment /iks´periment/ s. pokus,
v. experimentovat, dělat pokusy

expert /´ekspért/ adj. znalý, zkušený,
s. odborník

expire /iks´pajer/ v. uplynout, vypršet,
přestat, vydechnout

explain /iks´plejn/ v. vysvětlit, vyložit,
vyjádřit

explanation /·eksple´nejšn/ s. vysvětle-
ní, výklad

explode /iks´ploud/ v. vybuchnout

exploit /iks´plojt/ v. využívat,vykořis-
ťovat

explore /iks´plór/ v. prozkoumat, bádat

explorer /iks´plórer/ s. badatel

explosion /iks´ploužn/ s. výbuch, exploze

explosive /iks´plousiv/ s. výbušnina,
adj. výbušný

export /eks´pórt/ s. vývoz, v. vyvážet

expose /iksˈpouz/ v. vystavit, odhalit

express /iksˈpres/ v. vyjádřit, prohlá-
sit, adj. výslovný, rychlý, spěšný,
s. rychlá doprava, rychlík, expres

expression /iksˈprešn/ s. výraz, vyjád-
ření

expulsion /iksˈpalšn/ s. vyhnání, vylou-
čení

extend /iksˈtend/ v. prodloužit, natáh-
nout, rozšířit, zvětšit, poskytnout

extension /iksˈtenšn/ s. prodloužení,
rozšíření, přístavek, telefonní linka

extent /iksˈtent/ s. rozloha, rozsah,
míra, stupeň

exterminate /eksˈtérminejt/ v. vyhladit,
vyhubit

external /eksˈtérnl/ adj. vnější

extinguish /iksˈtyngwiš/ v. uhasit, zni-
čit, vyhladit

extinguisher /iksˈtyngwišer/ s. hasicí
přístroj

extra /ˈekstre/ adj. další, zvláštní,
dodatečný, vedlejší, adv. obzvláště,
zvlášť, s. dodatek, příplatek

extract /iksˈtraekt/ v. vytáhnout, vyj-
mout, vybrat, s. /ˈekstraekt/ výtažek,
úryvek

extraordinary /iks'tródnery/ adj. mimo-
řádný, pozoruhodný, zvláštní

extreme /iks'trím/ adj. krajní, přemrš-
těný, extrémní, s. krajnost, extrém

extremely /iks'trímly/ adv. neobyčejně,
nesmírně

eye /aj/ s. oko, zrak, ucho jehly

eyebrow /'ajbrau/ s. obočí

eyelash /ajlaeš/ s. /oční/ řasa

- . -

fable /'fejbl/ s. bajka

fabric /'faebryk/ s. stavba, látka, tka-
nina

face /fejs/ s. obličej, tvář, vzezření,
smělost, líc, v. čelit /čemu/, dívat se
určitým směrem, tváří v tvář

facility /fe'sility/ s. lehkost, obrat-
nost, pl. možnost, zařízení

fact /faekt/ s. skutečnost, fakt

factor /'faekter/ s. činitel, složka

factory /'faektery/ s. továrna

faculty /'faekelty/ s. schopnost, nadání,
fakulta

fade /fejd/ v. vadnout, blednout, mizet

fail /fejl/ v. selhat, nepodařit se, ne
mít úspěch, propadnout, zanedbat, chy-
bit, udělat úpadek

failure /fejljer/ s. neúspěch, nezdar,
  zanedbání, propadnutí, úpadek

faint /fejnt/ adj. slabý, mdlý, nejasný,
  v. omdlít, slábnout, s. mdloba

fair /feer/ adj. pěkný, krásný, spraved-
  livý, poctivý, slušný, světlý, světlo-
  vlasý, adv. slušně, krásně, čstně,přímo,
  s. trh, veletrh

fairly /´feerly/ adv. dosti, slušně,pěkně

fairy /´feery/ s. víla

fairy-tale /´feery tejl/ s. pohádka

faith /fejS/ s. víra, důvěra, věrnost

faithful /´fejSful/ adj. věrný, věřící

fake /fejk/ v. falšovat, padělat, před-
  stírat, s. podvod, padělek

falcon /´fólken/ s. sokol

fall /fól/ v. padat, klesat, upadnout,
  připadnout, s. pád, pokles, podzim
  vodopád

false /fóls/ adj. klamný, nesprávný, fa-
  lešný, nevěrný

fame /fejm/ s. pověst, sláva

familiar /fe´miljer/ adj. známý, důvěrný,
  obeznámený, obvyklý, všední

family /´faemily/ s. rodina, adj. rodinný

famine /´faemin/ s. hlad, hladomor

famous /´fejmes/ adj. slavný

fan /faen/ s. vějíř, ventilátor, nadše-
nec, /sportovní/ fanoušek, v. ovívat,
vanout

fancy /ˈfaensy/ s. fantazie, představi-
vost, představa, záliba, rozmar, v. mít
v oblibě, představovat si

fantastic /faenˈtaestyk/ adj. fantastickj
ohromný, výstřední

far /fár/ adv. daleko, adj. vzdálený,
daleký

fare /feer/ s. jízdné, pasažér, pokrm

farewell /feerˈwel/ int. sbohem!

farm /fárm/ s. statek, farma, hospodář-
ství, v. obdělávat, hospodařit

farmer /ˈfármer/ s. zemědělec, farmář,
sedlák, rolník

farther /ˈfádzer/ adv. dále, kromě toho,
adj. vzdálenější, další

fascinate /ˈfaesinejt/ v. okouzlit, fasci-
novat

fashion /ˈfaešn/ s. způsob, móda, v. dát
tvar, utvořit

fashionable /ˈfaešenebl/ adj. módní, mo-
derní, elegantní

fast /fást/ adj. pevný, stálý, rychlý,
adv. pevně, rychle, v. postit se,
s. půst

fasten /fásn/ v. upevnit, připevnit, za-
pnout, zavírat se

fat /faet/ adj. tlustý, tučný, úrodný,
tupý, hloupý, s. tuk

fatal /ˊfejtl/ adj. osudný, smrtelný

fate /fejt/ s. osud, zkáza, záhuba

father /ˊfádzer/ s. otec

father-in-law /ˊfádzerinló/ s. tchán

fatherland /ˊfádzerlaend/ s. vlast,otčina

fatigue /fe_ˊtýg/ s. únava, v. unavit /se/

fault /fólt/ s. chyba, vada, vina

faulty /ˊfólty/ adj. chybný, vadný

favor /ˊfejver/ s. přízeň, laskavost,
prospěch, v. prokazovat přízeň, laska-
vost, podporovat

favorable /ˊfejverebl/ adj. příznivý,
slibný

favorite /ˊfejveryt/ adj. oblíbený, s.ob-
líbenec, favorit

fear /fier/ s. strach, bázeň, v. bát se,
obávat se

fearful /ˊfierful/ adj. bázlivý, strašlivý

feast /físt/ s. slavnost, hostina, po-
choutka, v. hodovat

feather /ˊfedzer/ s. pero, peří

feature /ˊfíčer/ s. rys, vlastnost,vzhled,
přitažlivost, zajímavost

February /'februery/ s. únor

fee /fí/ s. honorář, poplatek, školné

feed, fed, fed /fíd, fed, fed/ v. krmit,
   živit, pást se, zásobovat

feel, felt, felt /fíl, felt, felt/ v.
   cítit /se/, hmatat, dotýkat se, mít
   dojem

feeling /'fíling/ s. cítění, pocit,vědomí

fellow /'felou/ s. druh, kamarád, chlapík

female /'fímejl/ s. žena, samička,
   adj. ženský, samičí

feminine /'feminyn/ adj. ženský

fence /fens/ s. plot, ohrazení, šerm,
   v. oplotit, ohradit, šermovat

ferry /'fery/ s. převoz, převozní člun,
   vor, v. převézti /se/

fertile /'fértajl/ adj. úrodný, plodný

fertility /'fér'tylity/ s. úrodnost, plod-
   nost

festival /'festyvl/ s. festival, slavnost

fetch /feč/ v. přinést, přivézt, dojít

fever /'fíver/ s. horečka

feverish /'fíveryš/ adj. horečnatý, roz-
   čilený, vzrušený

few /fjú/ adj., pron. málo, nemnoho, ně
   kolik

fiancé /fi'ánsej/ s. snoubenec

fiancée /fi'ánsej/ s. snoubenka

fiber /ˈfajber/ s. vlákno

fiddle /ˈfidl/ s. housle, skřipky, podvod,
  v. hrát na housle, napálit, ošidit

fidelity /fiˈdelity/ s. věrnost

field /fíld/ s. pole, oblast, bojiště

fierce /fiers/ adj. prudký, divoký

fifteen /ˈfiftýn/ num. patnáct

fifty /ˈfifty/ num. padesát

fig /fig/ s. fík

fight, fought, fought /fajt, fót, fót/ v.
  bojovat, zápasit, s. boj, zápas

figure /ˈfiger/ s. postava, číslice,
  částka, obrazec, v. zobrazit, předsta-
  vit si, vypočítat

file /fajl/ v. zařadit, uspořádat

fill /fil/ v. naplnit /se/, vyplnit, us-
  pokojit, zaplombovat /zub/, obsadit

filling /ˈfiling/ s. výplň, plomba

film /film/ s. povlak, blána, film,
  v. filmovat

filth /filS/ s. špína, smetí, oplzlost

filthy /ˈfilSy/ adj. špinavý, oplzlý

final /ˈfajnl/ adj. konečný, závěrečný,
  rozhodný, s. závěr, finále

finance /fajˈnaens/ s. finance, v. finan-
  covat

financial /fajˈnaenšl/ adj. peněžní,
  finanční

find, found, found /fajnd, faund, faund/
  v. nalézt, objevit, najít, shledat,
  s. nález, objev
fine /fajn/ adj. jemný, pěkný, hezký,
  vybraný, krásný, adv. výborně, prima,
  s. pokuta, poplatek, v. pokutovat
finger /'finger/ s. prst, v. ohmatat
fingerprint /'fingerprynt/ s. otisk prstu
finish /'finyš/ v. dokončit, dodělat,
  s. konec, závěr, úprava
fire /fajer/ s. oheň, požár, topení,
  v. zapálit, vystřelit, vzplanout, pro-
  pustit /z práce/
fireman /'fajermen/ s. hasič, požárník
fireplace /'fejerplejs/ s. krb
fireworks /'fajerwéks/ s. pl. ohňostroj
firm /férm/ adj. pevný, stálý, adv. pev-
  ně, s. firma, podnik, v. zpevnit
first /férst/ adj. první, přední, adv.
  nejprve, předně, zpočátku
fish /fiš/ s. ryba, v. lovit ryby
fisherman /'fišermen/ s. rybář
fist /fist/ s. pěst
fit /fit/ s. záchvat, výbuch /hněvu/,
  adj. vhodný, schopný, v. hodit se, při-
  způsobit, slušet
fitting /'fityng/ s. zkouška /u krejčího/,
  instalace

five /fajv/ num. pět

fix /fiks/ v. upevnit, přibít, upnout,
utkvět, uspořádat, stanovit, zařídit

fizz /fiz/ v. šumět, syčet, s. sykot,
šumění

flabby /´flaeby/ adj. ochablý, schlíplý

flag /flaeg/ s. vlajka, prapor

flake /flejk/ s. vločka, plátek, v. od-
lupovat se

flame /flejm/ s. plamen, v. planout, plá-
polat, vzplanout

flammable /flaemebl/ adj. hořlavý

flare /fleer/ v. plápolat, vzplanout,
s. plápolání, světelný signál, vzpla-
nutí, záblesk

flash /flaeš/ s. záblesk, zablesknutí,
okamžik, v. zablesknout se, zazářit,
náhle se objevit, adj. vyparáděný

flashlight /´flaešlajt/ s. baterka

flat /flaet/ adj. plochý, rovný, nudný,
naprostý, přímý, adv. nízko, ploše,
s. rovina, plocha, nížina, byt

flatter /´flaeter/ v. lichotit

flavor /´flejver/ s. chuť, příchuť, vůně,
aroma, v. dodat příchuť, okořenit

flea /flí/ s. blecha

flee, fled, fled /flí, fled, fled/ v.
utéci, uprchnout

flesh /fleš/ s. tělo, /živé/ maso

flexible /ˈfleksebl/ adj. ohebný, pružný

flight /flajt/ s. let, útěk

float /flout/ v. vznášet se, plout,
s. plovák, plavidlo, vor

flock /flok/ s. stádo, hejno, dav,
v. shluknout se

flood /flad/ s. záplava, povodeň, v. za-
plavit, zavodňovat

floodlight /ˈfladlajt/ s. osvětlení re-
flektorem

floor /flór/ s. podlaha, poschodí, patro

florist's /ˈflorysts/ s. květinářství

flour /flauer/ s. mouka, v. pomoučit, ro-
zemlít /na mouku/

flourish /ˈflaryš/ v. vzkvétat, prospero-
vat, s. ozdoba

flow /flou/ v. téci, plynout, s. tok,
proud

flower /flauer/ s. květ, květina, v.kvést

flowerbed /ˈflauerbed/ s. záhon květin

flu /flú/ s. chřipka

fluent /ˈfluent/ adj. plynný, plynulý

fluid /ˈflújd/ adj. tekutý, s. tekutina

fly, flew, flown /flaj, flu, floun/ v.
létat, utéci, spěchat, s. moucha

foam /foum/ s. pěna, v. pěnit

focus /ˊfoukes/ s. ohnisko, střed, v. za-
ostřit, soustředit

fog /fog/ s. mlha, v. zamlžit

foggy /ˊfogy/ adj. mlhavý, zamlžený

fold /fould/ s. záhyb, sklad, v. složit,
přeložit

folk /fouk/ s. lidé

folk-song /ˊfouksong/ s. lidová/národní
píseň

follow /ˊfolou/ v. následovat, jít za,
sledovat, řídit se, chápat

follower /ˊfolouer/ s. přívrženec, násle-
dovník

following /ˊfolouing/ adj. následující,
další

fond /fond/ adj. něžný, laskavý, /be..of/
mít rád, rád dělat

food /fúd/ s. jídlo, potrava

fool /fúl/ s. pošetilec, hlupák, blázen,
šašek, v. žertovat, ošidit, napálit

foolish /ˊfúliš/ adj. pošetilý, bláhový

foot /fut/ s. noha, chodidlo, stopa, spo-
dek, úpatí, míra /30,5 cm/

football /ˊfutból/ s. kopací míč, kopaná

footpath /ˊfutpáS/ s. pěšina

footstep /ˊfutstep/ s. krok, šlépěj

footwear /ˊfutweer/ s. obuv

for /fór/ prep. pro, za, do, k, na, po, pokud jde, jako

forbid, forbade, forbidden /fer´byd, fer´bejd, fer´bydn/ v. zakázat, nedovolit

force /fós/ s. síla, moc, násilí platnost, v. nutit, přinutit

forecast /´fórkást/ v. předvídat, předpovídat /počasí/

forehead /´foryd/ s. čelo

foreign /´foryn/ adj. cizí, zahraniční

foreigner /´foryner/ s. cizinec, cizinka

forest /´foryst/ s. les

foretell, foretold, foretold /fór´tel, fór´tould, fór´tould/ v. předvídat, věštit

forever /fe´rever/ adv. navždy, pořád

foreword /´fórwérd/ s. předmluva

forgery /´fódžery/ s. padělání, padělek

forget, forgot, forgotten /fer´get, fer´got, fer´gotn/ v. zapomenout

forgive, forgave, forgiven /fer´giv fer´gejv, fer´givn/ v. odpustit, prominout

fork /fók/ s. vidlička, vidle, vidlice, v. rozvětvovat se

form /fórm/ s. tvar, forma, formulář,
způsob, v. tvořit /se/, utvářet, for-
movat

formal /´fórml/ adj. formální

formation /fór´mejšn/ s. utvoření, ses-
tava, útvar

former /´fórmer/ adj.,pron. dřívější,
minulý, předešlý

fort /fórt/ s. pevnost, tvrz

forth /fórS/ adv. vpřed, dále

fortify /´fórtyfaj/ v. posílit, opevnit

fortunate /´fórčenyt/ adj. šťastný

fortunately /´fórčenytly/ adv. naštěstí

fortune /´fórčn/ s. štěstí, osud, jmění

forty /´fórty/ num. čtyřicet

forward /´fórwed/ adj. přední, pokrokový,
pokročilý, v. postrčit, popohnat, ode-
slat

forwards /´fórwedz/ adv. kupředu, vpřed

foul /faul/ adj. špinavý, sprostý, ne-
poctivý, v. pošpinit, znečistit

foundation /faun´dejšn/ s. základ, zalo-
žení, základna

fountain /´fauntyn/ s. vodotrysk, kašna

four /fór/ num. čtyři

fourteen /´fór´týn/ num. čtrnáct

fox /foks/ s. liška

fragment /ˊfraegment/ s. zlomek, úlomek

frame /frejm/ s. rám, konstrukce, kostra, řád, stav /mysli/, v. vytvořit, zarámovat, přizpůsobit, falešně obvinit

frank /fraenk/ adj. přímý, upřímný

fraud /frÓd/ s. podvod, klam, podvodník

freckle /ˊfrekl/ s. piha

free /frÍ/ adj. svobodný, volný, bezplatný, dobrovolný, v. osvobodit, uvolnit

freedom /ˊfrÍdem/ s. svoboda, volnost

freeze, froze, frozen /frÍz, frouz, frouzn/ v. mrznout, zmrznout, zmrazit

freezer /ˊfrÍzer/ s. mrazicí přístroj

frequent /ˊfrÍkwent/ adj. častý, běžný, v. často navštěvovat

frequently /ˊfrÍkwently/ adv. často

fresh /freš/ adj. čerstvý, svěží, nový, drzý, adv. čerstvě

Friday /ˊfrajdy/ s. pátek

fridge /ˊfrydž/ s. lednice

friend /frend/ s. přítel/kyně/, známý

friendly /ˊfrendly/ adj. přátelský, přívětivý, laskavý

friendship /ˊfrendšip/ s. přátelství

fright /frajt/ s. strach, hrůza

frighten /ˊfrajtn/ v. poděsit, polekat

frightful /ˊfrajtful/ adj. strašný, děsný

frog /frog/ s. žába

from /from/ prep. od, z, podle

front /frant/ s . čelo, popředí, průčelí,
  fronta, /in.../ vpředu, adj. přední,
  v. stát čelem k

frontier /´frantjer/ s. hranice

frost /frost/ s. mráz

frosty /´frosty/ adj. mrazivý

frown /fraun/ v. mračit se, s. zamračený,
  vzdorný pohled

fruit /frút/ s. ovoce, plod

fruitful /´frútful/ adj. plodný, úrodný

fruitless /´frútlys/ adj. neplodný, marný

frustration /fras´trejšn/ s. bezmocnost,
  nemohoucnost, zklamání

fry /fraj/ v. smažit /se/

fuel /fjuel/ s. palivo, pohonná látka

fugitive /´fjúdžityv/ adj. prchající,
  s. uprchlík

fulfil /ful´fil/ v. splnit, vyplnit

full /ful/ adj. plný, úplný, adv. úplně,
  zcela

fun /fan/ s. žert, zábava, legrace

function /´fankšn/ s. funkce, činnost,
  úřad

fund /fand/ s. fond, zásoba

funeral /´fjúnerl/ s. pohřeb, adj.pohřební

funny /´fany/ adj. komický, legrační, zábavný, podivný

fur /fér/ s. kožišina, adj. kožišinový

furious /´fjueryes/ adj. zuřivý, vzteklý

furnace /´férnys/ s. pec

furnish /´férnyš/ v. opatřit, zásobit, vybavit

furniture /´férnyčer/ s. nábytek

further /´fédzer/ adv. dále, kromě toho, adj. další, pozdější, vzdálenější, v. podporovat

fury /´fjuery/ s. zuřivost, zběsilost

fuse /fjúz/ s. doutnák, el. pojistka

fuss /fas/ s. povyk, zbytečný rozruch, v. dělat rozruch, obtěžovat

future /´fjúčer/ s. budoucnost, adj. budoucí, příští

- . -

gadget /´gaedžit/ s. přístroj, součástka

gain /gejn/ s. zisk, v. získat, dosáhnout, vyhrát, přibrat /na váze/

gale /gejl/ s. vichřice

gall /gól/ s. žluč

gallery /´gaelery/ s. galerie, ochoz

gallon /´gaelen/ s. galon, dutá míra = 4,5 l /angl./, 3,8 l /amer./

gallows /´gaelouz/ s. šibenice

gamble /´gaembl/ s. hazardní hra, v. hrát o peníze, riskovat

gambler /´gaembler/ s. hráč, karbaník

game /gejm/ s. hra, zápas, zábava, zvěřina, adj. ochotný

gang /gaeng/ s. tlupa, banda, oddíl

gap /gaep/ s. mezera, spára, trhlina, otvor

garage /´gaeráž/ s. garáž, v. garážovat

garbage /´gárbydž/ s. odpadky, smetí

garden /´gárdn/ s. zahrada, adj. zahradní, zahradnický, v. zahradničit

gardener /´gárdner/ s. zahradník

gargle /´gárgl/ v. kloktat, s. kloktadlo

garlic /´gárlik/ s. česnek

gas /gaes/ s. plyn, benzín

gasp /gásp/ v. popadat dech

gate /gejt/ s. brána, vrata, vchod

gather /´gaedzer/ v. shromáždit /se/, sebrat, získat, shrnout, usoudit

gay /gej/ adj. veselý, rozpustilý

gaze /gejz/ v. upřeně se dívat, s. pohled

gear /gier/ s. pohon, rychlost /u auta/, v. uvést do chodu, řadit

gem /džem/ s. drahokam

general /´dženerl/ adj. všeobecný, celkový, s. generál

generally /´dženerely/ adv. všeobecně

generation /·džene‿rejšn/ s. pokolení,
  generace

generous /ˈdženeres/ adj. ušlechtilý,
  štědrý, hojný

gentle /ˈdžentl/ adj. mírný, jemný, las-
  kavý

gentleman /ˈdžentlmen/ s. pán, urozený
  člověk, džentlmen

gently /ˈdžently/ adv. jemně, opatrně

genuine /ˈdženjuin/ adj. pravý, ryzí,
  původní, upřímný

geography /dži‿ogrefy/ s. zeměpis

geology /dži‿oledži/ s. geologie

gesture /ˈdžesčer/ s. gesto, posunek

get, got, got /gotten/ /get, got, got
  /gotn/ v. dostat, obdržet, získat, mít,
  musit, rozumět

get along /·get e‿long/ v. dělat pokroky,
  vycházet /s kým/

get in /·get‿in/ v. vstoupit

get off /·get‿of/ v. vystoupit, utéci

get on /·get‿on/ v. pokračovat, nastoupit

get out /·get‿aut/ v. vyjmout, vystoupit,
  odejít

get over /·get‿ouver/ v. překonat

get up /·get‿ap/ v. vstát

gherkin /ˈgérkyn/ s. kyselá okurka

ghost /goust/ s. duch, strašidlo

giant /ˈdžajent/ s. obr, adj. obrovský

gift /gift/ s. dar, nadání

gifted /ˈgiftyd/ adj. nadaný

ginger /ˈdžindžer/ s. zázvor

gingerbread /ˈdžinžerbred/ s. perník

gipsy, gypsy /ˈdžipsy/ s. cikán/ka/

girl /gérl/ s. dívka, děvče

give, gave, given /giv, gejv, givn/ v.
dát, podat, věnovat, způsobit

give in /ˈgivˈin/ v. povolit, ustoupit

give up /ˈgivˈap/ v. vzdát se, vydat

glad /glaed/ adj. potěšen, rád

glance /gláns/ v. letmo pohlédnout,
s. záblesk, rychlý pohled

gland /glaend/ s. žláza

glass /glás/ s. sklo, sklenice

glasses /ˈglásis/ s. pl. brýle

glisten /ˈglisn/ v. lesknout se

glitter /ˈgliter/ v. třpytit se

globe /gloub/ s. zeměkoule, globus

gloom /glúm/ s. soumrak, zasmušilost,
sklíčenost, melancholie

gloomy /ˈglúmy/ adj. temný, ponurý, zas-
mušilý, sklíčený

glorious /ˈglóries/ adj. nádherný, slav-
ný, skvělý

glory /'glóry/ s. sláva, nádhera, v. radovat se, chlubit se

gloss /glos/ s. lesk, vysvětlivka, v. vyleštit, lesknout se, vysvětlit

glossy /'glosy/ adj. lesklý, vyleštěný

glove /glav/ s. rukavice

glow /glou/ v. žhnout, sálat, s. žár, zápal, plamen

glue /glú/ s. klih, lepidlo, v. lepit

gnat /naet/ s. komár

go, went, gone /gou, went, gon/ v. jít, chodit, jet, odejít, cestovat

go along /·gou e'long/ v. pokračovat, souhlasit

go by /·gou'baj/ v. uplynout, minout, řídit se /čím/

go on /·gou'on/ v. pokračovat, jít napřed

go out /·gou'aut/ v. vyjít, odejít za zábavou, zhasnout

goal /goul/ s. cíl, gól

goat /gout/ s. koza

god /god/ s. bůh

goddess /'godys/ s. bohyně

gold /gould/ s. zlato, adj. zlatý

golden /'gouldn/ adj. zlatý

good /gud/ adj. dobrý, hodný, laskavý, s. dobro, prospěch, užitek good-bye /ˈgudˈbaj/ int. sbohem

goodness /ˈgudnys/ s. dobrota, laskavost

goods /gudz/ s. pl. zboží

goose /gús/ s. husa

gooseberry /ˈguzbery/ s. angrešt

gorgeous /ˈgórdžes/ adj. nádherný, skvělý

gossip /ˈgosip/ s. klep, kleveta, v. po-
povídat si, klevetit

goulash /ˈgúlaeš/ s. guláš

govern /ˈgavern/ v. vládnout, řídit

governess /ˈgavernys/ s. vychovatelka

government /ˈgavernment/ s. vláda

gown /gaun/ s. plášť, šat, župan

grab /graeb/ v. popadnout, shrábnout

grace /grejs/ s. půvab, přízeň, ušlechti-
lost, v. ozdobit, poctít

graceful /ˈgrejsful/ adj. půvabný, spanilý

grade /grejd/ s. stupeň, v. třídit, znám-
kovat

gradual /ˈgraedjuel/ adj. postupný

gradually /ˈgraedjuely/ adv. postupně

graduation /ˈgraedjuˈejšn/ s. promoce,
absolvování školy

grain /grejn/ s. zrno, zrní, obilí

gram/me/ /graem/ s. gram

grand /graend/ adj. veliký, velkolepý,
ohromný, skvělý

grandchild /ˈgraenčajld/ s. vnouče

granddaughter /ˈgraendóter/ s. vnučka

grandfather, granddad /ˈgraenfádzer, ˈgraendaed/ s. dědeček

grandmother, granny /ˈgraenmadzer, ˈgraeny/ s. babička

grandson /ˈgraensan/ s. vnuk

grant /graent/ v. vyhovět, poskytnout, udělit, s. udělení, podpora

grape /grejp/ s. hrozen /vína/

grasp /grásp/ v. uchopit, sevřít, pochopit, s. sevření, pochopení, kontrola

grass /grás/ s. tráva

grate /grejt/ v. strouhat, skřípat, s. rošt, mříže

grateful /ˈgrejtful/ adj. vděčný

gratitude /ˈgraetytjúd/ s. vděčnost

grave /grejv/ adj. vážný, důstojný, s. hrob, v. vyrýt, vyřezat

gravy /ˈgrejvy/ s. šťáva, omáčka

gray, grey /grej/ adj. šedivý

grease /grís/ s. tuk, mastnota, mazadlo, v. mazat, namazat

greasy /ˈgrísy/ adj. mastný, namaštěný

great /grejt/ adj. velký, důležitý, znamenitý, významný, vynikající

greatly /ˈgrejtly/ adv. velice, značně

greatness /'grejtnys/ s. velikost, význam

greed /gríd/ s. chtivost, lačnost

greedy /'grídy/ adj. nenasytný, chtivý

green /grín/ adj. zelený

greengrocer /'grín‑grouser/ s. zelinář

greenhorn /'grínhórn/ s. nováček, nezkušený člověk

greet /grít/ v. /po/zdravit

greeting /'grítyng/ s. pozdrav

grief /gríf/ s. zármutek, žal

grin /gryn/ v. šklebit se, s. úšklebek

grind, ground, ground /grajnd, graund, graund/ v. mlít, brousit, skřípat, s. mletí, broušení, dřina

groan /groun/ v. sténat, vzdychat, s. sténání, úpění

grocer /'grouser/ s. kupec, obchodník

grocery /'grousery/ s. obchod s potravinami

ground /graund/ s. půda, země, základ, podklad, v. zakládat, uzemnit

ground floor /'graund'flór/ s. přízemí

group /grúp/ s. skupina, v. seskupit/se/

grow, grew, grown /grou, gru, groun/ v. růst, dospívat, stávat se, pěstovat

grown-up /'grounap/ adj. dospělý

growth /grouS/ s. růst, vzrůst

guarantee / ·gaeren˙tý/ s. záruka, ručení,
  v. /za/ručit, zajistit
guard /gárd/ s. stráž, hlídka, dozorce,
  v. chránit, střežit, hlídat
guess /ges/ v. hádat, uhádnout, domnívat
  se, tušit s. dohad, domněnka
guest /gest/ s. host
guide /gajd/ s. vůdce, průvodce, v. vést,
  provázet
guilt /gylt/ s. vina
guilty / ˙gylty/ adj. vinný
gum /gam/ s. guma, dáseň, lepidlo
gun /gan/ s. střelná zbraň, puška, pisto-
  le, revolver
gymnastics /džim˙naestyks/ s. gymnastika,
  tělocvik

- . -

habit / ˙haebyt/ s. zvyk, obyčej, oděv
hag /haeg/ s. babizna, bába
haggard / ˙haegerd/ adj. vychrtlý, ztrhaný
hail /hejl/ s. pozdrav, kroupy, krupobití,
  v. pozdravit, zavolat
hair /heer/ s. vlas/y/, chlup, srst
hairdresser / ˙heer·dreser/ s. kadeřník
half /háf/ s. polovina, adj. poloviční,
  půl, adv. napůl, zpola

hall /hól/ s. sál, síň, předsíň, hala

hallo, hello /he'lou/ int. haló, nazdar

ham /haem/ s. šunka

hamburger /'haembérger/ s. karbanátek

hammer /'haemer/ s. kladivo, v. tlouci,
   zatlouci /kladivem/, bušit

hand /haend/ s. ruka, ručička, v. podat

handbag /'haendbaeg/ s. kabelka

handbook /'haendbuk/ s. příručka

handful /haendful/ s. hrst/ka/

handicap /'haendykaep/ s. nevýhoda,v. mít
   nevýhodu, poškodit

handkerchief /'haenkerčíf/ s. kapesník

handle /'haendl/ s. držadlo, rukojeť,
   v. dotknout se, uchopit, zacházet s,
   poradit si

handsome /'haensem/ adj. hezký, pěkný

handy /'haendy/ adj. zručný, vhod

hang, hung, hung /haeng, hang, hang/ v.
   v. pověsit, oběsit, viset, s. nachýlení

happen /'haepn/ v. stát se, přihodit se

happening /'haepenyng/ s. událost,příhoda

happiness /'haepinys/ s. štěstí

happy /'haepy/ adj. šťastný

harbor /'hárber/ s. přístav, v. chránit,
   chovat

hard /hárd/ adj. tvrdý, těžký, namáhavý,
   přísný, adv. tvrdě, těžce, silně

hardly /ˈhárdly/ adv. sotva, stěží, skoro ne, tvrdě, surově

hardware /ˈhárdweer/ s. železářské zboží

hare /heer/ s. zajíc

harm /hárm/ s. křivda, škoda, zlo, v. poškodit, ublížit

harmful /ˈhármful/ adj. škodlivý

harmless /ˈhármles/ adj. neškodný, nevinný

harvest /ˈhárvyst/ s. žně, sklizeň, v. sklízet

haste /hejst/ s. spěch, chvat

hasten /hejsn/ v. spěchat, uspíšit

hasty /ˈhejsty/ adj. chvatný, ukvapený

hat /haet/ s. klobouk

hate /hejt/ v. nenávidět, s. nenávist

hatred /ˈhejtryd/ s. nenávist

haunt /hónt/ v. pronásledovat, strašit

have, had, had /haev, haed, haed/ v. mít, dostat, vzít si, musit

have to /ˈhaev‑tu/ v. musit

hawk /hók/ s. jestřáb

hay /hej/ s. seno

he /hí/ s. on

head /hed/ s. hlava, představený, vedoucí, v. vést, stát v čele

headache /ˈhedejk/ s. bolení hlavy

headline /ˈhedlajn/ s. /novinový/ titulek

heal /híl/ v. léčit, hojit se

health /helS/ s. zdraví

healthy /'helSy/ adj. zdravý

heap /híp/ s. hromada, v. /na/hromadit

hear, heard, heard /hier, hérd, hérd/ v.
    slyšet, poslouchat, dovědět se

hearing /'hieryng/ s. sluch, slyšení, vý-
    slech

heart /hárt/ s. srdce

hearty /'hárty/ adj. srdečný, upřímný,
    pořádný, vydatný

heat /hít/ s. horko, teplo, vedro, žár,
    v. topit, zahřát, ohřát

heather /'hedzer/ s. vřes

heating /'hítyng/ s. topení

heaven /'hevn/ s. nebe, nebesa

heavenly /'hevnly/ adj. nebeský, božský

heavily /'hevily/ adv. těžce, hodně

heavy /'hevy/ adj. těžký, silný

hedge /hedž/ s. křoví, živý plot

hedgehog /'hedžhog/ s. ježek

heel /híl/ s. pata, podpatek

height /hajt/ s. výška, výšina. vrchol

heir /eer/ s. dědic

hell /hel/ s. peklo

help /help/ s. pomoc, v. pomoci,posloužit

helpful /'helpful/ adj. prospěšný, uži-
    tečný, nápomocný

helpless /helplys/ adj. bezmocný, slabý

hen /hen/ s. slepice

her /hér/ pron. ji, jí, její

herb /hérb/ s. bylina

here /hier/ adv. zde, tu, sem

heredity /hy redyty/ s. dědičnost

heritage /´herytydž/ s. dědictví, odkaz

hero /´hierou/ s. hrdina

heroine /´herouin/ s. hrdinka

herself /hér self/ pron. sama, se

hesitate /´hezitejt/ v. váhat, zdráhat se

hi /haj/ int. hej!, nazdar

hide, hid, hidden /hajd, hyd, hydn/ v.
   schovávat se, skrývat, zatajit

high /haj/ adj. vysoký, horní, hlavní,
   důležitý, příznivý, adv. vysoko

highly /´hajly/ adv. vysoce, velice

high school /´haj skúl/ s. vyšší, střední
   škola, gymnasium

highway /´hajwej/ s. silnice, dálnice

hike /hajk/ v. cestovat pěšky, trampovat

hill /hyl/ s. kopec, vrch

him /hym/ pron. ho, jemu, jej

himself /hym self/ pron. /on/ sám, se

hint /hynt/ s. pokyn, narážka, v. poky-
   nout, upozornit na

hip /hyp/ s. bok, kyčel

hire /ˈhajer/ s. nájem, v. najmout si

his /hyz/ pron. jeho

historic /hysˈtoryk/ adj. historický

history /ˈhystory/ s. historie, dějiny, dějepis

hit, hit, hit /hyt, hyt, hyt/ v. uhodit, udeřit, zasáhnout, trefit, s. úder, zásah, trefa, šlágr

hoarse /hórs/ adj. drsný, chraptivý

hobby /ˈhoby/ s. záliba, koníček

hold, held, held /hould, held, held/ v. držet, vydržet, obsahovat, zastávat, trvat, s. uchopení, držení, chycení

hole /houl/ s. díra, otvor, jáma

holiday /ˈholedej/ s. svátek, prázdno

hollow /ˈholou/ adj. dutý, prázdný, s. dutina, díra, v. /vy/hloubit

holy /ˈhouly/ adj. svatý

home /houm/ s. domov, dům, adj. domácí, adv. doma, domů

homesick /ˈhoumsyk/ adj. tesknící po domově

homework /ˈhoumwérk/ s. domácí úkol

honest /ˈonyst/ adj. čestný, poctivý, upřímný

honesty /ˈonysty/ s. poctivost

honey /ˈhany/ s. med. /miláček/

honeymoon /'hanymún/ s. svatební cesta,
  líbánky

honor /'oner/ s. čest, počest, počestnost,
  v. ctít, poctít

honorable /'onerebl/ adj. čestný, cti
  hodný

hook /huk/ s. hák, háček, v. zahnout, za-
  háknout, zachytit

hope /houp/ s. naděje, v. doufat

hopeful /'houpful/ adj. plný naděje, na-
  dějný

hopeless /'houplys/ adj. beznadějný, zou-
  falý

horizon /he'rajzn/ s. obzor

horizontal /•hory'zontl/ adj. vodorovný

horrible /'horybl/ adj. hrozný, strašný

horrify /'horyfaj/ v. poděsit, vyděsit

horror /'horer/ s. hrůza, zděšení

horse /'hórs/ s. kůň

horseshoe /'hórššú/ s. podkova

hose /houz/ s. hadice, punčochy, v. stří-
  kat hadicí

hospital /'hospitl/ s. nemocnice

hospitality /•hospi'taelity/ s. pohos-
  tinství

host /houst/ s. hostitel, pán domu

hostage /'hostydž/ s. rukojmí

hostel /ˈhostl/ s. ubytovna, noclehárna

hostess /ˈhoustys/ s. hostitelka, paní domu

hostile /ˈhostajl/ adj. nepřátelský

hostility /hosˈtylity/ s. nepřátelství

hot /hot/ adj. horký, žhavý, ostrý /na chuť/, prudký, prchlivý

hot dog /ˈhot‑dog/ s. párek, vuřt

hotel /houˈtel/ s. hotel

hour /auer/ s. hodina, doba

house /haus/ s. dům, domácnost, sněmovna, divadlo, v. ubytovat, umístit

household /ˈhaushould/ s. domácnost

housewife /ˈhauswajf/ s. hospodyňka, domácí paní

how /hau/ adv. jak,/...much,...many/kolik

however /hauˈever/ adv. jakkoli, conj. avšak, nicméně, jenomže

hug /hag/ v. vzít do náruče, obejmout

huge /hjúdž/ adj. obrovský

human /ˈhjúmen/ adj. lidský, s. lidská bytost

humanity /hjuˈmaenyty/ s. lidstvo, lidskost, humanita

humble /ˈhambl/ adj. pokorný, skromný, ponížený

humiliate /hjuˈmiliejt/ v. ponížit, pokořit

humor /ˈhjúmer/ s. humor, nálada

hundred /ˈhandred/ num. sto

hunger /ˈhanger/ s. hlad, v. hladovět

hungry /ˈhangry/ adj. hladový

hunt /hant/ s. hon, lov, v. lovit, pronásledovat, shánět, hledat

hunter /ˈhanter/ s. lovec

hurry /ˈhary/ s. spěch, v. spěchat, pospíchat

hurt, hurt, hurt /hért, hért, hért/ v. poranit, ublížit, zarmoutit, s. poranění, bolest, úraz

husband /ˈhazbend/ s. manžel

hut /hat/ s. bouda, chata, chatrč

- . -

I /aj/ pron. já

ice /ajs/ s. led, v. zledovatět

ice-cream /ˈajskrím/ s. zmrzlina

icicle /ˈajsykl/ s. rampouch

icy /ˈajsy/ adj. ledový

idea /ajˈdye/ s. pojem, myšlenka, nápad, idea, představa

ideal /ajˈdyel/ adj. ideální, s. ideál, vzor

identical /ajˈdentykl/ adj. totožný, týž, stejný

identity /aj'dentyty/ s. totožnost

idiot /'idyet/ s. idiot, blbec, hlupák

idle /'ajdl/ adj. nečinný, zahálčivý,
  líný, v. lenošit, zahálet

idleness /'ajdlnys/ s. nečinnost, zahálka

if /if/ conj. jestliže, jestli, kdyby,
  zdali

ignorance /'ignerens/ s. neznalost, nevě-
  domost

ignorant /'ignerent/ adj. nevědomý, ne-
  vzdělaný

ignore /ig'nór/ v. nevšímat si, nevěnovat
  pozornost

ill /il/ adj. nemocen, churavý, špatný,
  zlý, škodlivý, s. zlo, adv.špatně, zle

illegal /i'lígl/ adj. nezákonný, ilegální

illness /'ilnys/ s. nemoc

illuminate /i'ljúminejt/ v. osvětlit,
  ozářit, objasnit

illusion /i'ljúžn/ s. přelud, klam,iluze

image /'imydž/ s. obraz, podoba, přirov-
  nání

imagination /i‑maedži'nejšn/ s. předsta-
  vivost, obrazotvornost

imagine /i'maedžin/ v. představit si

imitate /'imitejt/ v. napodobit

imitation /‑imi'tejšn/ s. napodobení,
  imitace

immediate /i´mídjet/ adj. bezprostřední,
  nejbližší, okamžitý

immediately /i´mídjetly/ adv. ihned,
  okamžitě

immense /i´mens/ adj. nesmírný, ohromný

immerse /i´mérs/ v. ponořit /se/

immigrant /´imigrent/ s. přistěhovalec

immigration /·imi´grejšn/ s. přistěhova-
  lectví

immoral /i´morl/ adj. nemravný

immortal /i´mórtl/ adj. nesmrtelný

impact /´impaekt/ s. náraz, vliv

impatience /im´pejšns/ s. netrpělivost

impatient /im´pejšnt/ adj. netrpělivý

impeach /im´píč/ v. obvinit, obžalovat

imperfect /im´pérfykt/ adj. nedokonalý,
  kazový

imperial /im´pieriel/ adj. císařský,
  svrchovaný, velkolepý

impersonal /im´pérsenl/ adj. neosobní

impersonate /im´pérsenejt/ v. ztělesňo-
  vat, představovat, předstírat

impertinence /im´pértynens/ s. drzost

impertinent /im´pértynent/ adj. drzý, ne-
  slušný

implore /im´plór/ v. snažně prosit, vzý-
  vat

impolite /·impe͏̌lajt/ adj. nezdvořilý

import /´impórt/ s. dovoz

importance /im´pórtens/ s. důležitost,
  význam

important /im´pórtent/ adj. důležitý,
  významný

impose /im´pouz/ v. uložit, uvalit, vnu-
  covat se

impossible /im´posebl/ adj. nemožný

impress /im´pres/ v. vtisknout, ovlivnit,
  udělat dojem

impression /im´prešn/ s. dojem, vliv,
  znak, otisk

impressive /im´presiv/ adj. působivý

improbable /im´probebl/ adj. nepravděpo-
  dobný

improper /im´proper/ adj. nevhodný, ne-
  slušný

improve /im´prúv/ v. zlepšit /se/, zdoko-
  nalit, využít

improvement /im´prúvment/ s. zlepšení,
  zdokonalení

impudent /´impjudent/ adj. nestydatý

impulse /´impals/ s. podnět, popud,impuls

in /in/ prep. v, do, na, u, při, za, bě-
  hem, adv. dovnitř

inaccurate /in´aekjuryt/ adj. nepřesný

inadequate /in'aedekwet/ adj. nepřiměřený,
  nedostatečný

inapt /in'aept/ adj. nevhodný, neschopný

incapable /in'kejpebl/ adj. neschopný,
  nezpůsobilý

incentive /in'sentyv/ adj. rozněcující,
  dráždivý, s. podnět, motiv

inch /inč/ s. palec, coul /2,54 cm/

incident /'insident/ s. událost, případ,
  příhoda

incidental /·insi'dentl/ adj. případný,
  nahodilý, vedlejší

incidentally /·insi'dently/ adv. mimo-
  chodem

inclination /·inkli'nejšn/ s. sklon, nák-
  lonnost

incline /in'klajn/ v. /na/klonit /se/,
  sklonit, mít sklon k

include /in'klúd/ v. zahrnovat, obsahovat

including /in'klúdyng/ prep. včetně

income /'inkam/ s. příjem, plat

incompetent /in'kompetent/ adj. neopráv-
  něný, neschopný

incomplete /·inkem'plít/ adj. neúplný

inconsiderate /·inken'sideryt/ adj. bezo-
  hledný, neuvážený

inconsistent /·inken'sistent/ adj. nedů-
  sledný

inconvenient /·inken'vínjent/ adj. ne-
vhodný, obtížný, nevýhodný

incorrect /·inke'rekt/ adj. nesprávný,
chybný

increase /in'krís/ v. zvětšit, zvýšit se,
růst, /'inkrís/ s. zvětšení, přírůstek

incredible /in'kredebl/ adj. neuvěřitelný

incurable /in'kjuerebl/ adj. nevyléči-
telný

indecent /in'dýsnt/ adj. neslušný, ne-
mravný

indecision /·indy'sižn/ s. nerozhodnost

indeed /in'dýd/ adv. opravdu, skutečně,
ovšem, jistě

indefinite /in'definyt/ adj. neurčitý

independence /·indy'pendens/ s. nezávis-
lost, samostatnost

independent /·indy'pendent/ adj. nezávis-
lý, samostatný

indicate /'indykejt/ v. ukázat, naznačit

indication /·indy'kejšn/ s. údaj, zname-
ní

indifference /in'dyfrens/ s. lhostejnost

indifferent /in'dyfrent/ adj. lhostejný,
netečný, nestranný

indiscreet /·indys'krít/ adj. netaktní,
nerozvážný

individual /·indy'vidjuel/ adj. jednotli-
   vý, osobitý, s. jedinec, jednotlivec

indoors /in'dórz/ adv. uvnitř, doma

indulge /in'daldž/ v. dopřávat si, ho-
   vět si

indulgence /in'daldžens/ s. shovívavost,
   záliba v, slabost pro

industrial /in'dastriel/ adj. průmyslový

industry /'indestry/ s. průmysl, píle

inevitable /in'evitebl/ adj. nevyhnutelný

inexpensive /·inyks'pensiv/ adj. levný

inexperience /·iňyks'piriens / s. nezku-
   šenost

infant /'infent/ s. dítě, nezletilý

infect /in'fekt/ v. nakazit

infection /in'fekšn/ s. nákaza, infekce

inferior /in'firier / adj. nižší, horší,
   podřadný

inflation /in'flejšn/ s. inflace

influence /'influens/ s. vliv, účinek,
   v. mít vliv na

influential /·influ'enšl/ adj. vlivný

influenza /·influ'enze/ s. chřipka

inform /in'form/ v. informovat, oznámit,
   udat /koho/

informal /in'forml/ adj. neformální,
   nenucený

information /ˈinfərˈmejšn/ s. informace

informer /inˈfórmer/ s. udavač

ingredient /inˈgrídjent/ s. přísada, součást, složka

inhabitant /inˈhaebytent/ s. obyvatel

inherit /inˈheryt/ v. zdědit, získat

inheritance /inˈherytens/ s. dědictví

inhuman /inˈhjúmen/ adj. nelidský

injection /inˈdžekšn/ s. injekce

injure /ˈindžer/ v. poranit, poškodit, ublížit

injury /ˈindžery/ s. zranění, křivda, bezpráví

injustice /inˈdžastys/ s. nespravedlnost

ink /ink/ s. inkoust

inn /in/ s. hostinec, hospoda

inner /ˈiner/ adj. vnitřní

innocence /ˈinesns/ s. nevina, nevinnost

innocent /ˈinesnt/ adj. nevinný

inoculation /ˈinokuˈlejšn/ s. očkování

inquire /inˈkwajer/ v. dotazovat se, ptát se, vyšetřovat

inquiry /inˈkwajery/ s. dotaz, informace, vyšetřování

insane /inˈsejn/ adj. šílený, bláznivý

insect /ˈinsekt/ s. hmyz

inside /inˈsajd/ s. vnitřek, adj. vnitřní, adv. uvnitř, dovnitř

insignificant /•insig`nyfikent/ adj. bez-
významný

insist /in`sist/ v. naléhat, trvat na,
stát na svém

insistent /in`sistent/ adj. vytrvalý,
tvrdošíjný

insolent /`inselent/ adj. drzý, dotěrný

inspect /in`spekt/ v. prohlédnout, dohlí-
žet, kontrolovat

inspection /in`spekšn/ s. prohlídka, do-
zor, inspekce

inspiration /•inspi`rejšn/ s. nápad, in-
spirace

instance /`instens/ s. příklad, případ

instant /`instent/ adj. okamžitý, s. oka-
mžik

instantly /`instently/ adv. okamžitě

instead /in`sted/ adv. místo toho

instinct /`instynkt/ s. pud, instinkt

institution /•insty`tjúšn/ s. založení,
ústav, instituce

instruct /in`strakt/ v. učit, poučit, dá-
vat návod

instruction /in`strakšn/ s. vyučování,
návod, pokyn

instrument /`instrument/ s. nástroj, pří-
stroj

insufficient /•inse˘fišent/ adj. nedosta-
tečný

insult /˘insalt/ s. urážka, /in˘salt/ v.
urazit

insurance /in˘šuerens/ s. pojištění

insure /in˘šuer/ v. pojistit

intact /in˘taekt/ adj. netknutý, celý,
neporušený

intellectual /•inte˘lekčuel/ adj. vzděla-
ný, rozumový, inteligentní, s. intelek-
tuál, inteligentní člověk

intend /in˘tend/ v. zamýšlet, mít v úmys-
lu, hadlat

intense /in˘tens/ adj. prudký, silný,
vášnivý, intenzivní

intensity /in˘tensity/ s. síla, prudkost,
intenzita

intention /in˘tenšn/ s. úmysl, záměr, cíl

interest /˘interyst/ s. zájem, účast,
úroky, v. zajímat se

interesting /˘intrystyng/ adj. zajímavý

interfere /•inter˘fier/ v. zasahovat do,
překážet

interference /•inter˘fierens/ s. zásah,
zasahování, rušení

interior /in˘tyrier/ adj. vnitřní,
s. vnitřek

intermission /·inter'mišn/ s. přerušení,
přestávka

international /·inter'naešenl/ adj. mezi-
národní

interpret /in'térpryt/ v. vykládat, tlu-
močit

interpreter /in'térpryter/ s. tlumočník

interrogate /in'teregejt/ v. vyslýchat

interrogation /in·tere'gejšn/ s. výslech

interrupt /·inte'rapt/ v. přerušit, vyru-
šit

interruption /·inte'rapšn/ s. přerušení,
vyrušení

interval /'intervel/ s. přestávka, mezera

intervene /·inter'vín/ v. zasáhnout, za-
kročit, přihodit se /mezitím/

intervention /·inter'venšn/ s. zákrok,
intervence, zprostředkování

interview /'intervjú/ s. pohovor, rozho-
vor, schůzka

intimate /'intymet/ adj. důvěrný, intimní

into /'intu/ prep. do, v, na

intolerable /in'tolerebl/ adj. nesnesitel-
ný

intoxicate /in'toksikejt/ v. opít, opojit

introduce /·intre'djús/ v. uvést, zavést,
představit /komu/

introduction /ˑintreˈdakšn/ s. uvedení,
úvod, představení /komu/

invade /inˈvejd/ v. vpadnout, přepadnout

invasion /inˈvejžn/ s. vpád, invaze

invent /inˈvent/ v. vynalézt, vymyslit

invention /inˈvenšn/ s. vynález, výmysl

inventor /inˈventer/ s. vynálezce

investigate /inˈvestygejt/ v. vyšetřovat,
pátrat, zkoumat

investigation /inˑvestyˈgejšn/ s. vyšet-
řování, výzkum

invisible /inˈvizebl/ adj. neviditelný

invitation /ˑinviˈtejšn/ s. pozvání

invite /inˈvajt/ v. pozvat, vzbuzovat,
lákat

involve /inˈvolv/ v. zahrnout, zaplést,
obsahovat, týkat se

inward/s/ /ˈinwerd, ˈinwerdz/ adj. vnitř-
ní, adv. vnitřně, dovnitř

iron /ˈajern/ s. železo, žehlička, adj.
železný, silný, v. okovat, žehlit

irregular /iˈregjuler/ adj. nepravidelný,
nerovný

irrelevant /iˈrelyvent/ adj. nezávažný,
bezvýznamný

irresponsible /ˑirysˈponsebl/ adj. nezod-
povědný

irritate /´irytejt/ v. dráždit

irritating /´irytejtyng/ adj. dráždivý,
  nepříjemný

is /iz/ v. je /on, ona, ono, to..../

island /´ajlend/ s. ostrov

isolate /´ajselejt/ v. odloučit, izolovat

isolation /´ajse´lejšn/ s. osamocení,
  izolace

issue /´išú, ´isjú/ s. vydání /časopisu/,
  problém, sporný bod, v. vydávat,vychá-
  zet

it /it/ pron. ono, to

itch /ič/ s. svědění, v. svrbět, svědět

item /´ajtem/ s. položka, bod, článek

its /its/ pron. jeho, svůj

itself /it´self/ pron. sebe, samo, se

ivory /´ajvery/ s. slonovina

- . -

jacket /´džaekyt/ s. sako, kabát, obal

jail /džejl/ s. žalář, vězení

jam /džaem/ s. zavařenina, marmeláda,
  tlačenice, dopravní zácpa, v. mačkat,
  napěchovat, vtlačit, ucpat

January /´džaenjuery/ s. leden

jar /džár/ s. džbán, skleněná nádoba

jaw /džó/ s. čelist, dáseň

jazz /džaez/ s. džez, v. hrát, tančit džez

jealous /ˈdželes/ adj. žárlivý

jealousy /ˈdželesy/ s. žárlivost

jeans /ˈdžínz/ s. pl. texasky

jelly /ˈdžely/ s. rosol, želé

jeopardize /ˈdžeperdajz/ v. ohrozit

jerk /džérk/ s. trhnutí, škubnutí, v. tr-
hnout, škubnout

jet /džet/ s. trysk, proud /vody/, v. trys-
kat, letět

Jew /džú/ s. žid

jewel /ˈdžúel/ s. klenot, šperk

jewellery /ˈdžúelry/ s. klenoty, šperky,
klenotnictví

job /džob/ s. práce, úkol, zaměstnání

jog /džog/ s. lehký poklus, v. klusat

join /džojn/ v. spojit, připojit se,
vstoupit do,

joint /džojnt/ s. spojení, kloub, adj.
spojený, společný, v. spojit, skloubit

joke /džouk/ s. vtip, žert, v. žertovat

jolly /ˈdžoly/ adj. veselý, milý

journal /ˈdžérnl/ s. deník, časopis

journalist /ˈdžérnelist/ s. novinář

journey /ˈdžérny/ s. cesta, jízda

joy /džoj/ s. radost

joyous /ˈdžojes/ adj. radostný, veselý

judge /džadž/ s. soudce, rozhodčí, zna-
  lec, v. soudit, posuzovat, oceňovat
judgment /'džadžment/ s. soud, posudek,
  mínění, rozsudek
jug /džag/ s. džbán
juice /džús/ s. šťáva
July /džu'laj/ s. červenec
jump /džamp/ v. skočit, skákat, s. skok
jumper /'džamper/ s. svetřík, halena
junction /'džankšn/ s. spojení, křižovat-
  ka
June /džún/ s. červen
junior /'džúnjer/ adj. mladší
junk /džank/ s. smetí, haraburdí
jury /'džuery/ s. porota
just /džast/ adj. spravedlivý, správný,
  adv. právě, zrovna
justice /'džastys/ s. spravedlnost, právo,
  soudce
justify /'džastyfaj/ v. ospravedlnit,
  oprávnit

- . -

keen /kín/ adj. prudký, chtivý, dychtivý,
  nadšený /čím/
keep, kept, kept /kíp, kept, kept/ v.
  držet, dodržovat, mít, vydržet, zacho-
  vávat, nechat si, chránit

keep on /kíp on/ v. pokračovat, ponechat si /na sobě/

keeper /'kíper/ s. dozorce, hlídač

kennel /'kenl/ s. psí bouda, psí útulek

kerb /kérb/ s. obrubník, okraj chodníku

kernel /'kérnl/ s. jádro, pecka

kettle /'ketl/ s. kotel, plechová konvice

key /kí/ s. klíč, klávesa

kick /kyk/ v. kopnout, kopat, s. kopnutí

kid /kyd/ s. kůzle, dítě

kidnap /'kydnaep/ v. unést

kidney /'kydny/ s. ledvina

kill /kyl/ v. zabít

killer /'kyler/ s. vrah

kilogram /'kylegraem/ s. kilogram

kilometer /'kyle míter/ s. kilometr

kind /kajnd/ adj. laskavý, vlídný, s. rod, druh, jakost

kindergarten /'kynder gártn/ s. mateřská škola

kindly /'kajndly/ adv. laskavě, adj. laskavý, vlídný

kindness /'kajndnys/ s. laskavost, dobrota

king /kyng/ s. král

kingdom /'kyngdem/ s. království

kiss /kys/ s. polibek, hubička, v. líbat, políbit

kit /kyt/ s. řemeslnické,montážní nářadí

kitchen /ˈkyčn/ s. kuchyně

kite /kajt/ s. papírový drak

kitten /ˈkytn/ s. kotě

knapsack /ˈnaepsaek/ s. batoh, tlumok

knee /ný/ s. koleno

knee-socks /ˈnýˈsoks/ s. pl. podkolenky

kneel, knelt, knelt /nýl, nelt, nelt/ v.
   kleknout si, klečet

knife /najf/ s. nůž

knight /najt/ s. rytíř

knit /nyt/ v. plést jehlicemi

knob /nob/ s. knoflík /u dveří/, boule

knock /nok/ v. klepat, tlouci /na dveře/,
   udeřit, srazit, s. zaklepání, udeření

knot /not/ s. uzel, v. zavázat, zauzlit

know, knew, known /nou, njú, noun/ v.
   vědět, umět, znát

knowledge /ˈnolydž/ s. znalost, vědomost

knuckle /ˈnakl/ s. kotník /na ruce/

- . -

label /ˈlejbl/ s. nálepka, štítek, v.ozna-
   čit, opatřit nápisem

laboratory /leˈboretery/ s. laboratoř

labor /ˈlejber/ s. práce, námaha, v. pra-
   covat, namáhat se

laborer /ˇlejberer/ s. dělník, pracovník

lace /lejs/ s. krajka, tkanice do bot,
šňůra, v. zašněrovat, ozdobit krajkou

lack /laek/ s. nedostatek, potřeba,
v. postrádat, nemít

lad /laed/ s. mládenec, hoch

ladder /ˇlaeder/ s. žebřík

ladle /ˇlejdl/ s. naběračka, sběračka,
v. nabírat

lady /ˇlejdy/ s. dáma, paní

lake /lejk/ s. jezero

lamb /laem/ s. jehně, beránek

lame /ˇlejm/ adj. chromý, kulhavý, ne-
schopný

lamp /laemp/ s. lampa, svítilna

lampshade /ˇlaempšejd/ s. stínidlo

land /laend/ s. země, pevnina, kraj,
v. přistát, vylodit

landing /ˇlaendyng/ s. přistání, vylodění

landlady /ˇlaendlejdy/ s. bytná, hostin-
ská, domácí paní

landscape /ˇlaendskejp/ s. krajina

lane /lejn/ s. ulička, cesta

language /ˇlaengwidž/ s. řeč, jazyk

lantern /ˇlaentern/ s. lucerna

lap /laep/ s. klín, úsek, etapa

lard /lárd/ s. sádlo, v. mastit, špikovat

large /lárdž/ adj. velký, značný

largely /ˈlárdžly/ adv. značně, velmi,
štědře

lark /lárk/ s. skřivan

lash /laeš/ v. šlehnout, švihnout, s. rá-
na bičem, šlehnutí

last /lást/ adj. poslední, minulý, pře-
dešlý, v. trvat, vydržet, vystačit

late /lejt/ adj. pozdní, opožděný, nedáv-
ný, zesnulý, adv. pozdě

lately /ˈlejtly/ adv. nedávno

later /ˈlejter/ adj. pozdější, adv. poz-
ději

lather /ˈládzer/ s. mýdlová pěna, v. na-
mydlit, pěnit

latitude /ˈlaetytjúd/ s. zeměpisná šířka

latter /ˈlaeter/ adj. pozdější, druhý ze
dvou

laugh /láf/ v. smát se, zasmát se,
s. smích

laughter /ˈláfter/ s. smích

laundry /ˈlóndry/ s. prádelna, prádlo na
praní

lavatory /ˈlaevetery/ s. umývárna, záchod

law /ló/ s. zákon, právo, ustanovení

lawful /ˈlóful/ adj. zákonný, právoplatný

lawn /lón/ s. trávník

lawyer /ˈlójer/ s. právník, advokát

laxative /ˈlaeksetyv/ s. projímadlo

lay, laid, laid /lej, lejd, lejd/ v. po-
   ložit, klást, složit, stanovit, s. po-
   loha, položení, adj. světský, laický

layer /ˈlejer/ s. vrstva

lazy /ˈlejzy/ adj. líný

lazy-bones /ˈlejzybounz/ s. lenoch

lead /led/ s. olovo

lead, led, led /líd, led, led/ v. vést,
   řídit, razit cestu, svést, s. vedení,
   přednost

leader /ˈlíder/ s. vůdce, vedoucí

leadership /ˈlíderšip/ s. vedení, vedoucí
   postavení

leading /ˈlídyng/ s. vedení, adj. vedoucí,
   přední

leaf /líf/ s. list, listí

leak /lík/ s. štěrbina, díra, vytékání,
   prosakování, prozrazení, v. propouštět,
   ucházet

lean, leant, leant /lín, lent, lent/ v.
   naklánět se, opírat, spoléhat se,
   adj. hubený, libový

leap, leapt, leapt/líp, lept, lept/ v.
   skákat, přeskočit, s. skok

learn, learnt, learnt /lérn, lérnt, lérnt/
   v. učit se, dozvědět se

learning /'lérnyng/ s. věda, učení

lease /lís/ s. /pro/nájem, v. /pro/najmout

least /líst/ adj. nejmenší, adv. nejméně, alespoň

leather /'ledzer/ s. kůže, adj. kožený

leave, left, left /lív, left, left/ v. /za/nechat, opustit, odejít, odjet, zapomenout, s. dovolená

lecture /'lekčer/ s. přednáška

leek /lík/ s. pórek

left /left/ adj. levý, adv. vlevo, nalev s. levá strana

leg /leg/ s. noha, noha stolu, nohavice

legal /'lígl/ adj. zákonný, právní

leisure /'ležer/ s. volný čas, volno

leisurely /'ležerly/ adj. pohodlný, klidný, adv. volně, klidně

lemon /'lemen/ s. citrón

lend, lent, lent /lend, lent, lent/ v. půjčit, poskytnout

length /lenkS/ s. délka, vzdálenost

lengthen /'lenkSen/ v. prodloužit /se/

lens /lenz/ s. čočka, objektiv

lentil /'lentyl/ s. čočka /luštěnina/

less /les/ adj. menší, adv. méně

lessen /'lesn/ v. zmenšit /se/

lesson /ˈlesn/ s. lekce, úkol, vyučovací hodina

lest /lest/ conj. aby ne

let, let, let /let, let, let/ v. nechat, dovolit, pronajmout

letter /ˈleter/ s. dopis, písmeno

letter-box /ˈleterboks/ s. poštovní schránka

lettuce /ˈletys/ s. hlávkový salát

level /ˈlevl/ s. rovina, úroveň, adj. vodorovný, plochý, adv. přímo, v. srovnat, vyrovnat, namířit

liar /ˈlajer/ s. lhář

liberate /ˈliberejt/ v. osvobodit

liberation /ˌlibeˈrejšn/ s. osvobození

liberty /ˈliberty/ s. svoboda, volnost

library /ˈlajbrery/ s. knihovna

licence /ˈlajsens/ s. povolení, licence,

lick /lik/ v. lízat, olizovat

lid /lid/ s. víčko, poklička

lie /laj/ s. lež, v. lhát

lie, lay, lain /laj, lej, lejn/ v. ležet, spočívat

life /lajf/ s. život

lift /lift/ v. zvednout /se/, povznést, ukrást, s. výtah, zdviž, pozvednutí

light /lajt/ s. světlo, záře, oheň, adj. světlý, lehký, snadný

light, lit, lit /lajt, lit, lit/ v. osvět-
lit, zapálit, rozsvítit

lighter /´lajter/ s. zapalovač

lighting /´lajtyng/ s. osvětlení

lightning /´lajtnyng/ s. blesk

like /lajk/ v. mít rád, líbit se, přát si,
adj. stejný, podobný, adv. podobně,

prep. jako, do téže míry, s. ten samý

likely /´lajkly/ adj. pravděpodobný,
adv. pravděpodobně

likeness /´lajknys/ s. podoba, podobnost

likewise /´lajkwajz/ adv. rovněž, také,
podobně, stejně

lilac /´lajlek/ s. šeřík, bez

limb /lim/ s. úd, hlavní větev, končetina

lime /lajm/ s. vápno, citrusový plod

limit /´limit/ s. mez, hranice, v. omezit

limitation /·limi´tejšn/ s. omezení, hra-
nice /možností/

limp /limp/ adj. skleslý, nepevný, v.
kulhat

line /lajn/ s. čára, linka, provaz, šňů-
ra, řada, řádek, trať, hranice, v. lin-
kovat, řádkovat, seřadit, lemovat, pod-
šít

linen /´linyn/ s. plátno, prádlo

linger /´linger/ v. váhat, otálet, prod-
lévat

lining /ˈlajnyng/ s. podšívka

link /link/ s. spojovací článek, spojka,
  v. spojovat /se/, navazovat

lion /ˈlajen/ s. lev

lip /lip/ s. ret

lipstick /ˈlipstyk/ s. rtěnka

liquid /ˈlikwyd/ adj. kapalný, tekutý,
  s. tekutina

liquor /ˈliker/ s. lihovina, alkohol

list /list/ s. seznam, listina, v. sepsat,
  zapsat, vyjmenovat

listen /ˈlisn/ v. poslouchat, naslouchat

liter /ˈlíter/ s. litr

literate /ˈliteryt/ adj. gramotný

literature /ˈlitryčer/ s. literatura

litter /ˈliter/ s. smetí, nečistota, v.
  poházet, rozházet, znečistit

little /ˈlitl/ adj. malý, krátký, slabý,
  adv. málo, trochu

live /liv/ v. žít, bydlit

live /lajv/ adj. živý, naživu, opravdový,
  přímý /přenos/

lively /ˈlajvly/ adj. živý, čilý, plný
  života

liver /ˈliver/ s. játra

living /ˈliving/ s. živobytí, adj. žijící

lizard /ˈlizerd/ s. ještěrka

load /loud/ s. náklad, zatížení, břímě,
  v. naložit, zatížit, nabít

loaf /louf/ s. bochník, homole

loan /loun/ s. půjčka, v. půjčit

loathe /loudz/ v. hnusit si, ošklivit si

loathsome /'loudzsem/ adj. odporný, hnusný

lobby /'loby/ s. předsíň, hala, vestibul,
  v. ovlivňovat /poslance v parlamentu/

local /'loukl/ adj. místní

locate /lo'kejt/ v. umístit, určit místo

lock /lok/ s. zámek, v. zamknout, zavřít

locker /'loker/ s. skřínka na zámek

lodgings /'lodžinkz/ s. pl. podnájem, byt

loft /loft/ s. půda /v domě/

log /log/ s. poleno, kláda, špalek

lonely /'lounly/ adj. osamělý, opuštěný

long /long/ adj. dlouhý, adv. dlouho,
  v. toužit /po/

longing /'longing/ s. touha

longitude /'londžitjúd/ s. zeměpisná dél-
  ka

look /luk/ v. dívat se, hledět, vypadat
  s. pohled, vzhled

look after /'luk·áfter/ v. starat se o,
  dohlížet na

look for /'luk·fór/ v. hledat, očekávat

look forward to /'luk·fórwerd·tu/ v. tě-
  šit se na

loop /lúp/ s. smyčka, klička

loose /lús/ adj. volný, uvolněný, řídký,
nepřesný, v. uvolnit, rozvázat

loosen /´lúsn/ v. uvolnit /se/, rozviklat
/se/

lord /lórd/ s. pán, lord

lose, lost, lost /lúz, lost, lost/ v.
ztratit, prohrát, zabloudit, ztratit se

loss /los/ s. ztráta, škoda

lost /lost/ adj. ztracený, prohraný

lot /lot/ s. podíl, množství, pozemek,
adv. velmi mnoho

loud /laud/ adj. hlasitý, adv. hlasitě,
nahlas

louse /laus/ s. veš

lousy /´lauzy/ adj. všivý, velmi špatný

love /lav/ s. láska, milý, milá, v. milo-
vat, mít rád

lovely /´lavly/ adj. rozkošný, krásný,
půvabný

lover /´laver/ s. milenec, milenka

low /lou/ adj. nízký, dolní, tichý, vul-
gární, sprostý, obyčejný, adv. nízko,
potichu, lacino, chudě, mizerně,
s. bučení /dobytka/

lower /´louer/ adj. nižší, spodní, tišší,
adv. níže, v. snížit /se/, klesnout

loyal /ˈlojel/ adj. oddaný, věrný

loyalty /ˈlojelty/ s. oddanost, věrnost

luck /lak/ s. štěstí, náhoda, osud

lucky /ˈlaky/ adj. šťastný, příznivý

luggage /ˈlagydž/ s. zavazadla

lull /lal/ s. klid, utišení, v. uspat,
   utišit /se/, ukolébat

lullaby /ˈlalebaj/ s. ukolébavka

lump /lamp/ s. kus, hrouda, boule, v. shr-
   nout, hromadit

lunatic /ˈlúnetyk/ adj. šílený, pomatený,
   s. šílenec

lunch /lanč/ s. polední jídlo, lehký oběd,
   v. obědvat

lungs /langz/ s. pl. plíce

lust /last/ s. tužba, žádost, chtíč,
   v. prahnout po, bažit

- . -

machine /meˈšín/ s. stroj, vůz, adj.
   strojní, strojový, v. strojově vyrobit

machinery /meˈšínery/ s. stroje, mašinerie

mad /maed/ adj. šílený, bláznivý, zuřivý
   v. zbláznit se

madness /ˈmaednys/ s. šílenství, zuřivost

magazine /ˌmaegeˈzín/ s. časopis, zásob-
   ník

magic /ˈmaedžik/ s. kouzlo, adj. kouzelný

magician /meˈdžišn/ s. kouzelník, čaroděj

magnificent /maegˈnyfisnt/ velkolepý, nádherný, skvělý

magnify /ˈmaegnyfaj/ v. zvětšovat

magnitude /ˈmaegnytjúd/ s. velikost

maid /mejd/ s. služebná, dívka

maiden /ˈmejdn/ adj. dívčí, panenský

mail /mejl/ s. pošta, v. poslat poštou

main /mejn/ adj. hlavní

mainland /ˈmejnlend/ s. pevnina

mainly /ˈmejnly/ adv. hlavně, převážně

maintain /menˈtejn/ v. udržovat, pokračovat, podporovat, tvrdit

maintenance /ˈmejntynens/ s. udržování, údržba

major /ˈmejdžer/ adj. větší, hlavní, plnoletý, s. major

majority /meˈdžoryty/ s. většina, dospělost, plnoletost

make, made, made /mejk, mejd, mejd/ v. dělat, činit, vyrábět, přimět, přinutit, vydělat /peníze/, s. výrobek, značka

make-up /ˈmejkap/ s. nalíčení, kosmetické prostředky, sestavení, uspořádání

male /mejl/ s. muž, samec, adj. mužský,
samčí

malice /'maelys/ s. zlomyslnost, zášť

malicious /me'lyšes/ adj. zlomyslný

malignant /me'lygnent/ adj. zákeřný,
zhoubný

man /maen/ s. člověk, muž, manžel

manage /'maenydž/ v. řídit, spravovat,
hospodařit, dokázat, umět si poradit

management /'maenydžment/ s. vedení, ří-
zení, správa, zacházení

manager /'maenydžer/ s. správce, ředitel

manhood /'maenhud/ s. mužnost, mužství

manifest /'maenyfest/ adj. zřejmý, jasný,
v. projevit, prohlásit

manipulate /me'nypjulejt/ v. zacházet s,
manipulovat

mankind /maen'kajnd/ s. lidstvo

man-made /'maenmejd/ adj. umělý, uměle
vyrobený

manner /'maener/ s. způsob, chování

mansion /'maenšn/ s. panské sídlo

manual /'maenjuel/ adj. ruční, tělesný,
s. příručka

manufacture /.maenju'faekčer/ v. vyrábět

manufacturer /.maenju'faekčerer/ s. vý-
robce, továrník

many /'meny/ adj. mnoho, velmi, mnozí

map /maep/ s. mapa, plán

maple /'mejpl/ s. javor

marble /'márbl/ s. mramor, kulička na
 hraní, adj. mramorový

March /márč/ s. březen

march /márč/ v. pochodovat, kráčet, s.po-
 chod

marine /me'rín/ adj. mořský, námořní,
 s. námořní voják

mark /márk/ s. značka, známka, skvrna,
 označení, cíl, v. označit, vyznačit,po-
 znamenat, určit

market /'márkyt/ s. trh, tržiště

marmelade /'mármelejd/ s. pomerančová za-
 vařenina

marriage /'maerydž/ s. manželství,sňatek

married /'maeryd/ adj. ženatý, vdaná

marry /'maery/ v. oženit /se/, vdát /se/

masculine /'maeskjulin/ adj. mužský

mash /maeš/ s. kaše

mask /másk/ s. maska, v. maskovat /se/

mass /maes/ s. hmota, masa, spousta, v.
 hromadit, soustředit

master /'máster/ s. mistr, pán, učitel,
 v. zvládnout, ovládnout

masterpiece /'másterpís/ s. veledílo

mat /maet/ s. rohož/ka/, podložka

match /maeč/ s. zápalka, sirka, sportov-
ní zápas, partner, soupeř, partie /do
manželství/, v. rovnat se k, měřit,
hodit se k

material /me͡tyriel/ adj. hmotný, pod-
statný, s. látka, hmota, materiál

mathematics /ˌmaeSiˈmaetyks/ s. matemati-
ka

matter /ˈmaeter/ s. věc, záležitost, pod-
stata, hmota, látka, v. mít důležitost,
mít význam

mature /me͡tjuer/ adj. zralý, dospělý,
v. uzrát, dospět

maturity /me͡tjúryty/ s. zralost, vyspě-
lost, dospělost

May /mej/ s. květen, máj

may, might /mej, majt/ v. moci, směti

maybe /ˈmejbí/ adv. možná, snad

mayor /meer/ s. starosta

me /mí/ pron. mne, mě, mně

meal /míl/ s. jídlo, pokrm

mean, meant, meant /mín, ment, ment/ v.
mínit, myslit, znamenat, s. střed, prů-
měr, adj. mizerný, protivný, zlý

meaning /ˈmínyng/ s. význam, smysl

meanwhile /ˈmín‿wajl/ adv. mezi-, pro-, zatím

measles /´mízlz/ s.pl. spalničky

measure /´mežer/ s. míra, měřítko, roz-
sah, opatření, v. měřit, odhadnout

measurement /´mežerment/ s. míra, měření

meat /mít/ s. maso

mechanic /mi´kaenyk/ adj. mechanický,
automatický, s. mechanik, strojník

medical /´medykl/ adj. lékařský

medicine /´medsyn/ s. lék, lékařství

medieval /∙medy´ívl/ adj. středověký

meditate /´medytejt/ v. přemýšlet, roz-
jímat, uvažovat

meditation /∙medy´tejšn/ s. přemýšlení,
rozjímání

medium /´mídjem/s. střed, průměr, prost-
ředek, adj. střední, průměrný

meet, met, met /mít, met, met/ v. pot-
kat /se/, sejít se, seznámit se, vy-
rovnat, uhradit, utkat se /ve sportu/

meeting /´mítyng/ s. schůze, schůzka,
setkání, utkání, shromáždění

melon /´melen/ s. meloun

melt /melt/ v. tát, rozpustit se, tavit,
rozplynout se

member /´member/ s. člen

membership /´memberšip/ s. členství, člen-
stvo

membrane /´membrejn/ s. blána

memorial /mi´móriel/ s. památník, pomník,
adj. pamětní

memory /´memery/ s. paměť, památka, vzpo-
mínka

menace /´menes/ s. hrozba, v. hrozit

mend /mend/ v. spravit, opravit, zlepšit,
napravit, s. správka

mental /´mentl/ adj. duševní, mentální

mention /´menšn/ s. zmínka., v. zmínit se

menu /´menjú/ s. jídelní lístek

merchant /´mérčent/ s. obchodník, kupec,
adj. obchodní

mercury /´mérkjury/ s. rtuť

mercy /´mersy/ s. soucit, milost, milosr-
denství

mere /mier/ adj. pouhý

merely /´mierly/ adv. pouze, jenom

merge /mérdž/ v. splynout, spojit

meridian /me´rydyen/ s. poledník

merit /´meryt/ s. zásluha, cena, v. za-
sloužit si

merry /´mery/ adj. veselý, radostný

mess /mes/ s. nepořádek, zmatek, obtíž,
v. udělat nepořádek, zmatek

message /´mesydž/ s. zpráva, vzkaz, po-
selství

messenger /ˈmesynžɐr/ s. posel, poslíček
metal /ˈmetl/ s. kov
metallic /miˈtaelik/ adj. kovový
meter /ˈmítɐr/ s. metr, měřidlo
method /ˈmeSed/ s. metoda, postup, způsob
mid /mid/ adj. střední, prostřední
midday /ˈmiddej/ s. poledne
middle /ˈmidl/ adj. střední, prostřední,
   s. střed, prostředek
middle-aged /ˈmidlˈejdžd/ adj. středního
   věku
midnight /ˈmidnajt/ s. půlnoc
might /majt/ s. moc, síla, v. /may,.../
   moci, směti
mighty /ˈmajty/ adj. mocný, mohutný,
   adv. nesmírně
mild /majd/ adj. mírný, lahodný
mile /majl/ s. míle, /1.609 m/
militant /ˈmilitent/ adj. bojovný, váleč-
   ný, bojový
military /ˈmilitery/ adj. vojenský
milk /milk/ s. mléko, v. dojit
mill /mil/ s. mlýn, továrna, v. mlít
millimeter /ˈmiliˈmítɐr/ s. milimetr
million /ˈmiljen/ s. milión
mind /majnd/ s. mysl, rozum, paměť, míně-
   ní, názor, úmysl, v. dbát na, dávat
   pozor na, namítat

mine /majn/ pron. můj, má, mé, s. důl,
  mina, v. dolovat, podminovat
miner /'majner/ s. horník
mineral /'minerel/ s. nerost, adj. nerost-
  ný, minerální
minister /'minyster/ s. ministr, vysla-
  nec, duchovní, v. poskytnout pomoc
ministry /'minystry/ s. ministerstvo
minor /'majner/ adj. menší, mladší, ved-
  lejší, s. nezletilá osoba
minority /maj'noryty/ s. menšina
minus /'majnes/ prep. méně, bez, minus
minute /'minyt/ s. minuta, okamžik
miracle /'mirekl/ s. div, zázrak
miraculous /mi'raekjules/ adj. zázračný
mirror /'mirer/ s. zrcadlo, v. zrcadlit,
  obrážet
misadventure /'mised'venčer/ s. nehoda,
  nešťastná náhoda
mischief /'misčif/ s. škoda, zlo, neple-
  cha, nezbednost, nezbeda
miser /'majzer/ s. lakomec
miserable /'myzerebl/ adj. ubohý, bídný,
  mizerný, nešťastný
misery /'myzery/ s. bída, nouze
misfortune /mis'fóčn/ s. neštěstí
mislead, misled, misled /mis'líd, mis'led,
  mis'led/ v. svést, zavést,uvést v omyl

misprint /ˈmisˈprynt/ s. tisková chyba

miss /mis/ v. minout, chybit, netrefit se,
zmeškat, postrádat, stýskat se

Miss /mis/ s. slečna /před jménem/

missile /ˈmisajl/ s. střela

missing /ˈmising/ adj. chybějící, nez-
věstný, pohřešovaný

mission /ˈmišn/ s. poslání, mise

mist /mist/ s. mlha, zamžení, v. zamlžit

mistake, mistook, mistaken /misˈtejk,
misˈtuk, misˈtejkn/ v. zmýlit se, chy-
bit, omylem považovat, s. omyl, chyba

mistress /ˈmistrys/ s. paní, majitelka,
milenka

mistrust /ˈmisˈtrast/ v. nedůvěřovat,
s. nedůvěra

misunderstanding /ˈmisanderˈstaendyng/ s.
nedorozumění

mix /miks/ v. míchat /se/, smíchat, přá-
telit se, stýkat se, s. smíšenina

mixture /ˈmiksčer/ s. směs, smíšenina

mob /mob/ s. dav, chátra, lůza, v. sro-
covat se, hromadně napadnout

mobile /ˈmoubajl/ adj. pohyblivý

mock /mok/ v. posmívat se, pošklebovat se,
adj. falešný, klamný

mockery /ˈmokery/ s. posměch, výsměch

model /ˈmodl/ s. model, vzor, modelka, manekýnka, v. modelovat

moderate /ˈmoderyt/ adj. umírněný, střídmý, průměrný, rozumný, /ˈmoderejt/ v. mírnit /se/, krotit se

modern /ˈmodern/ adj. moderní, novodobý

modest /ˈmodyst/ adj. skromný, slušný

modesty /ˈmodysty/ s. skromnost

moist /mojst/ adj. vlhký, mokrý

moisture /ˈmojsčer/ s. vlhkost, vláha

mole /moul/ s. krtek, mateřské znaménko

moment /ˈmoument/ s. okamžik, chvilka, důležitost, význam

monastery /ˈmonestery/ s. klášter

Monday /ˈmandy/ s. pondělí

money /ˈmany/ s. peníze

monkey /ˈmanky/ s. opice, v. opičit se, zahrávat si

monster /ˈmonster/ s. stvůra, netvor

monstrous /ˈmonstres/ adj. nestvůrný, obludný, hrozný

month /manS/ s. měsíc /kalendářní/

monthly /ˈmanSly/ adj. měsíční, adv. měsíčně

monument /ˈmonjument/ s. památník, pomník

mood /múd/ s. nálada

moon /mún/ s. měsíc, luna

moonlight /´múnlajt/ s. měsíční světlo

moral /´morel/ adj. mravní, mravný,
  s. mravní naučení

morality /me´raelity/ s. morálka, mrav-
  nost, cnost

more /mór/ adj. větší, adv. více

moreover /mó´rouver/ adv. mimoto, nadto

morning /´mórnyng/ s. ráno, jitro, dopo-
  ledne

mortal /´mórtl/ adj. smrtelný, osudný

mortality /mór´taelity/ s. smrtelnost,
  úmrtnost

most /moust/ adj. největší, adv. nejvíce,
  velice, s. většina

mostly /´moustly/ adv. většinou, hlavně

motel /mou´tel/ s. motel

moth /moS/ s. mol, můra

mother /´madzer/ s. matka

mother-in-law /´madzerinló/ s. tchyně

motion /´moušn/ s. pohyb, hnutí, pokyn,
  návrh, v. pokynout

motionless /´moušnlys/ adj. nehybný

motor /´mouter/ s. motor, v. dopravovat
  autem

motorcycle /´mouter·sajkl/ s. motocykl

motorway /´mouterwej/ s. dálnice

mould /mould/ s. forma, tvar, plíseň,
  v. hníst, modelovat, formovat, plesnivět

mountain /ˈmauntyn/ s. hora, vrch,
  adj. horský
mourn /mórn/ v. truchlit, nosit smutek
mourning /ˈmórnyng/ s. smutek
mouse /maus/ s. myš
moustache /mesˈtáš/ s. knír, kníry
mouth /mauS/ s. ústa, huba, ústí
mouthful /ˈmauSful/ s. sousto
move /múv/ v. hýbat, hnout se, pohybovat
  se, táhnout, stěhovat se, pohnout, doj-
  mout, přimět, s. pohyb, tah
movement /ˈmúvment/ s. pohyb, hnutí
movies /ˈmúviz/ s.pl. kino
Mr. /ˈmister/ s.,zkr. pan /před jménem/
Mrs. /ˈmisiz/ s.,zkr. paní /před jménem/
much /mač/ adj.,adv. mnoho, hodně, velmi
mud /mad/ s. bláto, bahno
muddle /ˈmadl/ s. zmatek, v. zmotat, po-
  plést, uvést v nepořádek
mug /mag/ s. džbánek, velký hrnek
multiply /ˈmaltyplaj/ v. násobit, mno-
  žit se
murder /ˈmérder/ s. vražda, v./za/vraždit
murderer /ˈmérderer/ s. vrah
murmur /ˈmérmer/ s. šum, šepot, mumlání,
  v. šumět, bublat, reptat, mumlat
muscle /ˈmasl/ s. sval

mushroom /ˈmašrúm/ s. houba

music /ˈmjúzik/ s. hudba

musical /ˈmjúzikl/ adj. hudební, s. muzikál

musician /mjúˈzišn/ s. hudebník

must /mast/ v. muset

mustard /ˈmasterd/ s. hořčice

musty /ˈmasty/ adj. plesnivý, stuchlý

mutiny /ˈmjútyny/ s. vzpoura, v. vzbouřit se

mutual /ˈmjúčuel/ adj. vzájemný

my /maj/ pron. můj, má, mé

myself /majˈself/ pron. já sám, se

mysterious /mysˈtyries/ adj. tajemný

mystery /ˈmystery/ s. tajemství, záhada

- . -

nail /nejl/ s. nehet, hřebík, dráp, v. přibít

nail-varnish /ˈnejl•várnyš/ s. lak na nehty

naked /ˈnejkyd/ adj. nahý, holý

name /nejm/ s. jméno, název, v. jmenovat, nazývat, uvést, určit

nanny /ˈnaeny/ s. chůva

nap /naep/s . dřímota, v. dřímat

napkin /ˈnaepkyn/ s. ubrousek, plenka

narrate /nae'rejt/ v. vypravovat

narrow /'naerou/ adj. úzký, v. /z/úžit,
zmenšit /se/, s. úžina, soutěska

nasty /'násty/ adj. ošklivý, nechutný,
protivný

nation /'nejšn/ s. národ, lid

national /'naešenl/ adj. národní, celo-
státní, s. státní příslušník

nationality /naeše'naelity/ s. národ-
nost, státní příslušnost

nationalize /'naešenelajz/ v. znárodnit

native /'nejtyv/ adj. rodný, domorodý,
vrozený, s. domorodec, rodák

natural /'naečrel/ adj. přírodní, při-
rozený, samozřejmý

naturally /'naečrely/ adv. přirozeně,
samozřejmě

nature /'nejčer/ s. příroda, přirozenost,
povaha

naughty /'nóty/ adj. nevychovaný, nepos-
lušný, neslušný

nausea /'nósje/ s. nevolnost, bolení ža-
ludku, ošklivost, hnus

navy /'nejvy/ s. loďstvo /válečné/

near /nyer/ adv. blízko, nedaleko, adj.
blízký, v. blížit se

nearly /'nyerly/ adv. téměř, skoro, blízko

near-sighted /ˈnyer̩sajtyd/ adj. krátko-
zraký

neat /nýt/ adj. čistý, úhledný, obratný,
nefalšovaný

necessary /ˈnesesry/ adj. nutný, nezbyt-
ný, potřebný

necessity /nyˈsesity/ s. nutnost, nez-
bytnost, potřeba

neck /nek/ s. krk, šíje

necklace /ˈneklys/ s. náhrdelník

nectie /ˈnektaj/ s. vázanka, kravata

need /nýd/ s. potřeba, nouze, v. potře-
bovat, musit

needle /ˈnýdl/ s. jehla, jehlice

negative /ˈnegetyv/ adj. záporný, odmíta-
vý, s. zápor

neglect /nyˈglekt/ v. zanedbávat, opomi-
nout, nevšímat si, s. zanedbání, opome-
nutí, zanedbanost

negligence /ˈneglidžens/ s. nedbalost

negotiate /nyˈgoušiejt/ v. vyjednávat,
projednávat, zprostředkovat

negro /ˈnýgrou/ s. černoch, adj. černošský

neighbor /ˈnejber̩/ s. soused, adj. sou-
sední, v. sousedit

neighborhood /ˈnejber̩hud/ s. sousedství,
okolí

neither /ˈnajdzer, ˈnýdzer/ adj.,pron.
žádný, ani jeden ani druhý, conj. také
ne

nephew /ˈnefjú/ s. synovec

nerve /nérv/ s. nerv, odvaha, drzost

nervous /ˈnérves/ adj. nervózní, nervový

nest /nest/ s. hnízdo, doupě, roj, v.hníz-
dit

net /net/ adj. čistý, netto, s. síť, sí-
ťovina, v. chytat do sítě

netle /ˈnetl/ s. kopřiva

network /ˈnetwérk/ s. síť /rozhlasových,
televizních stanic/

never /ˈnever/ adv. nikdy, vůbec ne

nevertheless /ˌneverdzeˈles/ adv. nicméně,
přece jenom

new /njú/ adj. nový, čerstvý

newcomer /ˈnjúˈkamer/ s. nováček

newly /ˈnjúly/ adv. nově, znovu, nedávno

news /ˈnjúz/ s. zpráva, zprávy

newspaper /ˈnjúzˌpejper/ s. noviny

next /nekst/ adj. příští, nejbližší,
adv. nejblíže, dále, hned potom, příště,
prep. vedle, poblíže, hned po

next-door /ˈnekstdór/ adj. sousední

nice /najs/ adj. hezký, pěkný, příjemný,
milý

niece /nýs/ s. neteř

night /najt/ s. noc, večer

night-gown /'najtgaun/ s. noční košile

nightingale /'najtyngejl/ s. slavík

nil /nyl/ s. nula, nicota

nine /najn/ num. devět

nineteen /'najn'týn/ num. devatenáct

ninety /'najnty/ num. devadesát

no /nou/ adv. ne, nikoli, adj. žádný

noble /'noubl/ adj. vznešený, ušlechtilý, urozený, šlechtický

nobleman /'noublmen/ s. šlechtic

nobody /'noubedy/ pron. nikdo

nod /nod/ v. kývnout, přikývnout, s. přikývnutí, pokynutí

noise /nojz/ s. hluk, křik, v. hlučet

noisy /'nojzy/ adj. hlučný

nominate /'nominejt/ v. jmenovat, ustanovit, navrhnout

none /nan/ pron. nikdo, žádný, nic, adv. vůbec ne

nonsense /'nonsens/ s. nesmysl

noodle /'núdl/ s. nudle

noon /nún/ s. poledne

nor /nór/ conj. ani, ani ne, také ne

normal /'nórml/ adj. normální, obyčejný

north /nórS/ s. sever, adj. severní. adv. na severu

northern /ˈnórdzen/ adj. severní

nose /nouz/ s. nos, v. čenichat, větřit

not /not/ adv. ne

note /nout/ s. nota, znak, poznámka,
krátké sdělení, bankovka, v. všimnout
si, pozorovat, zmínit se, poznamenat si

notebook /ˈnoutbuk/ s. zápisník, sešit

nothing /ˈnaSing/ s. nic, nicotnost,
adv. vůbec ne, nijak

notice /ˈnoutys/ s. vyhláška, oznámení,
výpověď, pozornost, v. všimnout si,
zpozorovat

notify /ˈnoutyfaj/ v. uvědomit, oznámit

notion /ˈnoušn/ s. pojem, představa, do-
jem, názor

nought /nót/ s. nula, nic

nourish /ˈnaryš/ v. živit

novel /ˈnovl/ s. román, adj. nový, neob-
vyklý, zvláštní

November /noˈvember/ s. listopad

novice /ˈnovis/ s. nováček

now /nau/ adv. nyní, teď, právě, conj.
když, poněvadž, s. přítomnost

nowadays /ˈnauedejz/ adv. v dnešní době

nowhere /ˈnouweer/ adv. nikde, nikam

nude /njúd/ adj. nahý, s. nahý člověk,
nahota, akt

nuisance /'njúsns/ s. nepříjemnost, po-
tíž, protivný člověk

numb /nam/ adj. necitlivý, ztuhlý

number /'namber/ s. číslo, počet, množ-
ství, číslice, v. počítat, číslovat

numerous /'njúmeres/ adj. četný, mnohý

nun /nan/ s. jeptiška

nurse /nérs/ s. zdravotní sestra, chůva,
v. ošetřovat

nursery /'nérsery/ s. dětský pokoj, škol-
ka /i zahradnická/

nut /nat/ s. ořech, oříšek

- . -

oak /ouk/ s. dub

oar /ór/ s. veslo

oath /ouS/ s. přísaha, klení

obedience /e'bídjens/ s. poslušnost

obedient /e'bídjent/ adj. poslušný, oddaný

obey /e'bej/ v. poslouchat, uposlechnout

object /'obdžikt/ s. předmět, cíl, v. na-
mítat

objection /eb'džekšn/ s. námitka, nesou-
hlas, odpor

obligation /,obli'gejšn/ s. závazek, po-
vinnost, závaznost

oblige /e'blajdž/ v. zavazovat, uložit za
povinnost, zavázat si /koho/

obliging /e'blajdžing/ adj. úslužný,
 ochotný

oblique /e'blík/ adj. šikmý

oblivion /e'blivien/ s. zapomnění

oboe /'oubou/ s. hoboj

observation /ˌobzer'vejšn/ s. pozorování,
 všímavost, poznámka

observe /eb'zérv/ v. pozorovat, všimnout
 si, zachovávat, držet, poznamenat

obsess /eb'ses/ v. posednout

obstacle /'obstekl/ s. překážka

obstinate /'obstynyt/ adj. tvrdohlavý,
 umíněný

obstruct /eb'strakt/ v. zablokovat, za-
 hradit, uzavřít

obstruction /eb'strakšn/ s. překážka, po-
 rucha

obtain /eb'tejn/ v. získat, obdržet, pře-
 vládat

obvious /'obvies/ adj. samozřejmý, jasný

occasion /e'kejžn/ s. příležitost, pří-
 čina, důvod, událost

occasional /e'kejženl/ adj. příležitostný,
 nahodilý

occasionally /e'kejženely/ adv. příle-
 žitostně, občas

occupation /ˌokju'pejšn/ s. zaměstnání,
 povolání, obsazení, zabrání, okupace

occupy /´okjupaj/ v. obsadit, zabrat, za-
ujímat, zaměstnat /se/

occur /ekér/ v. přihodit se, stát se, na-
stat, napadnout, přijít na mysl

ocean /´oušn/ s. oceán

October /ok´touber/ s. říjen

odd /od/ adj. lichý, zbylý, přebytečný,
náhodný, příležitostný, divný, podivný

odor /´ouder/ s. pach, vůně

of /ov/ prep. od, ze, o, po, na, před

off /of/ adv. pryč, odtud, od, z, adj.
zrušený, vypnutý, vzdálený

offence /e´fens/ s. urážka, přestupek,
útok

offend /e´fend/ v. urazit, porušit, pro-
hřešit se

offer /´ofer/ s. nabídka, oběť, v. na-
bídnout /se/, naskytnout se, obětovat

office /´ofis/ s. kancelář, úřad, funkce

officer /´ofiser/ s. úředník, důstojník,
strážník

official /e´fišl/ adj. úřední, oficiální,
s. úředník

often /´ófn/ adv. často

oil /ojl/ s. olej, nafta, v. mazat, ole-
jovat

ointment /´ojntment/ s. mast

O.K.,okay /'ou'kej/ adv. dobrá, v pořád-
ku, v. schválit, souhlasit

old /ould / adj. starý, dávný

old-fashioned /'ould'faešnd/ adj. staro-
módní

olive /'oliv/ s. oliva, adj. olivový

omelet/te/ /'omlit/ s. omeleta

omit /o'mit/ v. vynechat, opominout

on /on/ prep. na, ve, v, při, o, u, podle,
adv. dále, vpřed, na sobě, na sebe

once /wans/ adv. jednou, kdysi, conj.jak-
mile, /at.../ ihned, náhle

one /wan/ num. jeden, adj. jediný, jakýsi,
pron. kdosi, někdo

oneself /wan'self/ pron. sám, sebe, se

onion /'anjen/ s. cibule

only /'ounly/ adj. jediný, adv. jenom,
pouze, teprve, conj. jenže, jenomže

onward /'onwerd/ adv. kupředu, napřed

open /'oupn/ adj. otevřený, přístupný,
volný, v. otevřít, zahájit, začít

opening /'oupnyng/ s. otvor, začátek, za-
hájení, volné místo,pracovní příležitost

openly /'oupnly/ adv. tevřeně,upřímně

opera /'opere/ s. opera

operate /'operejt/ v. pracovat, fungovat,
působit, operovat, obsluhovat, řídit

operation /·ope'rejšn/ s. operace, půso-
sebení, pracovní postup, obsluha

opinion /e'pinjen/ s. mínění, názor

opponent /e'pounent/ s. protivník, soupeř

opportunity /·oper'tjúnyty/ s. příleži-
tost

oppose /e'pouz/ v. postavit se proti,
odpírat, vzdorovat

opposite /'opezit/ adj. protější, opačný,
protilehlý, s. protiklad, opak, adv.
naproti

opposition /·ope'zišn/ s. odpor, proti-
klad, opozice

oppress /e'pres/ v. utiskovat, potlačo-
vat, utlačovat

oppression /e'prešn/ s. útlak, útisk

oppresive /e'presiv/ adj. utiskující, ty-
ranský, krutý, tíživý, dusný

optimist /'optymist/ s. optimista

option /'opšn/ s. volba, přání, výběr

or /'ór/ conj. nebo, či, neboli, jinak

oral /'órel/ adj. ústní

orange /'oryndž/ s. pomeranč, adj. oran-
žový

orchestra /'ókystre/ s. orchestr

order /'órder/ s. pořadí, pořádek, řád,
objednávka, příkaz, v. nařídit, poručit,
objednat, uspořádat

ordinary /´órdnery/ adj. obyčejný, obvyklý

organ /´órgen/ s. orgán, ústrojí, varhany

organization /·orgeny´zejšn/ s. organizace

organize /´órgenajz/ v. organizovat, zařídit

orientation /·orien´tejšn/ s. orientace

origin /´orydžin/ s. původ, počátek

original /e´rydženl/ adj. původní, originální, s. originál

originally /e´rydžinly/ adv. původně

ornament /´órnement/ s. ozdoba, v. zdobit

orphan /´órfen/ s. sirotek, adj. osiřelý

other /´adzer/ adj.,pron. jiný, druhý, adv. jindy

otherwise /´adzerwajz/ adv. jinak, sice

ought /ót/ v. měl by, má povinnost

our /´aur/ adj. náš

ourselves /aur´selvz/ pron. my sami, se

out /aut/ adv. ven, venku, pryč, mimo

out of /´autev/ prep. z, ze, kromě, bez

outbreak /´autbrejk/ s. výbuch, záchvat

outcome /´autkam/ s. výsledek

outcry /´autkraj/ s. výkřik, v. vykřikovat, vyvolávat

outdoor /'autdór/ adj. venkovní, venku

outer /'auter/ adj. vnější

outfit /'autfit/ s. výstroj, vybavení

outlaw /'autló/ s. vyhnanec, zločinec

outlet /'autlet/ s. výpust, východisko,
  průchod, odpad, odbytiště

outline /'autlajn/ s. obrys, nárys,
  v. načrtnout, narýsovat

outlook /'autluk/ s. výhled, vyhlídka

output /'autput/ s. výkon, produkce

outrage /'autrejdž/ s. urážka, potupa,
  zneuctění, v. urazit, potupit

outrageous /aut'rejdžes/ adj. urážlivý,
  hrubý, násilný, nemravný

outside /'aut'sajd/ s. venek, vnější
  strana, adj. vnější, zevnější, adv.
  vně, venku, prep. mimo, před

outskirts /'autskérts/ s. pl. okraj,
  předměstí

outstanding /aut'staendyng/ adj. vyni-
  kající, význačný

outward /'autwerd/ adj. vnější, vnějško-
  vý, adv. vně, navenek, s. /ze/vnějšek,
  vzhled

oven /avn/ s. pec, trouba /na pečení/

over /'ouver/ prep. nad, přes, na, po,
  pro, proti, adv. na druhé straně, zno-
  vu, nadto, u konce

overcoat /´ouverkout/ s. svrchník,zimník

overcome /viz come/ /·ouver´kam/ v. překonat, přemoci

overdo /viz do/ /·ouver´dú/ v. předělat, přehánět, přecenit /sílu/

overhear /viz hear/ /·ouver´hier/ v. zaslechnout, vyslechnout

overlook /ouver´luk/ v. přehlédnout, prominout

oversea/s/ /·ouver´sí/z/ adj. zámořský, zahraniční, adv. za mořem

oversleep /viz sleep/ /´ouverslíp/ v. zaspat

overtake /viz take/ /·ouver´tejk/ v. dohonit, předhonit, předjet, překvapit

overthrow /viz throw/ /·ouver´Srou/ v. převrhnout, svrhnout, podvrátit, /´ouverSrou/ s. svržení, porážka,převrat

overtime /´ouvertajm/ s. přesčas

overture /´ouvertjuer/ s. předehra

overwhelm /·ouver´welm/ v. zaplavit, přemoci, zdrtit

overwork /´ouverwérk/ s. přepracování

owe /ou/ v. být zavázán,dlužit, vděčit

owl /aul/ s. sova

own /oun/ adj. vlastní, v. vlastnit, mít, přiznat, potvrdit

owner /´ouner/ s. majitel, vlastník

ox /oks/ s. vůl

oxygen /´oksidžn/ s. kyslík

- . -

pace /pejs/ s. krok, chůze, rychlost,
  tempo, v. kráčet

pack /paek/ s. balík, ranec, smečka,
  v. /za/balit, nacpat, shluknout se

package /´paekydž/ s. balík

packet /´paekyt/ s. balíček

pad /paed/ s. podložka, vložka, vycpáv-
  ka, v. vycpat, podložit

paddle /´paedl/ s. pádlo, veslo, v. pád-
  lovat, brouzdat se

page /pejdž/ s. strana, stránka, páže,
  sluha /v hotelu/

pain /pejn/ s. bolest,/...s/ pl. námaha,
  úsilí, v. působit bolest, bolet

painful /´pejnful/ adj. bolestný, trapný

paint /pejnt/ s. barva, nátěr, v. malovat,
  natírat, malovat se

painter /´pejnter/ s. malíř, lakýrník

painting /´pejntyng/ s. obraz, malba,
  malířství

pair /peer/ s. pár, dvojice, v.spárovat
  /se/

pal /pael/ s. druh, kamarád, kolega

palace /´paelys/ s. palác

pale /pejl/ adj. bledý, v. blednout

palm /pálm/ s. dlaň, palma

pan /paen/ s. pánev, pekáč

pancake /´paenkejk/ s. palačinka, lívanec

pants /paents/ s.pl. kalhoty, kalhotky,
spodky

paper /´pejper/ s. papír, noviny, doku-
ment, adj. papírový

parade /pe´rejd/ s. přehlídka, promená-
da, v. předvádět /se/, pochodovat

paradise /´paeredajs/ s. ráj

parallel /´paerelel/ adj. rovnoběžný,
souběžný, s. rovnoběžka

parcel /´pársl/ s. balík, zásilka

pardon /´párdn/ s. odpuštění, prominutí,
v. prominout, odpustit

parents /´peerents/ s.pl. rodiče

park /párk/ s. park, parkoviště, v. par-
kovat

parliament /´párlement/ s. parlament,
sněmovna

parrot /´paeret/ s. papoušek

parsley /´pársly/ s. petržel

part /párt/ s. část, díl, účast, role,
úloha, součást, v. rozdělit /se/, roze-
jít se, rozloučit se

participate /pár'tysipejt/ v. účastnit se

participation /pár·tysi'pejšn/ s. účast

particular /per'tykjuler/ adj. jednotlivý, zvláštní, konkrétní, podrobný, přesný, puntičkářský, s. podrobnost

particularly /per'tykjulerly/ adv. zejména, zvláště, výslovně

partly /'pártly/ adv. částečně

partner /'pártner/ s. společník, partner

party /párty/ s. společnost, strana /politická/, večírek, skupina lidí

pass /pás/ v. projít, minout, přejít, přejet, uplynout, schválit,/...away/ zemřít, s. průkaz, svolení, volný lístek, průchod, průsmyk, přechod

passage /'paesydž/ s. přechod, přejezd, průchod, průjezd, chodba, pasáž /z textu/

passenger /'paesyndžer/ s. cestující, pasažér

passion /'paešn/ s. vášeň, hněv, vztek, nadšení

passionate /'paešenyt/ adj. vášnivý

passport /'páspórt/ s. cestovní pas

past /pást/ adj. minulý, prep.,adv. pryč, mimo, za, po, přes, bez, s. minulost

paste /pejst/ s. těsto, pasta, lepidlo, v. lepit

pastry /ˈpejstry/ s. jemné pečivo, těsto

patch /paeč/ s. záplata, skvrna, v. zá-
platovat, zašít

path /páS/ s. cesta, stezka, pěšina

patience /ˈpejšns/ s. trpělivost

patient /ˈpejšnt/ adj. trpělivý, vytrva-
lý, s. pacient

patriot /ˈpaetryet/ s. vlastenec

patriotic /ˌpaetryˈotyk/ adj. vlastenec-
ký

patrol /peˈtroul/ s. hlídka, v.hlídkovat

pattern /ˈpaetern/ s. vzor, model,vzorek

pause /póz/ s. přestávka, pauza, v. za-
stavit se, učinit přestávku,prodlévat

pavement /ˈpejvment/ s. chodník, dlažba

pawn /pón/ s. zástava, v. zastavit

pay, paid, paid /pej, pejd, pejd/ v. pla-
tit, zaplatit, vyplácet se, věnovat/po-
zornost/ s. plat, mzda

payment /ˈpejment/ s. placení, výplata,
odměna

pea /pí/ s. hrách, hrášek

peace /pís/ s. mír, pokoj, klid

peaceful /ˈpísful/ adj. mírový, pokojný

peach /píč/ s. broskev

peacock /ˈpíkok/ s. páv

peak /pík/ s. vrchol, špička

pear /peer/ s. hruška

pearl /pérl/ s. perla

peasant /´peznt/ s. venkovan, sedlák

peculiar /py´kjúljer/ adj. vlastní, podivný, zvláštní, divný

pedestrian /py´destrien/ adj. pěší, s. chodec

peel /píl/ s. slupka, v. loupat /se/

peg /peg/ s. kolík, věšák

pen /pen/ s. pero, ohrazení, v. psát

penalty /´penlty/ s. trest, pokuta

pencil /´pensl/ s. tužka

penetrate /´penytrejt/ v. vniknout, proniknout

penguin /´pengwin/ s. tučňák

penny /´peny/ s. haléř, groš, cent

pension /´penšn/ s. penze, důchod

people /´pípl/ s. lidé, lid, národ

pepper /´peper/ s. pepř, zelená paprika, v. opepřit

per /pér/ prep. za, na, skrze

perceive /per´sív/ v. vnímat, chápat, postřehnout

per cent /per´sent/ s. procento

perfekt /´pérfykt/ adj. dokonalý, bezvadný, naprostý, v. zdokonalit /se/

perfection /per´fekšn/ s. dokonalost

perfektly /pérfyktly/ adv. dokonale, naprosto, úplně

perform /per form/ v. provést, vykonat, splnit, předvádět, hrát

performance /per formens/ s. provedení, výkon, představení, hra

perfume /pérfjúm/ s. voňavka, v. navonět

perhaps /per haeps/ adv. snad, možná

period / piried/ s. období, doba

perish / peryš/ v. zahynout

perishable / peryšebl/ adj. podléhající zkáze /zboží/, pomíjející

perm / pérm/ s. trvalá ondulace

permanent / pérmenent/ adj. trvalý, stálý

permission /per mišn/ s. svolení, povolení, dovolení

permit /per mit/ v. dovolit, připustit, s. povolení, propustka

persecute / pérsykjút/ v. pronásledovat

persecution / pérsy kjúšn/ s. pronásledování, perzekuce

persist /per sist/ v. trvat, stát na, vytrvat

persistent /per sistent/ adj. vytrvalý, tvrdošíjný

person / pérsn/ s. osoba, člověk, postava

personal / pérsenl/ adj. osobní, soukromý

personality / ˌpɜːrseˈnaelity/ s. osobnost

personally / ˈpɜːrsenly/ adv. osobně

perspiration / ˌpɜːrspeˈrejšn/ s. pot

perspire /persˈpajer/ v. potit se

persuade /perˈswejd/ v. přemluvit, přesvědčit

persuasion /perˈswejžn/ s. přesvědčení, přemlouvání

pessimist / ˈpesimist/ s. pesimista

pet /pet/ s. oblíbené domácí zvíře, mazlíček, v. mazlit se

petition /pyˈtyšn/ s. žádost, petice, v. žádat, prosit

petrol / ˈpetrel/ s. benzín

pharmacy / ˈfármesy/ s. lékárna, farmacie

philosophy /fyˈlosefy/ s. filosofie

phone /foun/ s. telefon, v. telefonovat

phoney / ˈfouny/ adj. předstíraný, falešný

photograph / ˈfoutou, ˈfoutegráf/ s. fotografie, v. fotografovat /se/

photographer /feˈtogrefer/ s. fotograf

physical / ˈfyzikl/ adj. fyzický, tělesný, fyzikální

physician /fyˈzišn/ s. lékař

physics / ˈfyziks/ s. fyzika

piano / ˈpjaenou/ s. piano, klavír

pick /pik/ v. sbírat, trhat, vybírat, zobat, rýpat /se/,okrást ,s.krumpáč,výběr

pick up /ˈpikꞓp/ v. zvednout, sebrat,
  pochytit, osvojit si

pickles /ˈpiklz/ s.pl. naložené,kyselé
  okurky, zelenina

picnic /ˈpiknyk/ s. výlet s jídlem,piknik

picture /ˈpikꞓer/ s. obraz, film, v. vy-
  líčit, představovat, zobrazit

picturesque /ˌpikꞓeˈresk/ adj. malebný

pie /paj/ s. ovocný nebo masový koláč

piece /pís/ s. kus, kousek, v. složit,
  spojit, látat

pierce /piers/ v. propíchnout, probodnout

pig /pig/ s. vepř, prase, čuně

pigeon /ˈpidžin/ s. holub

pile /pajl/ s. hromada, kupa, kůl, v.hro-
  madit /se/, nakupit

pilfer /ˈpilfer/ v. krást /drobnosti/

pilgrim /ˈpilgrym/ s. poutník

pill /pil/ s. pilulka, prášek

pillar /ˈpiler/ s. sloup, pilíř

pillow /ˈpilou/ s. polštář, poduška

pilot /ˈpajlet/ s. pilot, lodivod, v.ří-
  dit letadlo, loď

pin /pin/ s. špendlík, v. sešpendlit, se-
  pnout, připíchnout

pincers /ˈpinserz/ s.pl. kleště

pinch /pinč/ v. štípnout, tlačit,škudlit,
  s. štípnutí, špetka

pine /pajn/ s. borovice, sosna

pineapple /'pajn·aepl/ s. ananas

pink /pink/ adj. růžový, s. karafiát

pint /pajnt/ s. pinta /0,57 l/

pioneer /·paje'nyer/ s. průkopník, pio-
nýr

pipe /pajp/ s. trubka, roura, píšťala,
dýmka

pit /pit/ s. jáma, díra, šachta

pitch /pič/ s. smůla, v. vysmolit, posta-
vit /stan/ hodit, udat /tón/

pitch-dark /'pič'dárk/ adj. černý /jako
smůla/

pitcher /'pičer/ s. džbán, korbel

pity /'pity/ s. soucit, lítost, škoda,
v. litovat

place /plejs/ s. místo, prostor, v. u-
místit, postavit, položit

plain /plejn/ adj. jasný, prostý, oby-
čejný, hladký, s. rovina, planina

plan /plaen/ s. plán, úmysl, v. plánovat,
chystat, zamýšlet, nakreslit /plán/

plane /plejn/ s. rovina, plocha, letadlo

planet /'plaenyt/ s. planeta, oběžnice

plank /plaenk/ s. prkno, planka, v. za-
bednit

plant /plánt/ s. rastlina, továrna, závod,
v. zasadit, založit

plaster /´plást_er_/ s. náplast, obklad,
  omítka

plastic /´plaestyk/ adj. plastický, z u-
  mělé hmoty, s. umělá hmota

plate /plejt/ s. talíř, deska, plát

platform /´plaetfó_rm_/ s. plošina, nástu-
  piště, pódium

play /plej/ v. hrát, hrát si, s. hra, di-
  vadelní hra

player /´plej_er_/ s. hráč, herec

playground /´plejgraund/ s. hřiště

pleasant /´pleznt/ adj. příjemný

please /plíz/ v. potěšit, líbit se, uspo-
  kojit, prosím /vás/

pleasure /´plež_er_/ s. potěšení, radost

pledge /pledž/ s. záruka, slib, závazek,
  v. ručit, slíbit, dát do zástavy

plenty /´plenty/ s. hojnost, množství,
  adv. hodně, dosti

pliers /´plaj_erz_/ s.pl. kleště

plot /plot/ s. parcela, zápletka děje,
  spiknutí, v. plánovat, osnovat /spiknu-
  tí/ strojit úklady

plough /plau/ s. pluh, v. orat

plug /plag/ s. zátka, zástrčka, v. ucpat

plum /plam/ s. švestka, slíva

plumber /´plam_er_/ s. instalatér

plump /plamp/ adj. buclatý, kyprý,
v. ztloustnout, žuchnout

plunge /plandž/ v. ponořit /se/, potopit
/se/, hnát se, s. ponoření

plus /plas/ prep. plus, a, více

p. m. /ʼpíʼem/ adv. odpoledne, večer,
12-24 hod.

pocket /ʼpokyt/ s. kapsa, v. dát do kapsy

pocket-book /ʼpokytʼbuk/ s. zápisník

pocket-money /ʼpokytʼmany/ s. kapesné

poem /ʼpouim/ s. báseň

poet /ʼpouit/ s. básník

poetry /ʼpouitry/ s. poezie

point /pojnt/ s. bod, špička, věc, pod-
stata, v. ukázat, namířit, upozornit

pointed /ʼpojntyd/ adj. špičatý, ostrý

poison /ʼpojzn/ s. jed, otrava, v. otrá-
vit, nakazit

poisonous /ʼpojznes/ adj. jedovatý, otrav-
ný

poke /pouk/ v. šťouchat, strkat

pole /poul/ s. tyč, kůl

police /peʼlís/ s. policie, v. policejně
chránit, řídit

policeman /peʼlísmen/ s. strážník

policy /ʼpolisy/ s. politika, linie, po-
jistka, pojištění

polish /ˈpoliš/ v. leštit /se/,uhladit,
  s. lesk, uhlazenost, leštidlo
polite /peˈlajt/ adj. zdvořilý, slušný
political /peˈlitykl/ adj. politický
politics /ˈpolityks/ s. politika
pollute /peˈlút/ v. znečistit, zhanobit
pompous /ˈpompes/ adj. okázalý, nadutý
pond /pond/ s. rybník
pool /púl/ s. kaluž, louže, bazén
poor /puer/ adj. chudý, ubohý, bídný,
  špatný, chabý, slabý
pope /poup/ s. papež
poppy /ˈpopy/ s. mák
popular /ˈpopjuler/ adj. lidový, oblíbe-
  ný, populární
popularity /ˌpopjuˈlaeryty/ s. populari-
  ta, oblíbenost
population /ˌpopjuˈlejšn/ s. obyvatel-
  stvo, lidnatost
porcelain /ˈpórslyn/ s. porcelán
pork /pórk/ s. vepřové maso
porridge /ˈporydž/ s. ovesná kaše
port /pórt/ s. přístav
portable /ˈpórtebl/ adj. přenosný /stroj/
porter /ˈpórter/ s. nosič, vrátný
portion /ˈpóršn/ s. část, podíl, porce,
  úděl

position /pe͜zišn/ s. postavení, místo, zaměstnání, poloha, v. umístit

positive /ˈpozetyv/ adj. kladný, určitý, jistý, pozitivní

possess /pe͜zes/ v. mít, vlastnit, zmocnit se, posednout

possession /pe͜zešn/ s. majetek, vlastnictví, posedlost

possibility /ˌposiˈbility/ s. možnost

possible /ˈposebl/ adj. možný

possibly /ˈposebly/ adv. možná, snad

post /poust/ s. kůl, sloup, v. připevnit, uveřejnit, vyhlásit

post /poust/ s. pošta, v. poslat poštou

postage /ˈpoustydž/ s. poštovné

postal /ˈpoustl/ adj. poštovní

postcard /ˈpoustkárd/ s. dopisnice, pohlednice

poster /ˈpouster/ s. plakát

postman /ˈpoustmen/ s. listonoš

post-office /ˈpoust-ofis/ s. pošta

postpone /poustˈpoun/ v. odložit, odsunout

pot /pot/ s. nádoba, hrnec, konvice, květináč

potato /pe͜ˈtejtou/ s. brambor

poultry /ˈpoultry/ s. drůbež

pound /paund/ s. libra /váha, peníze/,
v. /roz/tlouci, bušit, dupat

pour /pór/ v. lít /se/, sypat /se/, prou-
dit

poverty /´poverty/ s. chudoba, bída

powder /´pauder/ s. prach, prášek, pudr,
v. rozdrtit, pudrovat

power /´pauer/ s. síla, moc, mocnost,
energie

powerful /´pauerful/ adj. mocný, vlivný,
mohutný

power-house /´pauerhaus/ s. elektrárna

powerless /´pauerlys/ adj. bezmocný, slabý

practical /´praektykl/ adj. praktický

practically /´praektykly/ adv. prakticky,
téměř, skoro

practice /´praektys/ s. praxe, cvičení,
cvik, v. provádět, provozovat, cvičit

Prague /prág/ s. Praha, adj. pražský

praise /prejz/ v. chválit, velebit, s.
chvála, pochvala

pram /praem/ s. dětský kočárek

pray /prej/ v. modlit se, prosit, žádat

prayer /preer/ s. modlitba, prosba

preach /príč/ v. kázat

preacher /´príčer/ s. kazatel

precaution /pry´košn/ s. opatrnost, opa-
tření /bezpečnostní/

precede /pry´síd/ v. předcházet, mít
  přednost

precious /´prešes/ adj. vzácný, draho-
  cenný, drahý

precise /pry´sajs/ adj. přesný

precisely /pry´sajsly/ adv. přesně, právě

precision /pry´sižn/ s. přesnost

predict /pry´dykt/ v. předpovídat

prediction /pry´dykšn/ s. předpověď

prefer /pry´fér/ v. dávat přednost

preference /´preferens/ s. přednost, zá-
  liba

pregnant /´pregnent/ adj. těhotná, plný,
  obtížený

prejudice /´predžudys/ s. předsudek, zau-
  jetí, v. být zaujatý proti

preparation /ˌprepe´rejšn/ s. příprava,
  přípravek

prepare /pry´peer/ v. připravit /si, se/

prescribe /prys´krajb/ v. předepsat /lék/

prescription /prys´krypšn/ s. předpis,
  recept

presence /´prezns/ s. přítomnost

present /´preznt/ adj. přítomný, nynější,
  s. přítomnost

present /´preznt/ s. dar, /pry´zent/ v.
  představit, předvést, darovat

preservation /ˈprezer'vejšn/ s. zachová-
ní, udržení

preserve /pryˈzérv/ v. zachovat, udržet,
konzervovat, s. zavařenina

president /ˈprezident/ s. předseda, pre-
sident

press /pres/ s. lis, tlak, tisk, tiskár-
na, v. tlačit, tisknout, lisovat, žehlit

pressure /ˈprešer/ s. tlak, nátlak

presume /pryˈzjúm/ v. předpokládat, dom-
nívat se

pretence /pryˈtens/ s. záminka, předstí-
rání

pretend /pryˈtend/ v. předstírat, činit
si nároky

pretty /ˈpryty/ adj. hezký, pěkný, adv.
dosti, pěkně

prevail /pryˈvejl/ v. převládat, mít pře-
vahu

prevent /pryˈvent/ v. předcházet, zabrá-
nit

prevention /pryˈvenšn/ s. předcházení,
zabránění, prevence

preventive /pryˈventyv/ adj. ochranný,
preventivní

previous /ˈprívjes/ adj. předešlý, minulý

previously /ˈprívjesly/ adv. dříve, minule

price /prajs/ s. cena, hodnota

prick /pryk/ v. píchnout, bodnout

pride /prajd/ s. pýcha, hrdost, chlouba

priest /príst/ s. kněz

prime /prajm/ adj. první, přední, hlavní,
  s. rozkvět, počátek

primrose /ˈprymrouz/ s. petrklíč

prince /pryns/ s. princ, kníže

princess /prynˈses/ s. princezna

principal /ˈprynsepl/ adj. hlavní, základ-
  ní, s. hlavní osoba, představený

principle /ˈprynsepl/ zásada

print /prynt/ s. tisk, výtisk, foto,
  v. tisknout

prior /ˈprajer/ adj. dřívější, předešlý

priority /prajˈoryty/ s. přednost /před/

prison /ˈpryzn/ s. vězení

prisoner /ˈpryzner/ s. vězeň

privacy /ˈprajvesy/ s. soukromí

private /ˈprajvyt/ adj. soukromý, osobní,
  důvěrný, tajný, s. soukromí, prostý vo-
  jín

privilege /ˈpryvilidž/ s. výsada, před-
  nost

prize /prajz/ s. cena, odměna, výhra,
  v. vážit si, cenit si

probability /ˌprobeˈbility/ s. pravděpo-
  dobnost

probable /ˈprobebl/ adj. pravděpodobný

probably /ˈprobebly/ adv. pravděpodobně

problem /ˈproblem/ s. problém, úkol,
otázka

procedure /preˈsídžer/ s. postup, řízení

proceed /preˈsíd/ v. postupovat, pokra-
čovat, pocházet

process /ˈprouses/ s. proces, postup,
v. zpracovat

proclaim /preˈklejm/ v. prohlásit, vyhlá-
sit

proclamation /ˌprokleˈmejšn/ s. prohlá-
šení, provolání, vyhláška

produce /preˈdjús/ s. výrobek, výsledek,
produkt, vyrobit, předložit, předvést

produkt /ˈprodekt/ s. výrobek, plod, vý-
sledek

production /preˈdakšn/ s. výroba, produk-
ce, výtvor

profession /preˈfešn/ s. povolání, pro-
fese, vyznání

professional /preˈfešnl/ adj. odborný,
profesionální, s. odborník, profesionál

profit /ˈprofit/ s. zisk, užitek, pros-
pěch, v. získat, prospět

profitable /ˈprofitebl/ adj. výnosný,
užitečný

program/me/ /ˈprougraem/ s. program,plán

progress /ˈprougres/ s. pokrok, zlepšení,
 /preˈgres/ v. postupovat, pokračovat

progressive /preˈgresiv/ adj. pokrokový,
 postupující

prohibit /preˈhybit/ v. zakázat, zabránit

prolong /preˈlong/ v. prodloužit

prominent /ˈprominent/ adj. vynikající,
 význačný, vystupující

promise /ˈpromis/ s. slib, v. slíbit

promising /ˈpromising/ adj. nadějný,
 slibný

promote /preˈmout/ v. povýšit, podporovat

promotion /preˈmoušn/ s. povýšení,podpora

promt /promt/ adj. okamžitý, ochotný, po-
 hotový, v. podnítit, povzbudit, napo-
 vídat

pronounce /preˈnauns/ v. prohlásit, vy-
 jádřit /se/, vyslovovat

pronunciation /preˈnansiˈejšn/ s. výs-
 lovnost

proof /prúf/ s. důkaz, zkouška, adj.
 osvědčený, bezpečný /před/

proper /ˈproper/ adj. vlastní, náležitý,
 správný, řádný

properly /ˈproperly/ adv. řádně, důklad-
 ně, správně

property /'property/ s. majetek, vlast-
nost

proposal /pre'pouzl/ s. návrh, nabídka,
nabídnutí k sňatku

propose /pre'pouz/ v. navrhnout, nabídnout

prosecute /'prosikjút/ v. soudně stíhat,
žalovat

prospect /'prospekt/ s. vyhlídka, naděje,
šance

prospective /pres'pektyv/ adj. budoucí,
eventuální

prosper /'prosper/ v. prospívat, vzkvétat

prosperity /pros'peryty/ s. blahobyt,
rozkvět, zdar

protect /pre'tekt/ v. chránit, hájit

protection /pre'tekšn/ s. ochrana

protest /'proutest/ s. protest, námitka,
/pre'test/ v. protestovat, odporovat

protrude /pre'trúd/ v. vystrčit, vyčnívat

proud /praud/ adj. hrdý, pyšný

prove /prúv/ v. dokázat, osvědčit se, vy-
zkoušet

proverb /'proverb/ s. přísloví

provide /pre'vajd/ v. opatřit, obstarat,
poskytnout, postarat se o, stanovit

provision /pre'vižn/ s. zaopatření, opat-
ření, zásoba /potravin/

provisional /pre vižen̲l/ adj. prozatimní,
dočasný

provoke /pre vouk/ v. popudit, provoko-
vat, vyvolat, podnítit

provoking /pre voukyng/ adj. poburující,
vyzývavý, pohoršlivý

prune /prún/ s. švestka, slíva /sušená/

psychiatry /saj kaje̲try/ s. psychiatrie

psychology /saj kole̲dži/ s. psychologie

pub /pab/ s. hospoda

public / pablik/ adj. veřejný, obecný,
s. veřejnost, obecenstvo, publikum

publication / pabli kejšn/ s. uveřejně-
ní, vydání, publikace

publicity /pab lisity/ s.pozornost ve-
řejnosti, tisku, reklama

publish / pabliš/ v. uveřejnit, vydat
tiskem

publisher / pablišer̲/ s. vydavatel, na-
kladatel

pudding / pudyng/ s. nákyp, pudink

puddle / padl/ s. louže, kaluž

puff /paf/ s. fouknutí, závan, oddychová-
ní, v. odfukovat, nafouknout /se/

pull /pul/ v. tahat, za-, vy-, táhnout,
vléci, škubat, trhat, s. tah, trhnutí,
náraz, vliv

pulse /pals/ s. puls, tep, v. tepat, pulsovat

pump /'pamp/ s. pumpa, hustilka, v. pumpovat

punch /panč/ s. úder, rána pěstí, v. udeřit, praštit, propíchnout, proštípnout

punctual /'pankčuel/ adj. přesný, dochvilný

puncture /'pankčer/ s. propíchnutí /pneumatiky/, díra, v. propíchnout

punish /'panyš/ v. potrestat

punishment /'panyšment/ s. trest, potrestání

pupil /'pjúpl/ s. žák, žačka, panenka /v oku/

puppet /'papyt/ s. loutka

puppy /'papy/ s. štěně

purchase /'pérčes/ s. nákup, koupě, v. koupit, nakoupit

pure /pjuer/ adj. čistý, ryzí, pouhý

purple /'pérpl/ adj. fialový, nachový, s. purpur, nach

purpose /'pérpes/ s. úmysl, účel cíl, /on.../ schválně, v. zamýšlet

purse /pérs/ s. peněženka, měšec

pursue /per'sjú/ v. pronásledovat, sledovat, pokračovat, provozovat

pursuit /per̩'sjút/ s. pronásledování,
stíhání, pokračování

pus /pas/ s. hnis

push /puš / v. strkat, tlačit, pohánět,
naléhat /na koho/, s. rána, úder, náraz

pussy /'pusy/ s. kočička

put, put, put /put, put, put/ v. klást,
dát /někam/, položit, postavit

puzzle /'pazl/ s. hádanka, záhada, v.
zmást, poplést

pyjamas, pajamas /pe'džámes/ s. pl. pyža-
mo

- . -

qualification /'kwolifi'kejšn/ s. způso-
bilost, schopnost, kvalifikace

qualified /'kwolifajd/ adj. oprávněný,
způsobilý, kvalifikovaný, podmíněný

qualify /'kwolifaj/ v. oprávnit, vymezit,
kvalifikovat /se/

quality /'kwolity/ s. jakost, vlastnost,
kvalita

quantity /'kwontyty/ s. množství, kvan-
tita

quarrel /'kworel/ s. hádka, spor, v. há-
dat se, přít se

quarrelsome /'kworelsem/ adj. hádavý

quarter /ˈkwóter/ s. čtvrt, čtvrtina, končina, městská čtvrt, bydliště, v. rozčtvrtit, ubytovat

queen /kwín/ s. královna

queer /kwíer/ adj. podivný, zvláštní, podezřelý, nesvůj

question /ˈkwesčn/ s. otázka, v. vyslýchat, pochybovat o, ptát se

questionable /ˈkwesčenebl/ adj. sporný, pochybný, problematický

questionnaire /ˌkwesčeˈneer/ s. dotazník

queue /kjú/ s. fronta /lidí/, v. stát frontu

quick /kwik/ adj. rychlý, pohotový, bystrý, adv. rychle

quicken /ˈkwiken/ v. oživit, vzrušit /se/, zrychlit /se/

quickly /ˈkwikly/ adv. rychle

quiet /ˈkwajet/ adj. klidný, tichý, s.ticho, klid, v. uklidnit /se/

quietly /ˈkwajetly/ adv. tiše, klidně

quilt /kwilt/ s. prošívaná pokrývka

quit /kwit/ v. opustit, vzdát se, odejít, přestat

quite /kwajt/ adv. docela, úplně, ano, ovšem

quiver /ˈkwiver/ v. chvět se, třást se, s. chvění

quiz /kwiz/ s. dotazování, zkouška, há-
danka, kviz, v. klást otázky, vyptávat
se, škádlit

quate /kwout/ v. citovat, uvést, udat/ce-
nu/, s. citát

- . -

rabbit /´raebyt/ s. králík, zajíc

race /rejs/ s. rasa, rod, závod, běh,
v. závodit, běžet

racial /´rejšl/ adj. rasový

rack /raek/ s. police, věšák, v. mučit,
sužovat

racket /´raekyt/ s. raketa, hluk,vydírání

radiant /´rejdjent/ adj. zářící, oslňu-
jící, jasný, radostný

radiate /´rejdyejt/ v. zářit, vyzařovat

radiator /´rejdyejter/ s. topné těleso,
chladič /u auta/

radio /´rejdyou/ s. rádio, rozhlas

radish /´raedyš/ s. ředkev, ředkvička

rag /raeg/ s. hadr

rage /rejdž/ s. zlost, vztek, zuřivost,
v. zuřit, vztekat se

ragged /´raegyd/ adj. rozedraný, otrhaný

raid /rejd/ s. útok, nájezd, nálet

rail /rejl/ s. kolej, zábradlí, mříž

railing /ˈrejling/ s. zábradlí, ohražení

railroad, railway /ˈrejlroud, ˈrejlwej/ s.
  železnice, dráha

rain /rejn/ s. déšť, v. pršet

rainbow /ˈrejnbou/ s. duha

raincoat /ˈrejnkout/ s. plášť do deště

raise /rejz/ v. /po/zvednout, zvýšit, vy-
  volat, nadhodit, sebrat, opatřit /pení-
  ze/, chovat, pěstovat s. zvýšení platu

raisin /ˈrejzn/ s. hrozinka

rake /rejk/ s. hrábě, v. hrabat

random /ˈraendem/ adj. náhodný, nahodilý

range /rejndž/ s. řada, řetěz, rozsah,
  dosah, dostřel, pásmo /hor/, v. seřadit
  /se/, nařídit, potulovat se, rozkládat
  se, prostírat se

rank /raenk/ s. řád, pořadí, šik, hodnost,
  v. řadit /se/, patřit, adj. bujný, žluk-
  lý, páchnoucí

ransom /ˈraensem/ s. výkupné

rape /rejp/ s. znásilnění, v. znásilnit

rapid /ˈraepid/ adj. prudký, rychlý

rapidly /ˈraepidly/ ad. rychle, prudce

rare /reer/ adj. vzácný, řídký, nezvyklý

rarely /ˈraerly/ adv. zřídkakdy

rash /raeš/ adj. ukvapený, unáhlený,
  prudký, s. vyrážka

raspberry /´rázbery/ s. malina

rat /raet/ s. krysa

rate /rejt/ s. poměr, stupeň, taxa, cena,
   rychlost, v. hodnotit, cenit /si/

rather /´rádzer/ adv. poněkud, jaksi,
   dosti, raději, spíše

ration /´raešn/ s. dávka, příděl, v. od-
   měřit, přidělit

rational /´raešenl/ adj. rozumný, rozumo-
   vý, racionální

rattle /´raetl/ s. rachot, chřestot, řeh-
   tačka, žvanění, v. rachotit, chřestit

raven /´rejvn/ s. havran

raw /ró/ adj. syrový, surový /materiál/

ray /rej/ s. paprsek

razor /´rejzer/ s. břitva

razor blade /´rejzeblejd/ s. žiletka

reach /ríč/ v. sahat, prostírat se, do-
   sáhnout, podat, s. dosah

react /ry´aekt/ v. reagovat, působit

reaction /ry´aekšn/ s. reakce, působení

read, read, read /ríd, red, red/ v. číst,
   studovat

reader /´ríder/ s. čtenář

reading /´rídyng/ s. četba, čtení

ready /´redy/ adj. hotový, připraven,
   pohotový, ochoten, v. připravit /se/

ready-made /redy mejd/ adj. konfekční

real /ryel/ adj. skutečný, opravdový,
  pravý, nemovitý

realistic /rye listyk/ adj. realistický

reality /ry aelity/ s. skutečnost, reali-
  ta, podstata

realize /ryelajz/ v. uskutečnit, uvědo-
  mit si

really /ryely/ adv. opravdu, skutečně

rear /ryer/ s. zadní část, pozadí, v.
  pěstovat, chovat

reason /rízn/ s. důvod, příčina, rozum,
  v. uvažovat, domlouvat /komu/

reasonable /rízenebl/ adj. rozumný, při-
  měřený, slušný

rebel /rebl/ s. vzbouřenec, povstalec,
  /ry bel/ v. povstat, bouřit se

recall /ry kól/ v. ovolat, zrušit, připo-
  menout si, vzpomenout si na

receipt /ry sít/ s. potvrzení, příjem,
  recept

receive /ry sív/ v. dostat, obdržet, při-
  jímat /hosty/

recent /rísnt/ adj. nedávný, nový

recently /rísntly/ adv. nedávno

reception /ry sepšn/ s. přijetí, příjem,
  recepce

recipe /ˈresipi/ s. recept, návod

reckless /ˈreklys/ adj. bezstarostný,
 lehkomyslný, bezohledný

reclaim /ryˈklejm/ v. vyzvednout si, od-
 volat

recognition /ˌrekegˈnyšn/ s. poznání,
 uznání

recognize /ˈrekegnajz/ v. poznat, uznat,
 uznávat, pozdravit

recollect /ˌrekeˈlekt/ v. vzpomenout si

recollection /ˌrekeˈlekšn/ s. rozpomenutí,
 vzpomínka

recommend /ˌrekeˈmend/ v. doporučit

recommendation /ˌrekemenˈdejšn/ s. dopo-
 ručení

reconcile /ˈrekensajl/ v. smířit se,
 urovnat /spor/

reconciliation /ˌrekensiliˈejšn/ s. smír,
 smíření

record /ryˈkórd/ v. zaznamenat, zapsat,
 /ˈrekórd/ s. záznam, zápis, gramofono-
 vá deska, rekord

recording /ryˈkórdyng/ s. nahrávka, zápis

recover /ryˈkaver/ v. opět získat, zota-
 vit se, uzdravit se

recreation /ˌrekryˈejšn/ s. rekreace, zo-
 tavení, osvěžení

recur /ry'kér/ v. vracet se, opakovat se

red /red/ adj. červený, rudý

reduce /ry'djús/ v. zmenšit, snížit, hubnout, podrobit, přinutit

reduction /ry'dakšn/ s. snížení, zmenšení, sleva

reek /rík/ s. výpar, zápach, v. páchnout

refer /ry'fér/ v. přisuzovat, odvolávat se, poukazovat, týkat se, odkázat na

referee /·refe'rí/ s. rozhodčí

reference /'refrens/ s. vztah, poukázání, zmínka, doporučení, odvolání na

refill /'rýfil/ s. náplň, vložka, v.znovu naplnit

reflect /ry'flekt/ v. odrážet, zrcadlit /se/, vyjadřovat, přemýšlet, uvažovat

reflection /ry'flekšn/ s. odraz, přemýšlení, úvaha

refresh /ry'freš/ v. osvěžit, občerstvit

refreshment /ry'frešment/ s. občerstvení, osvěžení

refrigerator /ry'frydžerejter/ s. lednička, chladnička

refuge /'refjúdž/ s. útočiště, útulek

refugee /·refju'dží/ s. uprchlík,emigrant

refund /'rýfand/ v. nyhradit

refusal /ry'fjúzl/ s. odmítnutí,odepření

refuse /ry´fjúz/ v. odmítnout, s. odpad-
ky, smetí

regain /ry´gejn/ v. znovu získat,znovu
nabýt /vědomí/

regard /ry´gárd/ v. považovat, dívat se,
hledět na, dbát, ctít, týkat se, s.
ohled, zřetel, úcta, respekt, pohled,
pozdrav

regardless /ry´gárdlys/ adv. bez ohledu
na, adj. bezohledný, nedbající

regime /rej´žím/ s. režim, vládní systém

region /´rídžn/ s. oblast, krajina, kraj

register /´redžister/ s. seznam, zápis,
v. zaznamenat, zapsat, registrovat

regret /ry´gret/ v. litovat, s. lítost,
žal

regular /´regjuler/ adj. pravidelný, řád-
ný, regulérní

regulate /´regjulejt/ v. upravit, řídit,
regulovat, seřídit, přizpůsobit

regulation /·regju´lejšn/ s. řízení, se-
řízení, přizpůsobení,...s/pl. předpi-
sy, nařízení

rehearsal /ry´hérsl/ s. zkouška, nácvik

rehearse /ry´hérs/ v. zkoušet, nacvičovat

reign /rejn/ v. vládnout, panovat, s.
vláda, panování

reject /ry'džekt/ v. odmítnout, zamít-
nout, vyřadit, s. zmetek /ve výrobě/

rejection /ry'džekšn/ s. odmítnutí, za-
mítnutí, zavržení

rejoice /ry'džojs/ v. potěšit, radovat
se, veselit se

relate /ry'lejt/ v. vypravovat, vztaho-
vat se, týkat se

related /ry'lejtyd/ adj. příbuzný, spo-
jený

relation /ry'lejšn/ s. vztah, poměr, spo-
jení, příbuzenstvo

relationship /ry'lejšnšip/ s. vztah,
poměr, příbuzenství

relative /'reletyv/ adj. poměrný, vzá-
jemný, relativní, s. příbuzný

relax /ry'laeks/ v. odpočinout si, uvol-
nit /se/

release /ry'lís/ v. uvolnit, propustit,
s. uvolnění, propuštění

relevant /'relyvent/ adj. důležitý, zá-
važný, příslušný, souvisící s

reliable /ry'lajebl/ adj. spolehlivý

relief /ry'líf/ s. úleva, osvobození

relieve /ry'lív/ v. ulevit, ulehčit,
zbavit, vysvobodit

religion /ry'lidžn/ s. náboženství

religious /ry´lidžs/ adj. náboženský,
zbožný

reluctant /ry´laktent/ adj. neochotný,
zdráhavý

rely /ry´laj/ v. spolehnout se

remain /ry´mejn/ v. zůstat, zbývat,/...s/
pl. zbytky, ostatky /tělesné/

remark /ry´márk/ v. poznamenat, zpozoro-
vat, s. poznámka

remarkable /ry´márkebl/ adj. pozoruhodný,
mimořádný, vynikající

remedy /´remidy/ s. lék, prostředek, ná-
prava, v. napravit

remember /ry´member/ v. /za/pamatovat si,
vzpomenout si na

remembrance /ry´membrens/ s. vzpomínka,
památka, upomínka

remind /ry´majnd/ v. připomenout

reminder /ry´majnder/ s. připomínka

remote /ry´mout/ adj. vzdálený, odlehlý

removal /ry´múvl/ s. odstranění, stěhová-
ní, doprava

remove /ry´múv/ v. odstranit, odklidit,
odstěhovat /se/

renew /ry´njú/ v. obnovit

renewal /ry´njúel/ s. obnova, prodloužení

renounce /ry´nauns/ v. zříci se, vypově-
dět, zapřít

rent /rent/ s. nájemné, činže, v. najmout
/si/, pronajmout

repair /ry·peer/ v. opravit, spravit, s.
oprava, správka

repay /viz pay/ /rý·pej/ v. odplatit,
splatit, nahradit

repeat /ry·pít/ v. opakovat, s. opakování

repetition /·repy·tyšn/ s. opakování

replace /ry·plejs/ v. dát zpět, nahradit,
vyměnit

reply /ry·plaj/ v. odpovědět, s. odpověď

report /ry·pórt/ v. ohlásit, oznámit, re-
ferovat, hlásit se, s. zpráva, hlášení,
pověst, referát, vysvědčení

reporter /ry·pórter/ s. zpravodaj, repor-
tér, referent

represent /·repry·zent/ v. představovat,
zastupovat, znázornit

representative /·repry·zentetyv/ s. před-
stavitel, zástupce, reprezentant, adj.
reprezentační, typický

reprimand /·reprymánd/ s. důtka, pokárá-
ní, v. kárat

reproach /ry·prouč/ s. výčitka, v. vyčí-
tat, vytýkat

reproduce /·rýpre·djús/ v. obnovit, re-
produkovat

republic /ry᾿pablik/ s. republika

reputation /᾿repju᾿tejšn/ s. pověst, úcta, dobré jméno

request /ry᾿kwest/ s. žádost, prosba, v. žádat

require /ry᾿kwajer/ v. požadovat, vyžadovat, potřebovat

requirement /ry᾿kwajerment/ s. požadavek

rescue /᾿reskjú/ v. zachránit, s. záchrana, osvobození

research /ry᾿sérč/ s. bádání, výzkum, pátrání

resemblance /ry᾿zemblens/ s. podoba, podobnost

resemble /ry᾿zembl/ v. podobat se

resent /ry᾿zent/ v. cítit odpor, neschvalovat

resentment /ry᾿zentment/ s. odpor, nechuť

reservation /᾿rezer᾿vejšn/ s. výhrada, záznam, zajištění /sedadla, pokoje/, rezervace

reserve /ry᾿zérv/ v. rezervovat, zachovat, vyhradit /si/, s. záloha, rezerva, výhrada, rezervovanost, rezervace

reserved /ry᾿zérvd/ adj. zdrženlivý, rezervovaný

reside /ry᾿zajd/ v. bydlit, usadit se

residence /´rezidens/ s. bydliště, sídlo

resign /ry´zajn/ v. vzdát se, odstoupit,
smířit se

resignation /´rezig´nejšn/ s. odstoupení,
rezignace, odevzdanost

resist /ry´zist/ v. odporovat, odrazit,
odolávat, postavit se proti

resistance /ry´zistens/ s. odpor

resolute /´rezelút/ adj. rozhodný, odhod-
laný

resolution /´reze´lúšn/ s. rozhodnutí, od-
hodlanost, usnesení, rezoluce

respect /rys´pekt/ s. úcta, ohled, zře-
tel, v. vážit si, ctít, brát ohled na

respectable /rys´pektebl/ adj. úctyhodný,
vážený, slušný

respectful /rys´pektful/ adj. uctivý

respective /rys´pektyv/ adj. náležitý,
patřičný

respectively /rys´pektyvly/ adv. popřípa-
dě, eventuálně

respond /rys´pond/ v. reagovat, odpovídat

response /rys´pons/ s. reakce, odezva

responsibility /rys´ponse´bility/ s. od-
povědnost

responsible /rys´ponsebl/ adj. /z/odpo-
vědný

rest /rest/ s. odpočinek, klid, oddech,
zbytek, v. odpočívat, spočinout, opřít
se, zůstat, zbývat

restaurant /'resterent/ s. restaurace

restless /'restlys/ adj. nepokojný, neklidný

restore /rys'tór/ v. obnovit, vrátit

restrict /rys'trykt/ v. omezit

restriction /rys'trykšn/ s. omezení

restroom /'rest·rum/ s. záchod, toaleta

result /ry'zalt/ s. výsledek, následek,
v. vyplývat, přispět

resume /ry'zjúm/ v. znovu začít, pokra-
čovat

retain /ry'tejn/ v. /po/držet /si/, po-
nechat si

retaliate /ry'taeliejt/ v. odplatit stej-
ným

retaliation /ry·taeli'ejšn/ s. odplata

retard /ry'tárd/ v. zdržet, zpomalit

retire /ry'tajer/ v. odejít, odebrat se,
odejít do penze

retirement /ry'tajerment/ s. odchod do
výslužby, důchod, ústraní

retreat /ry'trít/ s. ústup, v. ustoupit

return /ry'térn/ v. vrátit /se/, dát
zpět, vrátit, odpovědět, oplatit,
s. návrat, vrácení, výnos

reveal /ry'víl/ v. odhalit, prozradit

revenge /ry'vendž/ s. pomsta, v./po/mstít se

reverse /ry'vérs/ adj. opačný, obrácený, v. obrátit, změnit, zrušit, couvat, s. opak, rub, obrat, porážka, zpáteční rychlost

review /ry'vjú/ s. přehled, recenze, referát, posudek, v. přehlížet, posoudit

revision /ry'vižn/ s. oprava, přezkoušení, kontrola, prohlídka

revive /ry'vajv/ v. oživit, vzkřísit, obnovit

revolt /ry'voult/ v. /vz/bouřit se, s. vzpoura, povstání

revolting /ry'voultyng/ adj. odporný

revolution /·reve'lúšn/ s. revoluce, převrat, obrátka

revolver /ry'volver/ s. revolver

reward /ry'word/ s. odměna, v. odměnit

rhyme /rajm/ s. rým, verš, v.rýmovat se

rhythm /'rydzm/ s. rytmus

rib /ryb/ s. žebro

ribbon /'ryben/ s. stuha, páska

rice /rajs/ s. rýže

rich /ryč/ adj. bohatý, hojný, plný, tučný /pokrm/

rid, rid, rid /ryd, ryd, ryd/ v. zbavit
/se/, oprostit se od, s. zbavení,
zproštění

riddle /'rydl/ s. hádanka

ride, rode, ridden /rajd, roud, 'rydn/ v.
jet, jezdit, s. jízda, projížďka

ridicule /'rydykjúl/ s. posměch, v. zes-
měšnit, posmívat se

ridiculous /ry'dykjules/ adj. směšný

rifle /'rajfl/ s. puška

right /rajt/ adj. pravý, správný, adv.
rovnou, zrovna, hned, správně, dobře,
vpravo, s. právo, pravda, pravá strana,
v. napravit, vyrovnat

rightly /'rajtly/ adv. správně, právem

rigid /'rydžid/ adj. tuhý, strnulý,přísný

rim /rym/ s. okraj, obruba

rind /rajnd/ s. kůra, slupka

ring, rang, rung /ryng, raeng, rang/ v.
zvonit, znít, telefonovat, s. prsten,
kruh, okruh

rinse /ryns/ v. vypláchnout, vymáchat

riot /'rajet/ s. výtržnost, nepokoj, po-
vstání

ripe /rajp/ adj. zralý, v. zrát

rise, rose, risen /rajz, rouz, 'ryzn/ v.
vstát, stoupat, vycházet, vznikat, s.
stoupání, zvýšení,vzestup,vznik,výšina

rising /ˈrajzing/ adj. povstávající, s. povstání

risk /rysk/ s. riziko, nebezpečí, v. riskovat

risky /ˈrysky/ adj. odvážný, riskantní

rival /ˈrajvl/ s. soupeř, sok, v. soupeřit,

river /ˈryver/ s. řeka

road /roud/ s. silnice, cesta, ulice

roar /rór/ v. řvát, burácet, s. řev, bouře /smíchu/

roast /roust/ v. péci, opékat, pražit, adj. pečený, pražený, s. pečeně

rob /rob/ v. oloupit, okrást

robber /ˈrober/ s. lupič

robbery /ˈrobery/ s. loupež

robe /roub/ s. roucho, róba

robust /reˈbast/ adj. statný, robustní

rock /rok/ s. skála, kámen, balvan, v. kolébat /se/, houpat /se/

rocket /ˈrokyt/ s. /kosmická/ raketa, v. vyletět do výše

rod /rod/ s. prut, tyč

role /roul/ s. úloha, role

roll /roul/ s. svitek /papíru/, role, válec, seznam, houska, žemle, kolébání, v. valit /se/, válet, kolébat se, dunět

romantic /re´maentyk/ adj. romantický,
  s. romantik

roof /rúf/ s. střecha, krov

room /rum/ s. místnost, pokoj, místo,
  prostor

root /rút/ s. kořen, původ, v. zakořenit,
  ujmout se

rope /roup/ s. provaz, lano, švihadlo,
  v. upevnit, svázat

rose /rouz/ s. růže

rosy /´rouzy/ adj. růžový

rot /rot/ v. hnít, tlít, s. hniloba

rotate /rou´tejt/ v. otáčet /se/, kroužit

rotten /´rotn/ shnilý, zkažený, mizerný

rough /raf/ adj. drsný, hrubý, neotesaný,
  přibližný

roughly /´rafly/ adv. hrubě, přibližně

round /raund/ adj. kulatý, okrouhlý, adv.
  kolem, kolem dokola, prep. kolem, s.
  kolo, kruh, okruh, v. zakulatit

route /rút/ s. cesta, trať

row /rou/ s. řada, výtržnost, hádka, v.
  veslovat

royal /´rojel/ adj. královský

rub /rab/ v. třít, dřít, drhnout, leštit

rubber /´raber/ s. guma, /...s/ pl. galoše

rubbish /´rabyš/ s. smetí, nesmysl

rude /rúd/ adj. hrubý, drzý, sprostý

rug /rag/ s. pokrývka, rohož, koberec

ruin /rujn/ s. zřícení, zkáza, troska,
v. zničit, zbořit

rule /rúl/ s. pravidlo, zásada, řád, vlá-
da, v. vládnout, ovládat

ruler /´rúler/ s. vládce, pravítko, mě-
řítko

rum /ram/ s. rum

rumor /´rúmer/ s. povídačka, doslech, po-
věst

run, ran, run /ran, raen, ran/ v. běžet,
utíkat, jet, téci, závodit, řídit /pod-
nik/, s. běh, útěk, průběh, trvání

rural /´rúrel/ adj. venkovský, vesnický

rush /raš/ s. běh, shon, ruch, v. hnát
se, pádit, řítit se

rust /rast/ s. rez, v. rezivět

rustle /´rasl/ s. šum, šelest, v. šustit,
šumět

rye /raj/ s. žito

- . -

sack /saek/ s. pytel, vak, v. propustit,
vyhodit z práce

sacred /´sejkryd/ adj. posvátný, svatý,
nedotknutelný

sacrifice /'saekryfajs/ s. oběť, v. obětovat

sad /saed/ adj. smutný, zarmoucený

saddle /'saedl/ s. sedlo, v. osedlat

safe /sejf/ adj. bezpečný, jistý, s. sejf, pokladna

safety /'sejfty/ s. bezpečnost

sail /sejl/ s. lodní plachta, v. plavit se, plachtit

sailor /'sejler/ s. námořník

saint /sejnt/ adj. svatý, s. světec

sake /sejk/ s. příčina, /for the.../ pro, kvůli

salad /'saeled/ s. salát

salame /se'lámi/ s. salám

salary /'saelery/ s. plat

sale /sejl/ s. prodej, výprodej

salesman /'sejlsmen/ s. prodavač, obchodní cestující

saliva /se'lajve/ s. slina

salt /sólt/ s. sůl, adj. slaný, v. solit, osolit

salty /'sólty/ adj. slaný

salute /se'lút/ s. pozdrav, salva, v. pozdravit, salutovat

same /sejm/ pron. týž, táž, totéž, stejný, adv. spolu, zároveň, stejně sample /´sámpl/ s. vzorek, v. vyzkoušet, okusit

sand /saend/ s. písek

sandal /´saendl/ s. sandál, opánek

sandwich /´saenwidž/ s. obložený chléb

sane /sejn/ adj. duševně zdravý, rozumný

sanitary /´saenytery/ adj. zdravotnický, hygienický

sanity /´saenyty/ s. zdravý rozum, duševní zdraví

sardine /sár´dýn/ s. sardinka, olejovka

satan /´sejten/ s. ďábel, satan

satisfaction /·saetys´faekšn/ s. uspokojení, spokojenost

satisfactory /·saetys´faektery/ adj. uspokojivý, dostatečný

satisfy /´saetysfaj/ v. uspokojit, vyhovět, přesvědčit

Saturday /´saeterdy/s. sobota

sauce /sós/ s. omáčka

saucepan /´sóspen/ s. pánvička, kastrol s držadlem

saucer /´sóser/ s. talířek /pod šálek/

sauerkraut /´sauerkraut/ s. kyselé zelí

sausage /´sosidž/ s. klobása, vuřt

savage /´saevidž/ adj. divoký, surový, s. divoch, v. zdivočet

save /sejv/ v. zachránit, ušetřit /si/, šetřit, spořit, adv.,prep. kromě, vyjma, leč, že

savings /'sejvingz/ s. pl. úspory

saw, sawed, sawn /só, sód, són/ v. řezat pilou, s. pila

sawdust /'sódast/ s. piliny

say, said, said /sej, sed, sed/ v. říci, říkat, povídat, mluvit

scale /skejl/ s. váhy, stupnice, škála, šupina, v. vážit /se/, slézt, přelézt, sloupnout, loupat /se/

scandal /'skaendl/ s. ostuda, skandál

scar /skár/ s. jizva, v. zjizvit

scarce /skeers/ adj. vzácný, řídký, nedostačující

scarcely /'skeersly/ adv. sotva, stěží

scare /skeer/ v. postrašit, polekat

scared /'skeerd/ adj. vyděšený, vystrašený

scarf /skárf/ s. šátek, šála

scatter /'skaeter/ v. rozhazovat, rozsypat, rozptýlit, rozehnat

scene /sín/ s. scéna, výstup, jeviště, dějiště

scenery /'sínery/ s. jevištní výprava, krajina, scenérie

scent /sent/ v. čichat, cítit, navonět,
s. pach, vůně, čich, stopa /zvěře/,
voňavka

schedule /'skedjúl,šedjúl/ s. plán, roz-
vrh, program

school /skúl/ s. škola, adj. školní

schoolbook /'skúlbuk/ s. učebnice

schoolmate /'skúlmejt/ s. spolužák

science /'sajens/ s. /přírodní/ věda

scientific /ˌsajen'tyfik/ adj. vědecký

scientist /'sajentyst/ s. vědec

scissors /'sizerz/ s.pl. nůžky

scold /skould/ v. hubovat, vadit se

score /skór/ s. vrub, zářez, výsledek /zá-
pasu/, skóre, v. bodovat, skórovat

scorn /skórn/ s. opovržení, v. pohrdat,
opovrhovat

scoundrel /'skaundrel/ s. darebák

scrap /skraep/ s. kousek, útržek, cár,
veteš, v. vyřadit, dát do smetí

scrape /skrejp/ s. škrábnutí, v. škrábat,
strouhat, odřít

scratch /skraeč/ s. škrábání, škrtnutí,
v. škrábat, drápat, načmárat, škrtat

scream /skrím/ v. křičet, vřískat, s. vý-
křik, jekot, vřískot

screen /skrín/ s. zástěna, clona, síto,
plátne, obrazovka, v. zaclonit, kádrovat

screw /skrú/ s. šroub, závit, v. šroubo-
  vat, stisknout

screw-driver /ˊskrú⸱drajver/ s. šroubo-
  vák

scribble /ˊskrybl/ v. čmárat, naškrábat,
  v. mazanice

scrub /skrab/ v. drhnout /kartáčem/,.mýt

sculptor /ˊskalpter/ s. sochař, řezbář

sculpture /ˊskalpčer/ s. sochařství, řez-
  ba, plastika

sea /sí/ s. moře

sea-gull /ˊsígal/ s. racek

seal /síl/ s. tuleň, pečeť, plomba, v.
  zapečetit

seam /sím/ s. šev, žíla /horniny/

seaman /ˊsímen/ s. námořník

search /sérč/ v. hledat, pátrat, prohle-
  dávat, s. hledání, pátrání

seashore /ˊsíšór/ s. mořský břeh

seasick /ˊsísik/ adj. postižený mořskou
  nemocí

seaside /ˊsíˊsajd/ s. mořské pobřeží

season /ˊsízn/ s. roční doba, období, v.
  okořenit, nechat uležet, uzrát, zpří-
  jemnit

seat /sít/ s. sedadlo, místo k sezení,
  v. posadit /se/, umístit

second /´sekend/ adj. druhý, s. vteřina,
v. podporovat

second-hand /´sekend´haend/ adj. použitý,
zánovní

secrecy /´síkrysy/ s. tajnost, tajemství

secret /´síkryt/ adj. tajný, s. tajem-
ství

secretary /´sekretry/ s. tajemník, mi-
nistr, sekretář, sekretářka

section /´sekšn/ s. část, úsek, oddíl,
oddělení

secular /´sekjuler/ adj. světský

secure /sy´kjuer/ adj. bezpečný, jistý,v.
zabezpečit, zajistit, opatřit,poskyt-
nout

security /sy´kjueryty/ s. bezpečnost,
jistota, ochrana, záruka

seduce /sy´djús/ v. svádět, svést

see, saw, seen /sí, só, sín/ v. vidět,
spatřit, pozorovat, poznat, pochopit,
navštívit, doprovodit

seed /síd/ s. semeno, zrno, v. zasít

seek, sought, sought /sík, sót, sót/ v.
hledat, snažit se, usilovat

seem /sím/ v. zdát se, připadat

seize /síz/ v. uchopit, zmocnit se, za-
bavit

seldom /ˈseldem/ adv. zřídka/kdy/

select /syˈlekt/ adj. vybraný, v. vybrat

selection /syˈlekšn/ s. výběr, volba

self /self/ pron. sám, sama, samo, já,
  týž, tentýž, pref. samo-, sebe-

self-confidence /ˈselfˈkonfidens/ s. se-
  bedůvěra

selfish /ˈselfiš/ adj. sobecký

self-service /ˈselfˈsérvis/ s. samoob-
  sluha

sell, sold, sold /sel, sould, sould/ v.
  prodávat, prodat

seller /ˈseler/ s. prodávající, věc, co
  se prodává

semolina /ˌsemeˈlíne/ s. krupice

send, sent, sent /send, sent, sent/ v.
  poslat, posílat

senior /ˈsínjer/ adj. starší, nadřízený

sensation /senˈsejšn/ s. pocit, vjem,
  rozruch, senzace

sensational /senˈsejšenl/ adj. senzační,
  báječný

sense /sens/ s. smysl, pocit, rozum,
  v. vnímat, cítit, chápat, tušit

senseless /ˈsenslys/ adj. nerozumný, bez
  vědomí

sensible /ˈsensebl/ adj. rozumný, svědo-
  mitý

sensitive /ˈsensityv/ adj. vnímavý, cit-
livý, choulostivý

sentence /ˈsentens/ s. věta, rozsudek,
v. odsoudit

separate /ˈseperejt/ v. oddělit /se/, ro-
zejít /se/, /ˈsepryt/ adj. oddělený,
zvláštní

separation /ˌsepeˈrejšn/ s. rozdělení,
oddělení, rozloučení, rozchod

September /sepˈtember/ s. září

series /ˈsieríz/ s. pl. řada, série

serious /ˈsierjes/ adj. vážný, důležitý

seriously /ˈsierjesly/ adv. vážně

servant /ˈsérvent/ s. sluha, služka

serve /sérv/ v. sloužit, obsloužit, ser-
vírovat

service /ˈsérvis/ s. služba, obsluha, po-
dávání jídla, servis, provoz

session /ˈsešn/ s. zasedání, schůze, údobí

set, set, set /set, set, set/ v. položit,
umístit, nařídit, uspořádat, osázet,
stanovit, ozdobit, označit, usadit /se/,
adj. ustálený, pevný, s. souprava, řa-
da, sbírka, skupina, uspořádání, posta-
vení, aparát

set out /setˈaut/ v. vydat se na cestu,
vyrazit /někam/

setback /ˈsetbaek/ s. nezdar, překážka

settee /seˈtý/ s. pohovka

setting /ˈsetyng/ s. zasazení, seřízení, uspořádání, prostředí,/divadelní/ výprava

settle /ˈsetl/ v. usadit /se/, osídlit, urovnat, vyřešit, vyrovnat /dluh/

settlement /ˈsetlment/ s. osada, usazení, vyrovnání, úhrada

settler /ˈsetler/ s. osadník, usedlík

set-up /ˈsetap/ s. situace, uspořádání

seven /ˈsevn/ num. sedm

seventeen /ˈsevnˈtýn/ num. sedmnáct

seventy /ˈsevnty/ num. sedmdesát

several /ˈsevrel/ adj. několik, rozdílný, různý

severe /syˈvier/ adj. přísný, krutý, drsný

sew, sewed, sewn /sou, soud, soun/ v. šít, ušít

sewer /ˈsjuer/ s. stoka, kanál

sex /seks/ s. pohlaví, rod

sexual /ˈseksjuel/ adj. pohlavní, sexuální

shabby /ˈšaeby/ adj. ošumělý, otrhaný, zanedbaný, nepoctivý

shade /šejd/ s. stín, chládek, odstín, stínidlo, v. zastínit, odstínit

shadow /ˈšaedou/ s. /vržený/ stín, přítmí,
v. stínit, chránit, tajně sledovat

shady /ˈšejdy/ adj. stinný, pochybný, po-
dezřelý

shake, shook, shaken /šejk, šuk, šejkn/
v. třást /se/, chvět /se/, s. třesení,
otřes

shaky /ˈšejky/ adj. třaslavý, roztřesený,
nejistý

shall /šael/ v. budu, budeme..., musím,
musíme....

shallow /ˈšaelou/ adj. mělký, povrchní,
slabý, s. mělčina

shame /šejm/ s. hanba, stud, ostuda, v.
hanbit se, stydět se

shameful /ˈšejmful/ adj. ostudný, hanebný

shameless /ˈšejmlys/ adj. nestoudný, ne-
stydatý

shampoo /šaemˈpú/ s. šampon, v. mýt /si/
vlasy

shape /šejp/ s. tvar, forma, podoba, v.
tvořit, utvářet, formovat

shapeless /ˈšejplys/ adj. beztvárný, ne-
foremný

shapely /ˈšejply/ adj. urostlý, pěkných
tvarů

share /šeer/ s. podíl, akcie, v. rozdělit
si`, podílet se na

shark /šárk/ s. žralok

sharp /šárp/ adj. ostrý, břitký, chytrý,
  bystrý, adv. přesně

sharpen /ˈšárpn/ v. nabrousit, ostřit

shave /šejv/ v. holit /se/, ohoblovat,
  s. oholení

shawl /šól/ s. šál, šátek

she /ší/ pron. ona

sheep /šíp/ s.pl. ovce

sheer /šíer/ adj. čirý, naprostý, pouhý

sheet /šít/ s. prostěradlo, arch, list
  /papíru/, tabule /skla/

shelf /šelf/ s. police, přihrádka

shell /šel/ s. skořápka, lusk, lastura,
  šrapnel, v. loupat, louskat, ostřelovat

shelter /ˈšelter/ s. útulek, úkryt, úto-
  čiště, kryt, v. chránit, ukrýt /se/

shepherd /ˈšeperd/ s. pastýř, ovčák

shield /šíld/ s. štít, v. chránit, skrývat

shift /šift/ v. posunout /se/, měnit,
  střídat /se/, s. posun, změna, směna

shine, shone, shone /šajn, šon, šon/ v.
  svítit, zářit, lesknout se, s. svit,
  záře, lesk

shiny /ˈšajny/ adj. lesklý

ship /šip/ s. loď, v. nalodit /se/, dopra-
  vit, poslat /lodí/

shipment /ˇšipment/ s. lodní zásilka,
  náklad, nalodění

shirt /šért/ s. košile

shiver /ˇšiver/ v. chvět se, třást se,
  s. chvění, mrazení

shock /šok/ s. rána, otřes, pohoršení,
  v. otřást, pohoršit

shoe /šú/ s. střevíc, bota

shoe-lace /ˇšúlejs/ s. šněrovadlo, tka-
  nička /do bot/

shoemaker /ˇšú-mejker/ s. obuvník,švec

shoot, shot, shot /šút, šot, šot/ v.
  střílet, zastřelit, vyrazit, vypučet,
  točit /film/ s.střílení, výhonek

shop /šop/ s. krám, obchod, dílna, v.na-
  kupovat

shopkeeper /ˇšopkíper/ s. obchodník, ma-
  jitel obchodu

shore /šór/ s. břeh, pobřeží

short /šórt/ adj. krátký, malý,/be...of/
  mít nedostatek, adv. náhle, zkrátka

shortage /ˇšórtydž/ s. nedostatek

shortly /ˇšórtly/ adv. brzy, zakrátko,
  krátce, stručně

shorts /ˇšórts/ s.pl. šortky, trenýrky,
  spodky

shot /šot/ s. výstřel, zásah, trefa

should/šud/ podmiňovací způsob /viz shall/

shoulder /ˈšouldr̩/ s. rameno, v. vzít
na ramena, razit si /cestu/

shout /šaut/ v. volat, křičet, s./vý/křik,
volání

shove /šav/ v. strkat /se/, šoupat, s.
strčení

shovel /ˈšavl/ s. lopata

show, showed, shown /šou, šoud, šoun/ v.
ukázat, vystavovat, projevit, předvádět,
s. podívaná, představení, výstava

shower /ˈšaur̩/ s. sprcha, prška, dešťová
přeháňka, v. lít, zahrnovat /koho čím/

shriek /šrík/ v. ječet, křičet, vřískat,
s. výkřik, jekot

shrimp /šrymp/ s. kreveta, garnát

shrink, shrank, shrunk /šrynk, šraenk,
šrank/ v. srazit /se/, scvrknout se,
s. sražení, scvrknutí

shrub /šrab/ s. keř, křoví

shrug /šrag/ v. pokrčit rameny

shuffle /ˈšafl/ v. míchat /karty/, šourat
se, šoupat

shut, shut, shut /šat, šat, šat/ v. zav-
řít, zavírat /se/, zamknout

shut down /ˈšatˈdaun/ v. uzavřít, zasta-
vit, stáhnout

shut up /ˈšatap/ v. zmlknout, zavřít

shy /šaj/ adj. plachý, ostýchavý, nes-
mělý

sick /sik/ adj. nemocný

sickness /'siknys/ s. nemoc, choroba

side /sajd/ s. strana, bok, adj. postran-
ní, boční, v. stranit /komu/

sidewalk /'sajdwók/ s. chodník

sieve /siv/ s. síto, řešeto

sift /sift/ v. prosévat, zkoumat

sigh /saj/ s. vzdech, v. vzdychat

sight /sajt/ s. zrak, pohled, podívaná,
v. spatřit, zahlédnout

sightseeing /'sajt·síing/ s. prohlídka
/pamětihodností/

sign /sajn/ s. znamení, znak, značka, ná-
pis, pokyn, v. podepsat, pokynout,
označit

signal /'signl/ s. signál, znamení, v.
dát znamení, signalizovat

signature /'signyčer/ s. podpis

significance /sig'nyfikens/ s. význam,
důležitost

significant /sig'nyfikent/ adj. významný,
důležitý

silence /'sajlens/ s. mlčení, ticho, v.
umlčet

silent /'sajlent/ adj. mlčící, tichý

silk /silk/ s. hedvábí, adj. hedvábný

silly /ˈsily/ adj. hloupý, pošetilý

silver /ˈsilver/ s. stříbro, adj. stříbrný, v. postříbřit

similar /ˈsimiler/ adj. podobný

simple /ˈsimpl/ adj. prostý, jednoduchý

simple-minded /ˈsimplˈmajndyd/ adj. prostoduchý

simplicity /simˈplisity/ s. prostota, jednoduchost

simplify /ˈsimplifaj/ v. zjednodušit

simply /ˈsimply/ adv. jednoduše, prostě

simulate /ˈsimjulejt/ v. předstírat

sin /sin/ s. hřích, v. hřešit

since /sins/ adv. od té doby, co, conj. ježto, poněvadž, protože, prep. od

sincere /sinˈsier/ adj. upřímný

sincerely /sinˈsierly/ adv. upřímně

sincerity /sinˈseryty/ s. upřímnost

sing, sang, sung /sing, saeng, sang/ v. zpívat, opěvovat

singer /ˈsinger/ s. zpěvák, pěvec

singing /ˈsinging/ s. zpěv, zpívání

single /ˈsingl/ adj. jediný, jednotlivý, jednoduchý, svobodný, s. dvouhra, singl, v. vybrat

sink, sank, sunk /sink, saenk, sank/ v. klesat, potopit /se/, zapůsobit, s. dřez, výlevka sir /sér/ s. pan /oslovení/, /S../ titul

sister /'sister/ s. sestra

sit, sat, sat /sit, saet, saet/ v. sedět, zasedat

site /sajt/ s. poloha, umístění, staveniště

sitting-room /'sityngrúm/ s. obývací pokoj

situation /,sitju'ejěn/ s. situace, poloha, postavení

six /siks/ num. šest

sixteen /'siks'týn/ num. šestnáct

sixty /'siksty/ num. šedesát

size /sajz/ s. velikost, rozměr, v. odměřit, odhadnout /situaci/

skate /skejt/ s. brusle, v. bruslit

skeleton /'skelytn/ s. kostra

ski /skí/ s. lyže, v. lyžovat

skid /skyd/ v. klouzat, dostat smyk, s. smyk

skill /skyl/ s. zručnost, dovednost

skilled /skyld/ adj. zručný, kvalifikovaný

skin /skyn/ s. kůže, pleť, slupka, v. stáhnout kůži

skinny /'skyny/ adj. hubený, vyzáblý

skip /skyp/ s. skákat, přeskočit, s. poskok

skirt /skért/ s. sukně

sky /skaj/ s. obloha, nebe

skylark /´skajlárk/ s. skřivan

skyscraper /´skaj-skrejper/ s. mrakodrap

slacks /´slaeks/ s.pl. kalhoty

slam /slaem/ v. bouchnout, prásknout

slander /´slánder/ s. pomluva, urážka, v. pomluvit

slant /slánt/ adj. šikmý, v. naklonit, s. svah

slaughter /´slóter/ v. vraždit, masakrovat, porážet /dobytek/, s. masakr, porážka

Slav /sláv/ s. Slovan, adj. slovanský

slave /slejv/ s. otrok/yně/, v. otročit

slavery /´slejvery/ s. otroctví

Slavonic /sle´vonyk/ adj. slovanský

sled, sledge /sled, sledž/ s. saně

sleep, slept, slept /slíp, slept, slept/ v. spát, s. spánek, spaní

sleepy /´slípy/ adj. ospalý

sleeve /slív/ s. rukáv

slender /´slender/ adj. štíhlý, útlý

slice /slajs/ s. plátek, krajíc

slide, slid, slid /slajd, slid, slid/ v. klouzat /se/, vyklouznout, s. klouznutí, klouzačka, diapozitiv

slight /slajt/ adj. drobný, slabý, ne-
  patrný

slightly /slajtly/ adv. trochu, nepatrně

slim /slim/ adj. štíhlý

slip /slip/ v. klouzat, uklouznout, unik-
  nout, zasunout, zmýlit se, s. uklouz-
  nutí, omyl, kombiné, kousek, proužek

slipper /'sliper/ s. trepka, pantofel

slippery /slipery/ adj. kluzký, nejistý

slogan /'slougen/ s. heslo

slope /sloup/ s. svah, stráň, sklon, v.
  sklánět /se/, svažovat se

Slovak /'slouvaek/ s. Slovák, slovenština,
  adj. slovenský

Slovakia /slo'vaekie/ s. Slovensko

slow /slou/ adj. pomalý, zdlouhavý, těž-
  ko chápající, adv. pomalu, v. zpomalit

slowly /slouly/ adv. pozvolně, pomalu

slum /slam/ s. obydlí chudých

smack /smaek/ v. mlaskat, plesknout, s.
  příchuť, mlasknutí, plácnutí

small /smól/ adj. malý, drobný

smart /smárt/ adj. bystrý, ostrý, ele-
  gantní, v. bolet, působit bolest

smash /smaeš/ v. rozbít, zničit, narazit
  do, srazit, s. třesk, rozbití, krach

smear /smier/ v. ušpinit, umazat, s. šmou-
  ha, skvrna

smell, smelt, smelt /smel, smelt, smelt/
  v. čichat, čenichat, vonět, páchnout,
  s. čich, pach, vůně

smile /smajl/ v. usmívat se, s. úsměv

smith /smiS/ s. kovář

smoke /smouk/ s. kouř, dým, v. kouřit,
  udit

smoker /´smouker/ s. kuřák

smoking /´smoukyng/ s. kouření

smooth /smúdz/ adj. hladký, uhlazený,
  rovný, jemný, v. uhladit, urovnat

smuggle /´smagl/ v. pašovat

smuggler /´smagler/ s. pašerák

snack /snaek/ s. přesnídávka, svačina,
  občerstvení, zákusek

snack-bar /´snaekbár/ s. automat, bufet

snag /snaeg/ s. potíž, závada

snail /snejl/ s. hlemýžď, slimák

snake /snejk/ s. had

snatch /snaeč/ v. popadnout, chňapnout,
  s. útržek, úštipek

sneak /snýk/ v. plížit se, plazit se,
  donášet, žalovat

sneeze /snýz/ v. kýchat, s. kýchnutí

sniff /snyf/ v. větřit, čichat, čenichat,
  krčit, ohrnovat nos

snore /snór/ v. chrápat, s. chrápání

snow /snou/ s. sníh, v. sněžit

snowman /'snoumaen/ s. sněhulák

so /sou/ adv.,conj. tak, takto, tedy,
pokud, také, budiž

soak /souk/ v. namočit, promočit /se/,
sáknout, s. promočení, sání

soap /soup/ s. mýdlo, v. mydlit,lichotit

sob /sob/ s. vzlyk, štkaní, v. vzlykat

sober /'soubɘr/ adj. střízlivý, střídmý,
rozvážný

so-called /'sou'kóld/ adj. takzvaný

soccer /'sokɘr/ s. kopaná

social /'soušl/ adj. společenský, sociál-
ní, družný

socialism /'soušɘlizm/ s. socialismus

society /se'sajɘty/ s. společnost, spolek

sock /sok/ s. ponožka

soda /'soudɘ/ s. soda, sodovka

sofa /'soufɘ/ s. pohovka, divan

soft /soft/ adj. měkký, jemný, tlumený,
něžný,/...drink/ nealkoholický nápoj

soften /'sofn/ v. změkčit, zjemnit, měk-
nout, mírnit se

soil /sojl/ s. půda, prsť, země, bláto,
v. ušpinit /se/, zamazat /se/

solar /'soulɘr/ adj. sluneční

soldier /'souldžɘr/ s. voják, vojín

sole /soul/ adj. jediný , výhradní, s.cho-
 didlo, podrážka, v. podrazit /boty/

solemn /ˈsolem/ adj. slavnostní, velebný

solid /ˈsolid/ adj. pevný, masivní, so-
 lidní, spolehlivý, s. hmota, těleso

solitude /ˈsolitjúd/ s. samota, osamělost

soluble /ˈsoljubl/ adj. rozpustný

solution /seˈlúšn/ s. roztok, /roz/řešení

solve /solv/ v. rozřešit, rozluštit

some /sam/ adj.,adv.,pron. nějaký, někte-
 rý, něco, několik, trochu

somebody /ˈsambedy/ pron. někdo, kdosi

somehow /ˈsamhau/ adv. nějak, jaksi

someone /ˈsamwan/ pron. někdo, kdosi

something /ˈsamSing/ pron. něco, cosi

sometimes /ˈsamtajmz/ adv. někdy, občas ,
 jednou

somewhat /ˈsamwot/ adv. poněkud, trochu,
 jaksi, cosi

somewhere /ˈsamweer/ adv. někde, někam

son /san/ s. syn

song /song/ s. píseň, nápěv

son-in-law /ˈsanynló/ s. zeť

soon /sún/ adv. brzo, brzy, časně

soothe /súdz/ v. uklidnit, utišit, konej-
 šit, mírnit

sore /sór/ adj. bolavý, citlivý, s. bola-
 vé místo, bolák, vřed

sorrow /ˊsorou/ s. žal, smutek, zármutek,
  starost, v. rmoutit se, trápit se

sorry /ˊsory/ adj. litující, zarmoucený,
  /be.../ litovat

sort /sóřt/ s. druh, jakost, stav, v.tří-
  dit, uspořádat, vyřešit

soul /soul/ s. duše

sound /saund/ s. zvuk, adj. zdravý, po-
  řádný, řádný, v. znít, zvučet

soundly /ˊsaundly/ adv. důkladně, řádně

soup /súp/ s. polévka

sour /sauer/ adj. kyselý, trpký, mrzutý,
  v. zatrpknout, kysat

source /sóřs/ s. zdroj, pramen

south /sauS/ s. jih, adj. jižní, adv. na
  jih, jižně

southern /ˊsadzern/ adj. jižní

sovereignty /ˊsovrenty/ s. svrchovanost

sow, sowed, sown /sou, soud, soun/ v. sít,
  rozsévat

spa /spá/ s. lázně

space /spejs/ s. prostor, místo, mezera,
  období, vesmír

spacious /ˊspejšes/ adj. prostorný, roz-
  lehlý

spade /spejd/ s. rýč, lopata

spank /spaenk/ v. naplácat, s. plácnutí

spare /speer/ v. /u/šetřit, vyšetřit,
  adj. nadbytečný, náhradní, rezervní
spark /spárk/ s. jiskra, v. jiskřit, za-
  pálit
sparrow /'spaerou/ s. vrabec
spasm /'spaezm/ s. křeč
speak, spoke, spoken /spík, spouk, 'spou-
  ken/ v. mluvit, říci, hovořit
speaker /'spíker/ s. mluvčí, řečník
special /'spešl/ adj. zvláštní, speciální
specialist /'spešelist/ s. odborník, spe-
  cialista
specific /spy'sifik/ adj. typický, urči-
  tý, přesný
specify /'spesifaj/ v. přesně určit, vy-
  mezit
spectacular /spek'taekjuler/ adj. okázalý,
  efektní
spectator /spek'tejter/ s. divák
speech /spíč/ s. řeč, proslov, projev
speed, sped, sped /spíd, sped, sped/ v.
  pospíchat, uhánět, urychlit, s. rychlost
spell /spel/ s. kouzlo, období, doba,
  v. slabikovat, hláskovat, okouzlit, oča-
  rovat
spelling /'speling/ s. pravopis

spend, spent, spent /spend, spent, spent/
v. vydat, utratit /peníze/, spotřebo-
vat, trávit, strávit /čas/

sphere /sfier/ s. koule, oblast, sféra

spice /spajs/ s. koření, v. okořenit, o-
pepřit

spider /'spajder/ s. pavouk

spill, spilt, spilt /spil, spilt, spilt/
v. rozlít /se/, rozsypat /se/, shodit

spin, spun, spun /spin, span, span/ v.
příst, točit /se/, vířit, s. předení,
točení, víření

spinach /'spinydž/ s. špenát

spine /spajn/ s. páteř, osten

spinster /'spinster/ s. stará panna

spirit /'spiryt/ s. duch, mysl, nálada,
odvaha, líh, alkohol, v. oživit, po-
vzbudit

spit, spat, spat /spit, spaet, spaet/ v.
plivat, prskat, s. slina, plivnutí

spite /spajt/ s. nenávist, zloba, v. zlo-
bit, dělat schválnosti, /in...of/ přes,
navzdory

splash /splaeš/ v. stříkat, cákat, šplou-
chat /se/, s. šplouchání, louže, skvrna

splendid /'splendyd/ adj. skvělý, nádher-
ný, velkolepý

splinter /ˈsplinter/ s. tříska, střepina

split, split, split /split, split, split/ v. štípat, rozštípnout, rozdělit, odloučit /se/, s. rozštěpení, trhlina, rozkol

spoil, spoilt, spoilt /spojl, spojlt, spojlt/ v. kazit, zkazit /se/, rozmazlit, hýčkat, s. kořist

sponge /spandž/ s. houba /na mytí/, v. mýt houbou, vsát

sponge-cake /ˈspandžˈkejk/ s. piškotová buchta, dort

spoon /spún/ s. lžíce

sport /spórt/ s. sport, hra, zábava, dobrý společník, sportovec, v. hrát /si/, bavit se, sportovat, honosit se

sportsman /ˈspórtsmen/ s. sportovec

spot /spot/ s. skvrna, místo, v.poskvrnit, zamazat /se/, všimnout si, spatřit

spouse /spauz/ s. manžel, manželka, druh, družka

spray /sprej/ s. větvička, postřik, v. postříkat, pokropit

spread, spread, spread /spred, spred, spred/ v. rozšiřovat, rozprostírat se, namazat, potřít, prostřít, s. rozpětí, pokrývka, pomazánka

spring, sprang, sprung /spryng, spraeng,
  sprang/ v. skákat, pramenit, povstat,
  s. jaro, skok, pramen, pero, pružina,
  adj. jarní, pružný

sprinkle /'sprynkl/ v. postříkat, pokro-
  pit, posypat

spruce /sprús/ s. smrk, jedle

spy /spaj/ s. špión, vyzvědač, v. vyzví-
  dat, špehovat

square /skweer/ adj. čtverhranný, pravo-
  úhlý, hranatý, poctivý, řádný, s. čtve-
  rec, náměstí, v. uspořádat, srovnat

squeak /skwík/ v. kvičet, pískat, vrzat,
  s. kvičení, vrzání

squeeze /skwíz/ v. /vy/mačkat, stisknout,
  sevřít, /pro/tlačit /se/, s. stisknutí,
  tlačenice, otisk

squint /skwint/ s. šilhání, v. šilhat

squirrel /'skwirel/ s. veverka

stab /staeb/ s. bodnutí, píchnutí, v.bod-
  nout, píchnout

stability /ste'bility/ s. stálost, pev-
  nost

stable /'stejbl/ adj. stálý, pevný, tr-
  valý, s. stáj, konírna

stack /staek/ s. stoh, kupa, hranice,
  v. naskládat, narovnat

stadium /'stejdjem/ s. stadión

staff /stáf/ s. štáb, personál, sbor, hůl

stage /stejdž/ s. jeviště, stupeň, stav,
obdobi, etapa, v. uvést na scénu, re-
žírovat

stagger /'staeger/ v. potácet se, vrávo-
rat, omráčit, ohromit

stain /stejn/ v. poskvrnit, pošpinit,
zbarvit, s. skvrna, hanba

stair /steer/ s. schod,/...s/ pl. schody

staircase, stairway /'steerkejs,'steerwej/
s. schodiště

stake /stejk/ s. kůl, sázka, v. vsadit

stale /stejl/ adj. zvětralý, vyčichlý,
starý

stall /stól/ s. stánek, krámek,/divadel-
ní/ křeslo

stamina /'staemine/ s. energie, odolnost

stammer /'staemer/ s. koktání, v.koktat

stamp /staemp/ s. poštovní známka, razít-
ko, dupnutí, v. razítkovat, značkovat,
dupat

stand, stood, stood /staend, stud, stud/
v. stát, postavit, vydržet, snést, pla-
tit, s. stanoviště, pozice, stojan,
stánek, zastávka

standard /'staenderd/ s. prapor, standard,
míra, úroveň, adj. standardní,zavedený

star /stár/ s. hvězda, v. hrát hlavní
roli

starch /stárč/ s. škrob, v. škrobit

stare /steer/ s. upřený pohled, v. upřeně
hledět, civět

starry /´stáry/ adj. hvězdnatý, hvězdný

start /stárt/ v. začít, zahájit, spustit,
trhnout sebou, poplašit, vydat se, s.
začátek, start, trhnutí, škubnutí

startle /´stártl/ v. překvapit, polekat

starvation /stár´vejšn/ s. hladovění

starve /stárv/ v. hladovět, mřít hlady

state /stejt/ s. stav, postavení, stát,
v. /u/stanovit, prohlásit

statement /´stejtment/ s. prohlášení,vý-
pověď

statesman /´stejtsmen/ s. státník

station /´stejšn/ s. stanice, stanoviště,
nádraží, postavení, v. umístit,přidělit

stationary /´stejšnery / adj. nehybný,
stálý

stationery /´stejšnery/ s. papírnické
zboží, papírnictví

statistics /ste´tystyks/ s. statistika

statue /´staetjů/ s. socha

status /´stejtes/ s. společenské posta-
vení

stay /stej/ v. zůstat, zdržet se, bydlit, zastavit, s. pobyt, zastavení

steady /'stedy/ adj. pevný, stálý, spolehlivý, v. upevnit /se/, uklidnit /se/

steak /stejk/ s. plátek hovězího masa

steal, stole, stolen /stýl, stoul, stoulen/ v. krást, přikrást se, plížit se, s. krádež

steam /stým/ s. pára, v. vařit v páře, vypařovat /se/

steamer /'stýmer/ s. parník

steel /stýl/ s. ocel, adj. ocelový

steep /stýp/ adj. příkrý, strmý

steer /styer/ s. kormidlo, v. kormidlovat, řídit

steering-wheel /'styerynwíl/ s. volant

stem /stem/ s. kmen, lodyha, stonek, v. podepřít, zarazit

step /step/ s. krok, stupeň, schod, v. kráčet, stoupat, udělat krok

step-- /step-- / nevlastní /...father, ...mother,.../

sterile /'sterajl/ adj. neplodný, sterilní, neúrodný

stew /stjú/ v. dusit, s. dušené maso

stick, stuck, stuck /styk, stak, stak/ v. /pro/píchnout, nabodnout, při-,na-,lepit, lpět, držet se, s. hůl, tyčka, prut sticky /´styky/ adj. lepkavý

stiff /styf/ adj. tuhý, neohebný, neús-
tupný, upjatý

still /styl/ adj. nehybný, tichý, klidný,
adv. pořád, stále, ještě, tiše, s. ti-
cho, klid, v. uklidnit, utišit,uspoko-
jit

stimulate /´stymjulejt/ v. povzbudit, po-
dráždit, podnítit

sting, stung, stung /styng, stang, stang/
v. bodat, píchnout, uštknout, s. ži-
hadlo, bodnutí

stingy /styndži/ adj. lakomý, skoupý

stink, stank, stunk /stynk, staenk, stank/
v. páchnout, smrdět, s. zápach, puch

stipulate /´stypjulejt/ v. vymínit si,
ujednat, stanovit

stir /stér/ v. hýbat /se/, pohnout /se/,
/za/míchat, pobouřit, podráždit, s.
rozruch, hnutí, pohyb

stitch /styč/ s. steh,píchání, v.stehovat,
sešít

stock /stok/ s. zásoba, sklad, kmen, kůl,
kapitál, akcie, rod, původ, v. opatřit,
zásobit

stocking /´stokyng/ s. punčocha

stomach /´stamek/ s. žaludek, v. strávit

stone /stoun/ s. kámen, pecka, adj. kamenný, v. kamenovat

stool /stúl/ s. stolička, stolice

stop /stop/ v. zastavit /se/, přestat, zadržet, s. zastávka, přestávka

stopper /´stoper/ s. zátka

storage /´storydž/ s. skladování, uložení, uskladnění

store /stór/ s. zásoba, obchod, krám, sklad, v. zásobit, uskladnit

stork /stók/ s. čáp

storm /stórm/ s. bouře, bouřka, v. burácet, vzít útokem

stormy /´stórmy/ adj. bouřlivý, prudký

story /´stóry/ s. povídka, příběh, vypravování, poschodí, patro

stout /staut/ adj. silný, tlustý, statný

stove /stouv/ s. kamna, sporák

straight /strejt/ adj. rovný, přímý, poctivý, adv. rovnou, přímo

straighten /´strejtn/ v. narovnat /se/

strain /strejn/ v. napnout, natáhnout, namáhat /se/, procedit, s. námaha, vypětí, napětí

strand /straend/ s. břeh, pramen /vlasů/, v. uváznout

strange /strejndž/ adj. cizí, neznámý, podivný, zvláštní

stranger /'strejndžer/ s. cizinec, ne-
známý člověk

strangle /'straengl/ v. /u/škrtit

strap /straep/ s. řemen, pás, popruh

straw /stró/ s. sláma, stéblo, adj. sla-
měný

strawberry /'stróbry/ s. jahoda

stray /strej/ v. zatoulat se, zabloudit,
adj. zatoulaný

streak /strík/ s. pruh, proužek

stream /strím/ s. proud, tok, v. proudit

street /strít/ s. ulice

strength /strengS/ s. síla, moc

strengthen /'strengSen/ v. posílit, upev-
nit, zesílit

stress /stres/ s. tlak, tíseň, důraz,
přízvuk, v. zdůraznit

stretch /streč/ v. natáhnout, roztáhnout
/se/, prostírat se, s. natažení, rozta-
žení, úsek

stretcher /'strečer/ s. nosítka

strict /strykt/ adj. přesný, přísný

strike, struck, struck /strajk, strak,
strak/ v. udeřit, uhodit, razit, pře-
kvapit, stávkovat, s. úder, stávka

string /stryng/ s. provázek, šňůra, stru-
na, v. navléci, napnout

strip /stryp/ s. pruh, proužek, v. stáh-
nout, svléci /se/

stripe /strajp/ s. pruh, proužek, pásmo

striped /strajpt/ adj. pruhovaný

strive, strove, striven /strajv, strouv,
stryvn/ v. usilovat, snažit se,zápasit

stroke /strouk/ s. úder, rána, pohlazení,
tah, mrtvice, v. pohladit

stroll /stroul/ s. procházka, v. prochá-
zet se, potulovat se

strong /strong/ adj. silný, pevný

structure /´strakčer/ s. složení, struk-
tura, stavba

struggle /´stragl/ v. zápasit, bojovat,
usilovat, s. zápas, boj

stubborn /´stabern/ adj. tvrdohlavý, ne-
ústupný

student /´stjúdnt/ s. student

study /´stady/ s. studium, studovna, pra-
covna, pojednání, studie, v. studovat,
učit se

stuff /staf/ s. látka, materiál, věc,
v. nacpat, nadít

stuffing /´stafing/ s. nádivka

stuffy /´stafy/ adj. dusný, nevětraný

stumble /´stambl/ v. klopýtnout,zakopnout

stump /stamp/ s. pařez, pahýl

stupid /'stjúpid/ adj. hloupý, nudný

stupidity /stjú'pidyty/ s. hloupost, tupost

sturdy /'stérdy/ adj. pevný, silný, odolný

stutter /'stater/ v. koktat, zajíkat se

style /stajl/ s. sloh, styl, způsob

subconscious /sab'konšes/ adj. podvědomý

subdue /seb'djú/ v. podrobit, potlačit, zmírnit, ztlumit

subject /'sabdžikt/ adj. podrobený, poddaný, podřízený, vystavený, s. předmět, poddaný, námět, subjekt, v. podrobit, vystavit /čemu/

submarine /'sabmerín/ adj. podmořský, s. ponorka

submerge /seb'mérdž/ v. ponořit, potopit /se/

submit /seb'mit/ v. podrobit se, podvolit se, předložit

subsidize /'sabsidajz/ v. podporovat, přispívat

subsidy /'sabsidy/ s. pomoc, podpora, subvence

substance /'sabstens/ s. podstata, jádro, hmota, látka, prostředky

substantial /seb'staenšl/ adj. podstatný, hmotný, důkladný, pořádný, zámožný substitute /ˈsabstytjút/ s. zástupce, náhradník, náhrada, náhražka, v. zastoupit, nahradit

subtle /ˈsatl/ adj. jemný, útlý, důvtipný, záludný, přesný

subtract /sebˈtraekt/ v. odčítat

suburb /ˈsabérb/ s. předměstí

subway /ˈsabwej/ s. podzemní dráha, podchod, podjezd

succeed /sekˈsíd/ v. mít úspěch, následovat, nastoupit

success /sekˈses/ s. úspěch, zdar

successful /sekˈsesful/ adj. úspěšný, zdárný

successive /sekˈsesiv/ adj. postupný, po sobě následující

successor /sekˈseser/ s. nástupce

such /sač/ pron. takový

suck /sak/ v. sát, vysát

suction /ˈsakšn/ s. sání, nasávání

sudden /ˈsadn/ adj. náhlý, nenadálý

suddenly /ˈsadnly/ adv. náhle, najednou, znenadání

sue /sjú/ v. žalovat /koho/

suffer /ˈsafer/ v. trpět, utrpět, snášet

suffering /ˈsaferyng/ s. utrpení

sufficient /seˈfišnt/ adj. dostatečný, postačující

suffocate /´saf─ekejt/ v. zadusit, udusit
/se/

sugar /´šug─er/ s. cukr

suggest /se─džest/ v. dát podnět, navrho-
vat, poukazovat

suggestion /se─džesčn/ s. návrh, podnět,
náznak

suicide /š─jujsajd/ s. sebevražda

suit /sjút/ s. oblek, kostým, výstroj,
žádost, prosba, proces, v. hodit se,
vyhovět, slušet, přizpůsobit

suitable /´sjút─ebl/ adj. vhodný

suit-case /´sjútkejs/ s. kufr, kufřík

sum /sam/ s. obnos, částka, suma, součet,
v. shrnout, sečíst

summer /´sam─er/ s. léto

summit /´samit/ s. vrchol, vrcholek

summon /´sam─en/ v. vyzvat, předvolat,
obeslat, s. předvolání, obsílka

sun /san/ s. slunce, v. slunit se

sunbathe /´sanbejd─z/ v. slunit se

sundae /´sandej/ s. zmrzlinový pohár

Sunday /´sandy/ s. neděle

sunflower /´san‧flau─er/ s. slunečnice

sunlight /´sanlajt/ s. sluneční světlo

sunny /´sany/ adj. slunný, jasný

sunrise /´sanrajz/ s. východ slunce

sunset /´sanset/ s. západ slunce

sunshine /´sanšajn/ s. sluneční svit, zář

sun-tan /´san´taen/ s. opálení

superb /sju´pérb/ adj. nádherný, úžasný

superficial /·sjúpe´fišl/ adj. povrchní

superior /sju´pírjer/ adj. vyšší, lepší, povýšený, s. nadřízený, představený

supermarket /´sjúper·márkyt/ s. velká samoobsluha

superstition /·sjúper´styšn/ s. pověra

superstitious /·sjúper´styšes/ adj. pověrčivý

supervise /´sjúpervajz/ v. dozírat, dohlížet

supervision /·sjúper´vižn/ s. dohled, dozor, kontrola

supper /´saper/ s. večeře

supply /se´plaj/ v. zásobovat, opatřit, dodávat, s. zásoba, dodávka

support /se´pórt/ v. podepřít, podporovat, snést, s. podpora, podpěra

suppose /se´pouz/ v. předpokládat, domnívat se

suppress /se´pres/ v. potlačit, zamlčet

supreme /sju´prím/ adj. nejvyšší, nejlepší, svrchovaný

sure /šuer/ adj. jistý, zaručený, adv. jistě, určitě, zajisté

surely /ˇšuerly/ adv. jistě, určitě, pře-
ce, bez pochyby

surf /sérf/ s. příboj

surface /ˇsérfis/ s. povrch, v. vynořit
se

surgeon /ˇsérdžn/ s. chirurg

surgery /ˇsérdžery/ s. chirurgie, ordinace

surname /ˇsérnejm/ s. příjmení

surpass /sérˇpás/ v. překonat, vyniknout

surplus /ˇsérples/ s. přebytek, nadbytek

surprise /seˇprajz/ v. překvapit, ohromit,
s. překvapení, úžas

surrender /seˇrender/ v. vzdát se, oddat
se, s. vzdání se, kapitulace

surround /seˇraund/ v. obklopit, obklíčit

surrounding /seˇraundyng/ adj. okolní

surroundings /seˇraundyngz/ s.pl. okolí,
prostředí

survive /seˇvajv/ v. přežít, zůstat na
živu

suspect /sesˇpekt/ v. podezřívat, tušit,
/ˇsaspekt/ s. podezřelá osoba

suspenders /sesˇpenderz/ s.pl. podvazky,
šle

suspicion /sesˇpišn/ s. podezření, tušení

suspicious /sesˇpišes/ adj. podezřelý,
podezíravý

sustain /ses'tejn/ v. podpírat, vydržet,
snášet, trpět

swallow /'swolou/ v. polykat, s. polknu-
tí, sousto, jícen, vlaštovka

swamp /swomp/ s. bažina, močál, v. zapla-
vit, zatopit

swan /swon/ s. labuť

sway /swej/ v. kolébat se, kymácet se,
kolísat, s. převaha, vliv

swear, swore, sworn /sweer, swór, swórn/
v. přísahat, klít, s. zaklení

sweat /swet/ s. pot, pocení, v. potit se,
dřít

sweater /'sweter/ s. svetr

sweep, swept, swept /swíp, swept, swept/
v. zametat, mést, hnát se, smést, s.
zametání, rozmach, kominík

sweet /swít/ adj. sladký, milý, roztomi-
lý, s. sladkost, moučník, cukroví

sweeten /'swítn/ v. osladit, zpříjemnit

sweetheart /'swíthárt/ s. miláček, milen-
ka, milenec

swell, swelled, swollen /swel, sweld,
'swoulen/ v. otéci, nabíhat, zpuchnout,
nadouvat se, adj. skvělý

swelling /'sweling/ s. otok, boule

swerve /swérv/ v. uhnout, odchýlit se

swift /swift/ adj. rychlý, hbitý, prudký

swim, swam, swum /swim, swaem, swam/ v.
plavat, plout, s. plavání

swimmer /'swimer/ s. plavec

swimming-pool /'swiming-púl/ s. bazén,
plovárna

swim-suit /'swimsjút/ s. plavky

swindle /'swindl/ v. podvést, ošidit,
s. podvod

swine /swajn/ s. svině, prase

swing, swung, swung /swing, swang, swang/
v. houpat /se/, kývat /se/, mávat,
točit, s. houpání, kývání, točení, roz-
mach, tempo, houpačka

switch /swič/ s. vypínač, přepnout

swollen /'swouln/ adj. oteklý

swop /swop/ v. vyměnit si

sword /sórd/ s. meč

symbol /'symbl/ s. symbol, znak

sympathetic /·sympe'Setyk/ adj. soucitný

sympathy /'sympeSy/ s. účast, pochopení,
soustrast

system /'systym/ s. systém, soustava

systematic /·systy'maetyk/ adj. soustavný

- . -

table /'tejbl/ s. stůl, deska, tabulka,
adj. stolní

table -cloth /'tejblkloS/ s. ubrus

tablet /'taeblyt/ s. tabulka, deska, tab-
letka

tact /taekt/ s. takt

tactful /'taektful/ adj. taktní

tactless /'taektlys/ adj. netaktní, bez-
taktní

tag /taeg/ s. štítek, cedulka, přívěsek

tail /tejl/ s. ocas, ohon, vlečka, v.sle-
dovat, následovat

tailor /'tejler/ s. krejčí, v. ušít šaty

take, took, taken /tejk, tuk, 'tejkn/ v.
vzít, brát, uchopit, chytit, zabrat,
chopit se, odnést, donést, pochopit,
ujmout se, věnovat se

take off /'tejkof/ v. sundat, svléci

tale /tejl/ s. vyprávění, pohádka,povídka

talent /'taelent/ s. talent, nadání

talk /tók/ v. hovořit, povídat, mluvit,
s. řeč, hovor, rozmluva

tall /tól/ adj. vysoký, velký

tame /tejm/ adj. krotký, ochočený, v. o-
chočit, krotit

tan /taen/ s. opálení, v. obarvit na hně-
do, opálit se

tangerine /·taendže'rín/ s. mandarínka

tangle /'taengl/ v. zamotat /se/, zaplést
/se/, s. změť, spleť

tank /taenk/ s. nádrž, cisterna, tank

tap /taep/ v. klepat, ťukat, čepovat,
  s. zaklepání, ťuknutí, kohoutek /vo-
  devodu/

tape /tejp/ s. páska, pásek

tape-recorder /'tejpry·kórder/ s. magne-
  tofon

target /'tárgit/ s. terč, plán

tart /tárt/ s. ovecný koláč

task /tásk/ s. úkol, úloha, práce, v. u-
  ložit úkol

taste /tejst/ s. chuť, vkus, v. ochutnat,
  okusit, chutnat

tavern /'taevern/ s. hospoda, krčma

tax /taeks/ s. daň, poplatek, v. uložit
  daň, zdanit

taxi /'taeksi/ s. taxi

tea /tý/ s. čaj, v. pít čaj, svačit

teach, taught, taught /týč, tót, tót/ v.
  učit, vyučovat

teacher /'týčer/ s. učitel/ka/

team /tým/ s. mužstvo, tým, potah

teapot /'týpot/ s. čajová konvice,čajník

tear, tore, torn /teer, tór, tórn/ v.
  trhat, roztrhat,   s. trhlina, díra

tear /tyer/ s. slza

tease /týz/ v. škádlit, dráždit, pokoušet,
  s. trápení, šprýmař

teaspoon /´týspún/ s. lžička /čajová, kávová/

technical /´teknykl/ adj. technický

teenager /´týn=ejdžer/ s. chlapec nebo děvče od 13 do 19 let

telegraph /´teligráf/ s. telegraf, v. telegrafovat

telephone /´telifoun/ s. telefon, v. telefonovat

television /´teli=vižn/ s. televize, televizor

tell, told, told /tel, tould, tould/ v. říci, povědět, vyprávět, vysvětlit, rozhodnout, určit

temper /temper/ s. povaha, temperament, nálada, v. ovládat se

temperature /´tempryčer/ s. teplota

temple /´templ/ s. chrám, spánek, skráň

temporary /´temperery/ adj. dočasný, prozatimní, přechodný

tempt /tempt/ v. svádět, pokoušet

temptation /temp´tejšn/ s. pokušení

ten /ten/ num. deset

tenant /´tenent/ s. nájemník, nájemce

tend /tend/ v. mít sklon, směřovat, dohlížet, pečovat o

tendency /´tendensy/ s. sklon, tendence

tender /´tend_e_r/ adj. něžný, jemný, útlý,
  měkký, s. nabídka, v. nabízet

tenderness /´tend_e_rnys/ s. jemnost,citli-
  vost, něžnost

tennis /´tenys/ s. tenis

tense /tens/ adj. napjatý, strnulý

tension /´tenšn/ s. napětí

tent /tent/ s. stan

term /té_r_m/ s. lhůta, období, termín, ná-
  zev, podmínka, poměr, v. nazvat

terminate /´té_r_minejt/ v. zakončit,končit

terrible /´ter_e_bl/ adj. hrozný, strašný

terrific /te´ryfik/ adj. hrozný, obrovský,
  velkolepý

terrify /´teryfaj/ v. poděsit, postrašit

territory /´terytery/ s. území, oblast

terror /´ter_e_r/ s. hrůza, zděšení, teror

test /test/ s. zkouška, v. /vy/zkoušet

testify /´testyfaj/ v. svědčit, potvrdit,
  dosvědčit

testimony /´testym_e_ny/ s. svědectví

textbook /´tekstbuk/ s. učebnice,příručka

than /d_z_aen/ conj. než, nežli

thank /Saenk/ v. děkovat, poděkovat, s.
  dík, poděkování

that /d_z_aet/ pron. ten, ta, to, onen,ona,
  ono, adj. který, takový, conj. že, aby,
  adv. tak

thaw /Só/ v. tát, roztát, s. tání,obleva

the /dze, dzi,dzí/člen určitý,ten, ta,to,
   adv. čím-tím

theatre /´Sieter/ s. divadlo

theft /Seft/ s. krádež

their /dzeer/ pron. jejich,/...s/ jejich

them /dzem/ pron. jim, je /viz they/

then /dzen/ adv. pak, potom, tehdy, tedy,
   conj. pročež, načež

there /dzeer/ adv. tam, no tak

therefore /´dzeer´fór/ adv. proto, tedy,
   pročež

thermometer /Se´momiter/ s. teploměr

they /dzej/ pron. oni, ony, ona

thick /Sik/ adj. tlustý, hustý, hloupý,
   tupý, adv. hustě

thickness /´Siknys/ s. tlouštka, hustota

thief /Síf/ s. zloděj

thigh /Saj/ s. stehno

thin /Sin/ adj. tenký, hubený, řídký, v.
   řídnout, zředit

thing /Sing/ s. věc, předmět, záležitost

think, thought, thought /Sink, Sót, Sót/
   v. myslit, přemýšlet, uvažovat, domní-
   vat se, zamýšlet

thirst /Sérst/ s. žízeň, touha, v. žíz-
   nit, prahnout po

thirsty /ˇSérsty/ adj. žíznivý

thirteen /ˇSértýn/ num. třináct

thirty /ˇSérty/ num. třicet

this /dzis/ pron. tento, tato, toto,
adv. takhle

thistle /ˇSisl/ s. bodlák

thorn /Sórn/ s. trn, osten

thorough /ˇSare/ adj. úplný, důkladný,
naprostý, dokonalý, adv. veskrz

thoroughly /ˇSarely/ adv. důkladně, úpl-
ně, dokonale

though /dzou/ conj. ačkoli, třebaže, adv.
přece jenom, přes to, ale, ovšem

thought /Sót/ s. myšlenka, myšlení, názor

thoughtful /ˇSótful/ adj. zamyšlený, za-
dumaný, ohleduplný, pozorný

thoughtless /ˇSótlys/ adj. bezmyšlenkovi-
tý, nerozvážný, bezohledný, nepozorný

thousand /ˇSauznd/ num. tisíc

thrash /Sraeš/ v. bít, tlouci, mlátit

thrashing /ˇSraešing/ s. výprask, mlácení

thread /Sred/ s. nit, vlákno, v. navlékat

threat /Sret/ s. hrozba

threaten /ˇSretn/ v. hrozit, vyhrožovat

three /Srí/ num. tři

threshold /ˇSrešould/ s. práh

thrill /Sryl/ s. vzrušení, napětí, v.
vzrušit, napnout

thriller /ˈSryleÞ/ s. detektivka

throat /Srout/ s. hrdlo, jícen

throb /Srob/ v. bít, tlouci, tepat

throne /Sroun/ s. trůn

through /Srú/ prep. skrze, pro, ze, doce-
la, adv. skrze, adj, přímý, skončený

throw, threw, thrown /Srou, Srú, Sroun/
v. házet, hodit, shodit, svrhnout,
s. vrh, hod

thrust, thrust, thrust /Srast, Srast,
Srast/ v. vrazit, strčit, s. bodnutí,
rýpnutí, výpad

thumb /Sam/ s. palec na ruce, v. ohmatat

thunder /ˈSandeÞ/ s. hrom, hřmění, v.
hřmět, dunět

thunderstorm /ˈSandeÞstóÞm/ s. bouřka

Thursday /ˈSéÞzdy/ s. čtvrtek

thus /dzas/ adv. tak, takto, tedy

ticket /ˈtykyt/ s. lístek, vstupenka,
jízdenka

tide /tajd/ s. příliv a odliv, proud

tidy /ˈtajdy/ adj. úpravný, uklizený,
čistotný, pěkný, v. uklidit, upravit

tie /taj/ v. svázat, za-, při-, vázat,
s. vázanka, kravata, svazek, pouto

tiger /ˈtajgeÞ/ s. tygr

tight /tajt/ adj. těsný, přiléhavý, nap-
nutý, adv. těsně

tighten /ˈtajtn/ v. utěsnit, utáhnout si

tights /ˈtajts/ s.pl. punčochové kalhoty

tile /tajl/ s. dlaždice, taška na střeše

till /tyl/ prep., conj. do, až do, až,
dokud ne, s. zásuvka na peníze, v. ob-
dělávat /půdu/

tilt /tylt/ v. naklonit /se/,nachýlit se

time /tajm/ s. čas, doba, lhůta, v. na-
časovat, odměřit /čas/, nařídit

time-table /ˈtajmtejbl/ s. jízdní řád,
rozvrh hodin

tin /tyn/ s. cín, plech, plechovka, kon-
zerva, v. pocínovat

tint /tynt/ s. odstín, přeliv, v. zbarvit

tiny /ˈtajny/ adj. malinký, drobounký,
nepatrný

tip /typ/ s. konec, špička, cíp, spro-
pitné, rada, návod, v. dát spropitné,
sklopit

tire /ˈtajer/ v. unavit /se/, nabažit se,
s. pneumatika

tired /ˈtajerd/ adj. unavený

tissue /ˈtyšjú/ s. tkanina, tkáň, papíro-
vý kapesník

title /ˈtajtl/ s. titul, název, nárok

to /tú, tu/ prep. k, ke, do, na, až k,
až na, pro, vedle, podle, proti, s, se

toast /toust/ s. topinka, přípitek, v.
opékat /chléb/, připít na zdraví

tobacco /te͡ baekou/ s. tabák

tobacconist's /te͡ baekenysts/ s. trafika

today /te͡ dej/ adv. dnes, s. dnešek

toe /tou/ s. prst na noze, špička /cho-
didla, boty/, v. kopnout

together /te͡ gedzer/ adv. spolu, dohro-
mady, společně

toilet /´tojlyt/ s. toaleta, adj. toalet-
ní /papír, stolek/

tolerance /´tolerens/ s. snášenlivost

tolerant /´tolerent/ adj. snášenlivý,
trpělivý

tolerate /´tolerejt/ v. snášet, trpět /ko-
ho, co/

tomato /te͡ mátou, te͡ mejtou/ s. rajské
jablíčko

tomorrow /te͡ morou/ adv. zítra, s. zítřek

ton /tan/ s. tuna

tone /toun/ s. tón, zvuk, v. naladit, od-
stínit

tongue /tan/ s. jazyk, mluva

tonight /te͡ najt/ adv. dnes večer

too /tú/ adv. také, příliš, též, ještě k
tomu

tool /túl/ s. nástroj, náčiní, v. obrábět,
obdělávat

tooth /túš/s. zub, teeth /týš/pl. zuby

toothbrush /´túšbraš/ s. kartáček na zuby

tooth-paste /´túšpejst/ s. zubní pasta

toothpick /´túšpik/ s. párátko

top /top/ s. vrch, vršek, hořejšek, po-
vrch, adj. vrchní, hořejší, nejvyšší,
prvotřídní, v. dovršit, překonat

topic /´topik/ s. námět, téma, předmět

torch /tórč/ s. pochodeň, baterka

torment /´tórment/ s. muka, trápení, v.
mučit, trápit

tortoise /´tórtes/ s. želva

torture /´tórčer/ s. mučení, v. mučit

total /´toutl/ adj. celkový, úplný, s.
součet, úhrn, v. činit celkem

touch /tač/ v. dotknout se, dotýkat se,
dojmout, s. dotyk, hmat, styk

touching /´tačing/ adj. dojemný

touchy /´tači/ adj. nedůtklivý, citlivý

tough /taf/ adj. tuhý, pevný, houževnatý,
odolný, obtížný, tvrdý, neurvalý

tour /tuer/ s. cesta, výlet, túra, v.ces-
tovat, procestovat

tourist /´tueryst/ s. turista

tow /tou/ v. vléci, táhnout, s. vlečení,
táhnutí

toward/s//tórdz, ´towerdz/ prep. k, ke, na,
ve, asi

towel /'tauel/ s. ručník

tower /'tauer/ s. věž, v. tyčit se, čnít

town /taun/ s. město

town-hall /'taun'hól/ s. radnice

toy /toj/ s. hračka, v. pohrávat si

trace /trejs/ s. stopa, nárys, v. sledo-
  vat, stopovat, obkreslit

track /traek/ s. stopa, dráha, trať, ko-
  lej, v. sledovat, stopovat, vléci

tractor /'traekter/ s. traktor

trade /trejd/ s. obchod, živnost, řemeslo,
  v. obchodovat

trader /'trejder/ s. obchodník, kupec

tradition /tre'dyšn/ s. tradice

traffic /'traefik/ s. provoz, dopravní
  ruch, obchodování

tragedy /'traedžidy/ s. tragédie

tragic /'traedžik/ adj. tragický

trail /trejl/ v. vléci /se/, táhnout se,
  stopovat, s. stezka, pěšina, stopa

train /trejn/ s. vlak, průvod, vlečka,
  v. cvičit, školit, trénovat

training /'trejnyng/ s. výcvik, školení

traitor /'trejter/ s. zrádce

tram /traem/ s. tramvaj

tramp /traemp/ v. cestovat pěšky, toulat
  se, dupat, s. tulák, toulka, dupot

transfer /traens`fér/ v. přenést, přemístit, převést, s. převod, přenos

transform /traens`fórm/ v. přeměnit /se/, přetvořit

transit /`traensit/ s. průchod, přeprava, tranzit

translate /traens`lejt/ v. přeložit, překládat

translation /traens`lejšn/ s. překlad

transmit /traenz`mit/ v. předat, přenést, vysílat rozhlasem

transparent /traens`peerent/ adj. průhledný, průsvitný

transport /traens`pórt/ v. dopravit, přepravit, /`traenspórt/ s. doprava

trap /traep/ s. past, léčka, v. chytit do pasti, nalákat

trash /traeš/ s. smetí, odpadky, brak

travel /`traevl/ v. cestovat, jet, s. cestování, cesta

travel-agency /`traevl`ejdžensy/ s. cestovní kancelář

traveler /`traevler/ s. cestovatel, cestující

tray /trej/ s. podnos, tác

treason /`trízn/ s. zrada, velezrada

treasure /`trežer/ s. poklad, v. vážit si, chovat jako poklad

treasury /ˈtrež_ery/ s. pokladna, poklad-
nice, státní pokladna

treat /trít/ v. zacházet, jednat, naklá-
dat, ošetřovat, léčit, považovat, hos-
tit, s. pohoštění, požitek

treatment /ˈtrítm_ent/ s. zacházení, lé-
čení, ošetření

treaty /ˈtríty/ s. smlouva, dohoda

tree /trí/ s. strom

tremble /ˈtrembl/ v. třást se, chvět se,
bát se, s. chvění

tremendous /tryˈmend_es/ adj. strašlivý,
ohromný

trend /trend/ sklon, tendence, v. smě-
řovat, mít tendenci

trespass /ˈtrespes/ v. přestoupit, pře-
kročit, vstoupit na cizí pozemek

trial /ˈtraj_el/ s. pokus, zkouška, pro-
ces, přelíčení

triangle /ˈtrajaengl/ s. trojúhelník

tribe /trajb/ s. kmen, rod

trick /tryk/ s. úskok, podvod, v. pod-
vést, oklamat

tricky /ˈtryky/ adj. záludný, nevypo-
čitatelný, složitý

trifle /ˈtrajfl/ s. maličkost, drobnost,
v. zahrát si, žertovat

trigger /ˊtryge̲r/ s. spoušť, kohoutek

trim /trym/ adj. upravený, úhledný, v. upravit, zastřihnout, přistřihnout, s. úprava, ozdoba

trip /tryp/ s. výlet, vyjížďka, zakopnutí, v. klopýtnout, zakopnout

trolley /ˊtroly/ s. příruční vozík

troops /trúps/ s.pl. vojsko, vojenské jednotky

tropical /ˊtropikl/ adj. tropický

trouble /ˊtrabl/ s. starost, nesnáz, potíž, neklid, porucha, v. obtěžovat, zlobit, namáhat se

trousers /ˊtrauze̲z/ s.pl. kalhoty

truce /trús/ s. příměří, klid

truck /trak/ s. nákladní auto, vůz, v. dopravovat

true /trú/ adj. pravdivý, upřímný, věrný, skutečný, správný

truly /ˊtrúly/ adv. pravdivě, věrně, skutečně, upřímně

trumpet /ˊtrampit/ s. trubka, trumpeta

trunk /trank/ s. kmen, trup, kufr, chobot

trust /trast / s. důvěra, víra, spolehnutí, v. důvěřovat, svěřit /se/, doufat

truth /trúS/ s. pravda

truthful /ˊtrúSful/ adj. pravdivý, pravdomluvný

try /traj/ v. zkusit, pokusit se, snažit
  se, vyzkoušet, soudit, s. pokus
tub /tab/ s. vana, necky, káď
tube /tjúb/ s. trubka, roura, hadice,
  podzemní dráha
Tuesday /'tjúzdy/ s. úterý
tuition /tju'išn/ s. vyučování, školení
tulip /'tjúlip/ s. tulipán
tummy /'tamy/ s. žaludek, břicho
tune /tjún/ s. melodie, nápěv, v. naladit,
  vyladit, prozpěvovat si
tunnel /'tanl/ s. tunel
turkey /'térky/ s. krocan
turn /térn/ v. otočit /se/, obrátit /se/,
  zahnout, změnit /se/, stát se, přeložit,
  s. otočení, obrat, změna, pořadí
turn off /'térn·of/ v. vypnout, zavřít,
  zhasnout, odbočit
turn on /'térn·on/ v. zapnout, otevřít,
  rozsvítit
turtle /'tértl/ s. želva
TV set /'týví'set/ s. televizor
twelve /twelv/ num. dvanáct
twenty /'twenty/ num. dvacet
twice /twajs/ adv. dvakrát
twin /twin/ s. dvojče
twist /twist/ v. kroutit /se/, zamotat,
  s. zkroucení, obrat

two /tú/ num. dvě, dva

type /'tajp/ s. typ, písmo, v. psát na
  stroji

typewriter /'tajprajter/ s. psací stroj

typical /'typikl/ adj. typický

typist /'tajpist/ s. písař/ka/ na stroji

- . -

ugly /'agly/ adj. ošklivý, nepříjemný

ulcer /'alser/ s. vřed, nežit

ultimate /'altymit/ adj. poslední, ko-
  nečný

umbrella /am'brela/ s. deštník

unable /an'ejbl/ adj. neschopný

unacceptable /'anek'septebl/ adj. nepři-
  jatelný

unanimous /ju'naenymes/ adj. jednomyslný

unarmed /'an'ármd/ adj. neozbrojený

unaware /'ane'weer/ adj. nevědomý, ne
  jsoucí si vědom

unbearable /an'beerebl/ adj. nesnesitelný

unbelievable /'anby'lívebl/ adj. neuvě-
  řitelný

unbutton /'an'batn/ v. rozepnout

uncertain /an'sértn/ adj. nejistý

uncle /'ankl/ s. strýc

uncomfortable /an'kamfertebl/ adj. ne-
  pohodlný

uncommon /an´komen/ adj. neobyčejný, nezvyklý

unconscious /an´konšes/ adj. bez vědomí, neúmyslný

under /´ander/ prep. pod, za, při, méně než

underestimate /´ander´estymejt/ v. podceňovat

undergraduate /·ander´graedjuit/ s. vysokoškolák, student

underground /´andergraund/ adj. podzemní, s. podzemní dráha, metro

underneath /·ander´nýS/ adv. dole, vespod, pod

understand /viz stand/ /·ander´staend/ v. rozumět, chápat, pochopit, dovědět se

understanding /·ander´staendyng/ s. porozumění, pochopení, dorozumění

underwear /´anderweer/ s. spodní prádlo

undesirable /´andy´zajerebl/ adj. nežádoucí

undress /´an´dress/ v. svléci /se/

uneasy /an´ízy/ adj. neklidný, nepokojný

unemployed /´anym´plojd/ adj. nezaměstnaný

unemployment /´anym´plojment/ s. nezaměstnanost

uneven /·an`ívn/ adj. nerovný

unexpected /`anyks`pektyd/ adj. neočeká-
vaný, nečekaný

unfair /`an`feer/ adj. nespravedlivý,
nepoctivý

unfaithful /`an`fejSful/ adj. nevěrný

unfasten /`an`fásn/ v. uvolnit, odvázat

unfit /`an`fit/ adj. nevhodný

unfold /`an`fould/ v. rozvinout, odhalit

unfortunate /an`fórčenyt/ adj. nešťastný

unfortunately /an`fórčenytly/ adv. bohu-
žel, na neštěstí

unfriendly /`an`frendly/ adj. nepřátel-
ský, nevlídný

unfurnished /`an`férnyšt/ adj. nezaří-
zený

unhappy /an`haepy/ adj. nešťastný

unhealthy /an`helSy/ adj. nezdravý

uniform /`júnyfórm/ s. uniforma. adj. jed-
notný, stejný

unify /`júnyfaj/ v. sjednotit

union /`júnjen/ s. spojení , svaz, unie

unique /jú`nýk/ adj. jedinečný

unit /`júnyt/ s. jednotka

unite /jú`najt/ v. spojit, sjednotit

unity /`júnyty/ s. jednota

universal /·júny`vérsl/ adj. všeobecný,
univerzální

universe /ˈjúnyvérs/ s. vesmír

university /ˈjúnyˈvérsity/ s. universita, vysoká škola

unjust /ˈanˈdžast/ adj. nespravedlivý

unknown /ˈanˈnoun/ adj. neznámý

unless /anˈles/ conj. jestliže ne, ledaže by, leč, kromě že, kdyby ne

unlikely /anˈlajkly/ adj. nepravděpodobný

unlimited /anˈlimityd/ adj. neomezený

unload /ˈanˈloud/ v. vyložit /náklad/

unlock /ˈanˈlok/ v. odemknout

unlucky /anˈlaky/ adj. nešťastný

unnecessary /anˈnesesery/ adj. nepotřebný, zbytečný

unpack /ˈanˈpaek/ v. vybalit, rozbalit

unpaid /ˈanˈpejd/ adj. nezaplacený

unpleasant /anˈpleznt/ adj. nepříjemný

unreal /ˈanˈryel/ adj. neskutečný

unreasonable /anˈrízenebl/ adj. nerozumný, bezdůvodný

unreliable /ˈanryˈlajebl/ adj. nespolehlivý

unrest /ˈanˈrest/ s. neklid

unsatisfactory /ˈanˈsaetysˈfaektery/ adj. neuspokojivý

unstable /ˈanˈstejbl/ adj. nestálý, kolísavý, nestabilní

untidy /an´tajdy/ adj. nepořádný, neupravený, špinavý

until /en´tyl/ prep. až do, až, conj. až když, dokud ne, než

unusual /an´júžuel/ adj. neobyčejný, neobvyklý

unwilling /´an´wiling/ adj. neochotný

up /ap/ adv.,prep. nahoru, vzhůru, nahoře, až /do/, po, do

upbringing /´ap·brynyng/ s. vychování

upon /e´pon/ prep. na, v, při, po, o

upper /´aper/ adj. vrchní, horní

upright /´aprajt/ adj. vzpřímený, vztyčený, poctivý

uprising /ap´rajzing/ s. povstání

upset /viz set/ /ap´set/ v. převrhnout, rozrušit, rozčílit /se/, s. převržení, vzrušení, zmatek, adj. rozčilený

upside-down /´apsajd´daun/ adv. vzhůru nohama, naruby

upstairs /´ap´steerz/ adv. nahoře, nahoru, v patře

up-to-date /´apte´dejt/ adj. současný, moderní, nejnovější

upward/s/ /´apwerdz/ adv. nahoru, vzhůru, nahoře, výše

urban /´érben/ adj. městský

urge /érdž/ v. pobízet, nutit, naléhat,
  s. pud
urgent /´érdžent/ adj. naléhavý, nutný
urine /´jueryn/ s. moč
us /as/ pron. nás, nám
use /júz/ v. užívat, použít, spotřebovat,
  /jús/ s. užívání, použití, užitek
used /júzd/ adj. užívaný, použitý
used to /júste/ adj. zvyklý na
useful /´júsful/ adj. užitečný
useless /´júslys/ adj. neužitečný, zby-
  tečný, marný
usher /´ašer/ s. uváděč
usual /´júžuel/ adj. obyčejný, obvyklý
usually /´júžuely/ adv. obyčejně, obvykle
utmost /´atmoust/ adj. nejzazší, nejvyšší,
  krajní, s. nejvyšší míra, vrchol
utter /´ater/ adj. naprostý, úplný, v.
  vydat /zvuk/, vyslovit, vyjádřit
utterly /´aterly/ adv. naprosto, úplně

- . -

vacancy /´vejkensy/ s. prázdnota, prázdno,
  volné místo
vacant /´vejkent/ adj. prázdný, volný,
  neobsazený, bezduchý, bezmyšlenkovitý
vacation /ve´kejšn/ s. prázdniny, dovole-
  ná, uprázdnění

vaccinate /ˈvaeksinejt/ v. očkovat

vaccination /ˈvaeksinejšn/ s. očkování

vacuum /ˈvaekjuem/ s. vzduchoprázdno,
/...cleaner/ s. vysavač, v. luxovat

vague /vejg/ adj. matný, neurčitý,nejasný

vain /vejn/ adj. marný, marnivý

valid /ˈvaelid/ adj. platný

valley /ˈvaely/ s. údolí

valuable /ˈvaeljuebl/ adj. cenný, hodnot-
ný, drahocenný

value /ˈvaeljú/ s. hodnota, cena, v. o-
cenit, odhadnout, cenit si, vážit si

van /vaen/ s. nákladní vůz

vanish /ˈvaenyš/ v. zmizet

vanity /ˈvaenyty/ s. marnivost, domýšli-
vost

variety /veˈrajety/ s. rozmanitost, druh,
odrůda, varieté

various /ˈveerjes/ adj. různý, rozmani-
tý, rozličný

varnish /ˈvárnyš/ s. lak, nátěr, v. na-
lakovat

vary /ˈveery/ v. měnit /se/, pozměnit

vase /váz/ s. váza

vault /vólt/ s. klenba, skok, v. překle-
nout, přeskočit

veal /víl/ s. telecí maso

vegetable /'vedže̱te̱bl/ adj. rostlinný,
  zeleninový,/...s/s.pl. zelenina
vehicle /'víikl/ s. vozidlo, prostředek
veil /vejl/ s. závoj, v. zahalit
vein /vejn/ s. žíla, nálada, vloha
velvet /'velvyt/ s. samet
vengeance /'vendže̱ns/ s. pomsta
venison /'venzn/ s. zvěřina, srnčí /maso/
vent /vent/ s. otvor, průduch, průchod
ventilation /'venty'lejšn/ s. větrání,
  ventilace
verb /vérb/ s. sloveso
verbal /'vérbl/ adj. ústní, slovní
verdict /'vérdykt/ s. rozsudek,rozhodnutí
verge /vérdž/ s. pokraj, okraj, v. hra-
  ničit, směřovat, klonit se k
verify /'veryfaj/ v. ověřit /si/,potvrdit
verse /vérs/ s. verš, v. veršovat
vertical /'vértykl/ adj. kolmý, svislý
very /'very/ adv. velmi, velice, adj.prav-
  divý, právě takový
vessel /'vesl/ s. nádoba, plavidlo, céva
vest /vest/ s. nátělník, tričko, vesta
via /'vaje/ prep. /směrem/ přes
vibrate /vaj'brejt/ v. chvět se
vicinity /vi'sinyty/ s. sousedství, okolí
vicious /'višes/ adj. neřestný, zvrhlý,
  zlomyslný

victim /ˈviktym/ s. oběť

victor /ˈviktɜr/ s. vítěz

victorious /vikˈtóriɘs/ adj. vítězný

victory /ˈviktɘry/ s. vítězství

view /vjú/ s. pohled, rozhled, názor,
hledisko, v. pohlížet na, dívat se na,
mít názor na

vigor /ˈvigɜr/ s. síla, energie, ráznost

village /ˈvilidž/ s. vesnice

villain /ˈvilɘn/ s. ničema, darebák

vinegar /ˈvinygɜr/ s. ocet

violate /ˈvajɘlejt/ v. porušit, znesvě-
tit, přestoupit /zákon/

violence /ˈvajɘlens/ s. násilí, síla,
prudkost

violent /ˈvajɘlent/ adj. prudký, násilný

violet /ˈvajɘlyt/ s. fialka, adj. fialový

violin /ˌvajɘˈlin/ s. housle

virgin /ˈvɜrdžin/ s. panna, adj. panen-
ský, neposkvrněný

virtue /ˈvɜrtjú/ s. ctnost, dobrá vlast-
nost, přednost

virus /ˈvajrɘs/ s. virus

visa /ˈvízɘ/ s. vízum

visibility /ˌviziˈbility/ s. viditelnost

visible /ˈvizɘbl/ adj. viditelný, zřejmý

vision /ˈvižn/ s. zrak, vidění, před-
stavivost

visit /ˈvizit/ v. navštívit, prohlídnout
s. návštěva, prohlídka

visitor /ˈviziter/ s. návštěvník

vital /ˈvajtl/ adj. životní, podstatný,
zásadní, osudný

vitamin /ˈvitemin, vajtemin/ s. vitamín

vivid /ˈvivid/ adj. živý, čilý, jasný

vocal /ˈvoukl/ adj. hlasový

voice /vojs/ s. hlas, v. vyslovit, vy-
jádřit

void /vojd/ adj. prázdny, pustý, s. prázd-
nota, prázdný prostor

volcano /volˈkejnou/ s. sopka

volume /ˈvoljum/ s. svazek, objem, roz-
sah, množství

voluntary /ˈvolentery/ adj. dobrovolný

vomit /ˈvomit/ v. zvracet, s. dávení,
zvracení

vote /vout/ s. hlasování, hlas, hlasovací
právo, v. hlasovat, volit, navrhovat

voucher /ˈvaučer/ s. poukaz

voyage /vojidž/ s. plavba

vulgar /ˈvalger/ adj. sprostý, hrubý, vul-
gární

vulnerable /ˈvalnerebl/ adj. zranitelný

vulture /ˈvalčer/ s. sup

wafer /'wejfer/ s. oplatka

wage /wejdž/ s. mzda, plat

wag/g/on /'waegen/ s. nákladní vůz, vagón

waist /wejst/ s. pás

wait /wejt/ v. čekat, očekávat, obsluhovat

waiter /'wejter/ s. číšník

waitress /'wejtrys/ s. číšnice, servírka

wake, woke, woken /wejk, wouk, 'woukn/ v.
vzbudit, probudit /se/, s. bdění, pro-
buzení

walk /wók/ v. chodit, procházet se, jít,
s. chůze, procházka

walker /'wóker/ s. chodec

wall /wól/ s. zeď, stěna

wallet /'wolyt/ s. náprsní taška

walnut /'wólnet/ s. vlašský ořech

waltz /wóls/ s. valčík

wander /'wonder/ v. putovat, bloudit, od-
bočovat od

want /wont/ s. potřeba, nedostatek, v.
potřebovat, chtít, žádat

war /wór/ s. válka, v. válčit

ward /wórd/ s. stráž, ochrana, vazba, ne-
mocniční pokoj, oddělení

warden /'wórdn/ s. dozorce, hlídač

wardrobe /'wódroub/ s. skříň na šaty,
šatník, garderoba

warehouse /ˈweerhaus/ s. skladiště

warm /wórm/ adj. teplý, vřelý, srdečný,
v. hřát, ohřát /se/

warmth /wórmS/ s. teplo, vřelost

warn /wórn/ v. upozornit, varovat

warning /ˈwórnyng/ s. výstraha, varování,
upozornění, adj. výstražný

wash /woš/ v. mýt /se/, umýt /se/, prát,
opláchnout, s. umytí, praní, prádlo

washable /ˈwošebl/ adj. prací

wash-basin /ˈwoš-bejsn/ s. umyvadlo

washing /ˈwošing/ s. praní, prádlo na
praní

washing-machine /ˈwošing-meˈšín/ s. pračka

wasp /wosp/ s. vosa

waste /wejst/ adj. pustý, odpadový, v.
zpustošit, promarnit, plýtvat, s. pus-
tina, mrhání, plýtvání, odpad, odpadky

watch /woč/ s. hlídka, stráž, hodinky,
v. bdít, hlídat, pozorovat

water /ˈwóter/ s. voda, v. zalévat, slzet

waterproof /ˈwóter-prúf/ adj. nepromokavý

water-supply /ˈwóterse-plaj/ s. vodovod

wave /wejv/ s. vlna, vlnění, mávnutí, v.
vlnit /se/, mávat, pokynout

wax /waeks/ s. vosk, adj. voskový, v. vos-
kovat

way /wej/ s. cesta, způsob

we /wí/ pron. my

weak /wík/ adj. slabý

weaken /'wíkn/ v. oslabit, slábnout

weakness /'wíknys/ s. slabost

wealth /welS/ s. bohatství

wealthy /'welSy/ adj. bohatý, zámožný

weapon /'wepn/ s. zbraň

wear, wore, worn /weer, wór, wórn/ v. no-
  sit, mít na sobě, obnosit, unavit, vy-
  čerpat /se/, s. nošení, opotřebování

weary /'wiery/ adj. unavený, únavný,
  v. unavit /se/, omrzet /se/

weather /'wedzer/ s. počasí, v. vystavit
  vlivu počasí

weave, wove, woven /wív, wouv, 'wouvn/ v.
  tkát, plést

web /web/ s. tkanivo, pavučina

wedding /'wedyng/ s. svatba

Wednesday /'wenzdy/ s. středa

weed /wíd/ s. plevel, v. plít

week /wík/ s. týden

weekday /'wíkdej/ s. všední den

week-end /'wík'end/ s. konec týdne, sobo-
  ta a neděle, víkend

weekly /'wíkly/ adj. týdenní, adv. týdně,
  s. týdeník

weep, wept, wept /wíp, wept, wept/ v.
plakat, naříkat

weigh /wej/ v. vážit, vážit si, mít váhu

weight /wejt/ s. váha, závaží, břemeno,
tíže, závažnost, v. zatížit

weird /wíerd/ adj. tajuplný, nadpřiroze-
ný, podivný, zvláštní

welcome /´welkem/ s. uvítání, přivítání,
adj. vítaný, v. /u/vítat, vítej/te/ !

well /wel/ adv. dobře, správně, zcela,
nuže, dobrá, adj. zdráv, zdravý

well /wel/ s. studna

well-known /´wel´noun/ adj. známý

well-off /´wel´of/ adj. zámožný

west /west/ s. západ, adj. západní, adv.
na západ/ě/

western /´western/ adj. západní

wet /wet / adj. mokrý, vlhký, deštivý,
s. mokro, vlhko, v. namočit, navlhčit

whale /wejl/ s. velryba

what /wot/ adj. jaký, který, pron. co,
to,co

whatever /wot´ever/ adj.,pron. jakýkoli,
cokoli, všechno,co

wheat /wít/ s. pšenice, obilí

wheel /wíl/ s. kolo, v. kutálet, kroužit,
vézt

when /wen/ adv., conj. kdy, když, až

whenever /wen´ever/ adv. kdykoli, vždyc-
ky, když

where /weer/ adv.,conj. kde, kam

wherever /weer´ever/ adv. kdekoli, kam-
koli, všude, kde

whether /´wedzer/ conj. zda, zdali

which /wič/ adj.,pron. který, jaký, kdo,
co

whichever /wič´ever/ pron. kterýkoli,
jakýkoli, kdokoli, cokoli

while /wajl/ s. chvíle, conj. zatímco,
kdežto

whip /wip/ s. bič, v. bičovat, šlehat

whipped cream /´wipt´krím/ s. šlehačka

whisper /´wisper/ v. šeptat, šumět, s.
šepot, šumění

whistle /´wisl/ s. pískání, píšťala, v.
pískat, hvízdat

white /wajt/ adj. bílý, s. bělost, běloch

who /hú/ pron. kdo, který

whoever /hú´ever/ pron. kdokoli, každý

whole /houl/ adj. celý, úplný, s. celek

wholly /´houly/ adv. zcela, úplně

whom /húm/ pron. koho, komu

whose /húz/ pron. čí, jehož

why /waj/ adv. proč, jakže, s. příčina

wicked /ˈwikyd/ adj. zlý, zlomyslný, prostopášný

wide /wajd/ adj. široký, adv. široko, daleko široko

widow /ˈwidou/ s. vdova

widower /ˈwidouer/ s. vdovec

width /widS/ s. šířka, šíře

wife /wajf/ s. manželka, žena

wig /wig/ s. paruka

wild /wajld/ adj. divoký, bouřlivý, adv. divoce, s. pustina, divočina

will /wil/ s. vůle, přání, závěť, v.chtít, přát si, svolit

willing /ˈwiling/ adj. ochotný

willow /ˈwilou/ s. vrba

win, won, won /win, won, won/ v. vyhrát, zvítězit, získat

wind /wind/ s. vítr, v. točit /se/, natočit, navíjet, natáhnout

winding /ˈwajndyng/ adj. točivý, točitý, s. vinutí, závit

window /ˈwindou/ s. okno

windy /ˈwindy/ adj. větrný

wine /wajn/ s. víno /nápoj/

wing /wing/ s. křídlo, peruť

wink /wink/ v. mrkat, mžikat, s. mrknutí

winner /ˈwiner/ s. vítěz, výherce

winter /ˈwintr̩/ s. zima, v. přezimovat

wipe /wajp/ v. utírat, otřít, smazat,
   očistit

wipe out /ˌwajpˈaut/ v. vytřít, vymazat,
   zničit, rozdrtit

wire /ˈwajr̩/ s. drát, telegram, v. sdrá-
   tovat, instalovat vedení, telegrafovat

wisdom /ˈwizdm̩/ s. moudrost, rozum

wise /wajz/ adj. moudrý, rozumný

wish /wiš/ v. přát /si/, chtít, s. přání

wit /wit/ s. důvtip, vtip, vtipnost, in-
   teligence

witch /wič/ s. čarodějnice

with /widz/ prep. s, se, při, u, ke, na

withdraw /viz draw/ /widzˈdró/ v. odtá-
   hnout, odejít, vzít zpět, odvolat, vy-
   zvednout /peníze/

wither /ˈwidzr̩/ v. vadnout, schnout

within /wiˈdzin/ adv. v dosahu, uvnitř,
   prep. v, na, o, kromě, za

without /wiˈdzaut/ prep. bez, vně, mimo

witness /ˈwitnys/ s. svědek, svědectví,
   v. svědčit

witty /ˈwity/ adj. vtipný, duchaplný

wizard /ˈwized/ s. čaroděj, kouzelník

woe /wou/ s. běda, žal, hoře

wolf /wulf/ s. vlk

woman /ˈwumen/ s. žena

woder /ˈwander/ v. divit se, být zvědav, rád vědět, s. podivení, div, zázrak, údiv

wonderful /ˈwanderful/ adj. skvělý, úžasný, podivuhodný, báječný

wood /wud/ s. dřevo, dříví, les, háj

wooden /ˈwudn/ adj. dřevěný, prkenný

wool /wul/ s. vlna, vlněná látka

woolen /ˈwuln/ adj. vlněný

word /wérd/ s. slovo, v. vyjádřit slovy

work /wérk/ s. práce, čin, dílo, v. pracovat, dělat, zacházet /s čím/

worker /ˈwérker/ s. pracovník, dělník

working /ˈwérkyng/ adj. pracující, pracovní

workshop /ˈwérkšop/ s. dílna

world /wérld/ s. svět, země, adj. světový

worm /wérm/ s. červ

worn-out /ˈwórnˈaut/ adj. obnošený, opotřebovaný, unavený, vyčerpaný

worry /ˈwary/ v. sužovat, trápit /se/, s. starost, trápení

worse /wérs/ adj. horší, adv. hůře

worsen /ˈwérsn/ v. zhoršit /se/

worship /ˈwéršip/ s. bohoslužba, uctívání, v. uctívat, zbožňovat

worst /wérst/ adj. nejhorší, adv. nej-
hůře

worth /wérS/ s. cena, hodnota, adj. cen-
ný, stojící za

worthless /'wérSlys/ adj. bezcenný

worthwhile /'wérS-wajl/ adj. užitečný,
stojící za to

would /wud/ podmiňovací způsob /viz will/

wound /wúnd/ s. rána, zranění, v./z/ranit

wrap /raep/ v. balit, ovinout, zabalit,
zahalit /se/, s. obal, šála, pléd

wrapping /'raeping/ s. obal, adj. balicí

wreath /ríS/ s. věnec

wreck /rek/ s. vrak, troska, ztroskotání,
v. rozbít /se/, ztroskotat

wrestle /'resl/ v. zápasit

wretched /'rečid/ adj. nešťastný, ubohý,
mizerný

wring, wrung, wrung /ryng, rang, rang/ v.
kroutit, ždímat, tisknout /ruku/, s.
stisk/nutí/, ždímání

wrinkle /'rynkl/ s. vráska, v. svraštit,
nakrčit

wrist /ryst/ s. zápěstí

write, wrote, written /rajt, rout, 'rytn/
v. psát, napsat

writer /'rajtér/ s. spisovatel, pisatel

writing /ˊrajtyng/ s. psaní, písmo, spis

writing-paper /ˊrajtyng‧pejpe͟r/ s. dopis-
ní papír

wrong /rong/ adj. nesprávný, špatný, ne-
pravý, adv. špatně, nesprávně, s. zlo,
křivda, v. ukřivdit, ublížit

wry /raj/ adj. zkřivený, zkroucený

- . -

Xmas = Christmas /ˊkrysme͟s/ s. vánoce

X-ray /ˊeksˊrej/ s. rentgen, v.rentgenovat

- . -

yacht /jot/ s. jachta

yard /já͟rd/ s. yard /0,91 m /, dvůr, dvo-
rek

yarn /já͟rn/ s. vlákno, příze

yawn /jón/ v. zívat, s. zívnutí, zívání

year /jé͟r/ s. rok

yearly /ˊjé͟rly/ adj. roční, každoroční,
adv. každoročně

yeast /jíst/ s. kvasnice, droždí, v.kvasit

yell /jel/ s. jekot, ječení, pokřik, v.
ječet, křičet

yellow /ˊjelou/ adj. žlutý

yes /jes/ adv. ano

yesterday /ˊjeste͟rdy/ adv. včera, s. vče-
rejšek, adj. včerejší

yet /jet/ adv. ještě, posud, již, conj.
  avšak, přece

yield /jíld/ v. poskytovat, plodit, us-
  toupit, vzdát /se/, s. výnos, výtěžek

yoghurt /ˈjougert/ s. jogurt

yolk /jouk/ s. žloutek

you /jú/ pron. ty, vy

young /jang/ adj. mladý

youngster /ˈjangster/ s. mladík, výrostek

your /jór/ pron. tvůj, váš

yourself /jórˈself/ pron. ty sám, vy sám,
  se, sebe

youth /júS/ s. mládí, mládež, mladík

youthful /ˈjúSful/ adj. mladistvý

- . -

zebra /ˈzíbre/ s. zebra

zero /ˈzierou/ s. nula, bod mrazu

zinc /zink/ s. zinek

zip /zip/ v. zapnout na zip

zipper /ˈziper/ s. zip

zone /zoun/ s. pásmo, zóna

zoo /zú/ s. zoologická zahrada

zoom /zúm/ v. prudce vzlétnout, stoupnout

PRONUNCIATION

Czech Spelling	Transcription	Remarks
a	/a/	"tra-la-la"
á	/á/	class
e	/e/	get
é	/é/	verb
i, y	/i/	sit
í, ý	/ee/	see, green
o	/o/	dog
ó	/ó/	short
u	/u/	put, bull
ú, ů	/oo/	school
au	/aw/	/occurs rarely/
ou	/ow/	slow
c	/ts/	tse-tse
č	/ch/	church
ch	/kh/	loch
f	/f/	for
g	/g/	game
h	/h/	hand
j	/y/	yes
k	/k/	keep
r	/r/ a rolled sound, rock	
ř	/rzh/ a rolled sound, r and ž simultaneously	
s	/s/	sun

š	/sh/		shade
ž	/zh/		measure

A very soft sound

ď	/dʸ/	dě	/dye/
ť	/tʸ/	tě	/tye/
ň	/nʸ/	ně	/nye/

di	/dyi/	dí	/dyee/
ti	/tyi/	tí	/tyee/
ni	/nyi/	ní	/nyee/

Sometimes the last letter sounds as
follows: b like p
　　　　d like t
　　　　z like s
　　　　v like f
The first syllable usually bears the
strongest stress in Czech words.

Přepis výslovnosti	Poznámka
/a/	but
/á/	class
/ae/ otevřené e	plan
/e/	get
/e̲/ neurčitý zvuk mezi a - e	about, sister
/é/	first
/i/	it
/í/	see
/o/	dog
/ó/	all
/u/	book
/ú/	school
/aj/	time
/ej/	name
/oj/	boy
/au/	house
/ou/	go
/d̲z̲/ pro znělé th	they
/S/ pro neznělé th	thank
/j/	yes, use
/k/	clean, keep
/s/	city, side

/č/	....	church
/š/	....	ship
/ž/	....	measure
/dž/	....	bridge, June
/w/	....	we
/g̱/	slabé, neznělé g ..	long
/ṟ/	slabé, neznělé r ..	or
/´/	hlavní přízvuk na následující slabice	
/•/	vedlejší přízvuk na následující slabice	

	ABBREVIATIONS	-	ZKRATKY
adj.	- adjective	-	přídavné jméno
adv.	- adverb	-	příslovce
conj.	- conjunction	-	spojka
f.	- substantive feminine	-	podstatné jméno rodu ženského
int.	- interjection	-	citoslovce
m.	- substantive masculine	-	podstatné jméno rodu mužského
n.	- substantive neuter	-	podstatné jméno rodu středního
part.	- particle	-	částice
pl.	- substantive plural	-	podstatné jméno množného čísla
prep.	- preposition	-	předložka
pron.	- pronoun	-	zájmeno
s.	- substantive	-	podstatné jméno
v.	- verb	-	sloveso

GLOSSARY OF MENU TERMS

In Czechoslovak hotels or large restaurants you mainly get international dishes. For country food you have to go to such places as pubs /hospody/, small restaurants or even large butcher shops /řeznictví/.

A menu /jídelní lístek/ lists meals at set prices. Tip, which is called spropitné, is usually 10%.

Breakfast /snídaně/ is not very elaborate, usually consisting of only coffee or tea and a roll or piece of bread. Lunch /oběd/ is as large as dinner /večeře/, sometimes including up to three or four courses. Good snacks are available in milk-bars /mléčné bary/ or in delicatessens /lahůdkářství/. Open sandwiches /obložené chlebíčky/ are the favorite snack. Good coffee is served with various cakes in coffeehouses or in cafés /kavárny/.

Meals are usually divided into two groups; prepared, ready to serve meals /hotová jídla/ and meals to order, which are made in 20-30 minutes /minutky, jídla na objednávku/.

Předkrmy .... Appetizers, Hors d´Oeuvre

Humrová vejce .... hard boiled eggs on
crab meat with mayonnaise

Kaviár s citrónem .... black caviar usu-
ally served on toast with lemon and
butter

Losos .... smoked salmon

Matjes s cibulkou .... marinated herring
with onion

Omeleta se šunkou neb žampiony .... egg
omelet with ham or mushrooms, sometimes
served with fried potatoes as a main
course

Pražská šunka s okurkou .... Prague ham
served with pickles

Ruská vejce .... hard boiled eggs on po-
tato salad with mayonnaise

Sardinky s cibulkou .... sardines in oil
served with finely chopped onion

Tatarské toasty .... toasts with raw
chopped steak; toasts are sometimes
also served with other ingredients such
as mushrooms, cheese, spiced meat

Tresčí játra .... cod liver in oil

Uherský salám .... Hungarian salami

Žampiony s vejci .... mushrooms with
scrambled eggs

<u>Vejce</u> .... Eggs

Míchané .... scrambled

Sázené, smažené /volské oko/.... fried

Vařené na měkko .... soft boiled

Vařené na tvrdo .... hard boiled

<u>Polévky</u> .... Soups /favorite starters/

Bouillon s vejcem .... clear beef stock
  with poached egg

Bramborová ... potato soup sometimes
  with mushrooms and other vegetables

Cibulová .... creamy onion soup

Drůbková-bílá .... creamy chicken soup

Dršťková .... tripe soup

Gulášová .... hearty soup with meat
  and potatoes

Hovězí vývar s játrovými knedlíčky nebo
  s masem a nudlemi .... beef stock with
  small liver dumplings or with meat and
  noodles. Any clear soup stock even from
  vegetables is called vývar

Hrachová .... thick pea soup

Pórková .... leek and potato soup

Rajská .... creamy tomato soup

Slepičí s masem a nudlemi .... clear chic-
  ken soup with meat and noodles

Zeleninová .... vegetable soup

Zelňačka .... hearty soup with sauerkraut,
  potatoes and sometimes ham

Drůbež .... Poultry

Drůbky zadělávané .... meat and intesti-
nes from any kind of poultry in creamy
sauce

Husa pečená, knedlík, zelí .... roasted
young goose served with dumplings and
cabbage

Kachna pečená .... roasted duckling ser-
ved the same way as goose

Krůta pečená, brambor .... roasted turkey
with potatoes and sometimes stuffing

Kuře .... chicken is prepared in many
ways; pečené .... roasted, nadívané ....
stuffed, na smetaně ....in cream sauce,
smažené .... fried

Slepice na paprice .... young hen in sweet
and sour red pepper souce usually with
rice or potatoes or dumplings

Ryby .... Fish /seafood is very expensive
and rare in Czechoslovakia/

Filé .... any file of fish /usually pre-
viously frozen/

Kapr .... carp, fried with potato salad is
a national Christmas dish

Losos .... salmon, poached with butter

Makrela .... mackerel

Pstruh pečený .... broiled trout

Štika .... cod

Maso .... Meat

Biftek s vejcem .... steak /file Mignon/
  is usually cooked medium with fried egg.
  Czechoslovak restaurants have difficul-
  ties in cooking steaks to precise orders.
  Krvavý is rare, středně udělaný is me-
  dium, dobře udělaný is well done

Biftek tatarský .... raw chopped steak

Čevabčiči obložené .... fried small rolls
  of ground meat, garnished with pickles

Dršťky zadělávané .... tripes in white
  sauce

Flíčky s uzeným /šunkofleky/.... pasta
  with smoked ham /lasagna/

Hovězí guláš, knedlík .... beef stew with
  dumplings /goulash/

Hovězí maso vařené .... boiled beef is ser-
  ved with various sauces, dumplings, po-
  tatoes or rice, but very often is just
  garnished with pickles and mustard

Karbanátek .... hamburger, usually from
  beef and pork mixture

Králík pečený .... roasted rabbit

Ledvinky s rýží .... sliced, braised kid-
  neys in gravy with rice

Mozeček s vejci .... veal brain chopped
  and prepared with scrambled eggs

Ovar s křenem .... boiled pork with horse-
    redish

Přírodní telecí řízek .... veal steak au
    naturel

Ražniči, opékaný brambor .... beef or pork
    cubes broiled on a skewer, sometimes
    with onion and pepper, served with fried
    potatoes

Roštěná na rožni, bramborové hranolky ....
    broiled or barbecued steak with French
    fries. Very often roštěná is served with
    gravy and dumplings

Sekaná pečeně .... meat loaf

Skopové na česneku nebo na majoránce ....
    braised lamb or lamb roast with garlic
    or marjoram

Smažený telecí nebo vepřový řízek s bram-
    borovým salátem .... Wiener schnitzel,
    breaded and fried veal or pork meat with
    potato salad. Sometimes meat is fried
    in batter /pařížský řízek/

Srnčí nebo zajíc na smetaně s knedlíkem ..
    .. marinated venison or hare in cream
    sauce with dumplings

Svíčková na smetaně, brusinky .... marina-
    ted beef in cream sauce with cranberries

Španělský ptáček .... beef roullade which
   is filled with bacon and vegetables
Telecí játra obložená .... broiled veal
   liver, garnished with pickles and tar-
   tar sauce
Telecí pečeně .... veal roast
Vepřová pečeně, knedlík, zelí .... pork
   roast with dumplings and white cabbage.
   This is a national Czech dish
Vepřové žebírko po srbsku .... pork spare
   ribs with peppers and onion
Uzené maso, bramborový knedlík, zelí ....
   smoked pork with potato dumplings and
   sauerkraut or cabbage
Uzeniny .... Smoked meat and cold cuts;
   sometimes served with potatoes, mashed
   potatoes, lentil or peas as main courses
Játrová paštika .... liver sausage
Jelítko a jitrnice .... unsmoked pork
   sausage
Klobása .... sausage
Párek .... hot dog, wiener
Salám .... salami
Šunka .... ham
Tlačenka .... head cheese
Vuřt .... hot dog, vurst

<u>Omáčky</u> .... Sauces; usually thick and
creamy, served with meat, dumplings
or potatoes

Cibulová .... onion sauce

Houbová .... mushroom sauce

Koprová .... dill sauce

Okurková .... sweet and sour sauce with
pickles

Rajská .... tomato sauce

Smetanová .... cream sauce

<u>Přílohy</u> .... Side orders

Bramborová kaše .... mashed potatoes

Bramborové hranolky .... French fries,
pommes frites

Bramborové knedlíky .... dumplings made
from potatoes and flour, served usual-
ly with meat and cabbage

Brambory vařené nebo opékané .... boiled
potatoes or fried potatoes

Houskové knedlíky .... dumplings made from
flour and diced white bread, favorite
side order for meat and sauce or meat
and cabbage

Rýže .... rice, usually steamed or boiled

Nudle .... noodles

Saláty .... Salads

Hlávkový .... green tossed salad

Mrkvový .... carrot salad with lemon

Okurkový .... cucumber salad

Rajčatový .... tomato salad

Zelný .... salad from cabbage /usually
  red cabbage/

Zelenina .... Vegetables

Brambory .... potatoes

Čočka .... lentil

Fazole bílé nebo červené .... kidney
  beans, white or red

Fazolky zelené .... green, string beans

Houby .... mushrooms

Hrách zelený, žlutý .... peas, green
  or yelow

Hrášek zelený .... tiny green peas

Chřest .... asparagus

Kapusta .... green, curly cabbage

Kedlubna .... kohl-rabi, turnip-cabbage

Květák .... cauliflower is very often
  fried or made with scrambled eggs and
  served with potatoes as a main course

Mrkev .... carrot

Okurka salátová .... cucumber

Papriky plněné .... stuffed peppers

Pórek .... leek

Rajské jablíčko .... tomatoe

Špenát .... spinach

Zelí hlávkové, bílé nebo červené ....
   cabbage, white or red

Zelí kyselé .... sauerkraut

Moučníky .... Desserts /some of them
   served after soup as a main course/

Bábovka .... sponge cake

Čokoládový puding se šlehačkou ....
   chocolate custard with whipped cream

Dorty .... all sorts of cakes

Jablkový závin .... apple roll, strudel

Koblihy .... doughnuts

Koláče .... cakes or pies with fruit or
   other fillings

Kompoty /ananasový, meruňkový, švestkový,
   hruškový/ .... fruit /pinaple, apricot,
   prune, pear/ in syrup, sometimes ser-
   ved instead of salad with meat dish

Krém karamel .... caramel custard

Lívance .... small sweet pancakes

Omeleta se zavařeninou .... sweet omelet
   with jam

Ovoce se šlehačkou /ananas, broskve,
   jahody/ .... fruit /pinaple, peaches,
   strawberries/ with whipped cream

Ovocné knedlíky /švestkové, meruňkové/ .

... dumplingd filled with fruit /plums,
apricots/ and topped with cottage cheese,
sugar and butter. The favorite Czecho-
slovak sweet dish

Palačinky s jahodami a šlehačkou .... pan-
cakes /crêpes/ with strawberries and
whipped cream

Piškot s třešněmi /bublanina/ .... sponge
cake with cherries

Rýžový nákyp .... rice pudding

Škubánky s tvarohem nebo mákem .... pota-
toes and flour mashed together, topped
with cottage cheese or poppy seed, sugar
and butter

Zmrzlina .... ice cream

Žemlovka .... bread pudding with apples

Nápoje .... Drinks, beverages

Čaj s citrónem nebo mlékem .... tea with
lemon or milk

Káva bílá nebo černá /turecká/ .... coffee
with cream or black coffee /Turkish - not
very strong/

Minerální voda nebo sodovka .... mineral or
soda water

Ovocná šťáva /citrónová nebo pomerančová/....
fruit juice /lemon or orange/

Pivo /světlé nebo černé/ .... beer /light
or dark/ is a favorite drink in Czecho-
slovakia. Plzeňský Prazdroj 12°-Pilsner
Urquell is world wide known

Víno /bílé nebo červené/ .... wine /white
or red/. Good local brands of white
wine are Ludmila and pražský výběr

Note; if you would like to taste some-
thing special, try aperitifs Becherovka
and slivovice Jelínek

Traveler's Challenge:
Sophisticated Globetrotter's Record Book

Here is a listing of 1,000 most important and fascinating places in the world. If you are an avid and knowledgeable traveler, you can record your own travel achievements and keep the score. The book is divided into countries, then by city and area. All the places listed in UNESCO World Heritage List (270 of them) are included. The best score we have heard of so far: 637.

256 pages   ISBN 0-87052-248-5 $6.95 pb

Traveler's I.Q. Test:
Rate Your Globetrotting Knowledge

You have traveled widely, and taken an interest in the world you saw. Or perhaps you are mostly an armchair traveler and even better informed because you have read widely and well. Here is your chance to rate yourself on these tests:

    The Sophisticated Travel Tests from A to Z
    Ten Tests for the Globetrotter
    Five Tests for the Travel Expert
    One Dozen Map Tests

The questions range from elementary to downright tough. Test yourself. Stump your friends, amuse yourself and others while you travel.

256 pages   ISBN 0-87052-307-4 $6.95 pb

HIPPOCRENE BOOKS by

George Blagowidow

Traveler's Trivia Test
1001 Questions and Answers for the Sophisticated Globetrotter

If travel is one of your areas of interest in life, this book will give you questions and answers to satify you and your family and friends. Each page presents 10 questions... you turn the page for the answers. Then you can rate yourself, and others, and have fun while you learn.

202 pages   ISBN 0-87052-063-6 $3.95